Pfister | Werkzeuge des Philosophierens

Jonas Pfister

Werkzeuge des Philosophierens

Reclam

2., durchgesehene Auflage 2015

Meinen drei Brüdern

RECLAMS UNIVERSAL-BIBLIOTHEK Nr. 19138
2013, 2015 Philipp Reclam jun. GmbH & Co. KG,
Siemensstraße 32, 71254 Ditzingen
Gestaltung: Cornelia Feyll, Friedrich Forssman
Druck und Bindung: Eberl & Koesel GmbH & Co. KG,
Am Buchweg 1, 87452 Altusried-Krugzell
Printed in Germany 2021

ISBN 978-3-15-019138-5

Auch als E-Book erhältlich

www.reclam.de

Inhalt

Vorwort

Der Philosoph ist in seiner praktischen Arbeit ein Begriffshandwerker.
Jay F. Rosenberg (1942–2008)

Dieses Buch stellt eine Einführung in das Handwerk des Philosophierens dar. Es richtet sich somit in erster Linie an Interessierte und Anfänger, insbesondere an all jene, die gerne wissen möchten, wie man mit einer philosophischen Frage umgehen und eine Antwort auf sie suchen kann. Die zwei wichtigsten Werkzeuge oder Methoden der Philosophie sind das *Argumentieren* und das *Analysieren*. Beides benötigt man für das Philosophieren von Beginn an. Zugleich gibt es für beide Methoden spezielle Werkzeuge, die man nicht gleich zu Beginn einsetzen muss. Eine besondere Rolle beim Philosophieren spielen Texte. Zwar kann man auch ohne Texte philosophieren, sehr gut sogar, aber derjenige, der tiefer in die Sache vordringen will, kommt um das *Lesen* und *Schreiben* von Texten nicht herum.

Das Buch ist wie folgt aufgebaut: In den ersten zwei Kapiteln wird grundlegend in das Argumentieren und Analysieren eingeführt. Im dritten Kapitel werden einige wiederkehrende Argumentationsmuster vorgestellt. Im vierten Kapitel wird auf Eigenheiten des Argumentierens in der Ethik eingegangen. Das fünfte stellt logische Grundbegriffe und Schlussregeln zusammen. Im sechsten Kapitel wird das logische Analysieren von Sätzen erläutert. Im siebten und achten Kapitel wird schließlich in das philosophische Lesen und Schreiben eingeführt.

Am Ende jedes Kapitels werden Übungsaufgaben und Diskussionsfragen gestellt. Die Übungsaufgaben, zu denen am Ende des Buches Lösungen präsentiert werden, dienen in erster Linie der Überprüfung des Gelernten. Die Diskussionsfragen bieten Ausgangspunkte für eigene philosophische Überlegungen und Gespräche.

Wer gut philosophieren können will, der muss die wichtigsten Werkzeuge beherrschen. Philosophieren besteht jedoch nicht nur in der Anwendung von Werkzeugen. In entscheidender Hinsicht ist Philosophieren das gerade nicht: Denn Philosophieren bedeutet unter anderem auch, neue Ideen zu haben oder etwas aus einem neuen Blickwinkel zu sehen. Das kann man nicht lernen. Man kann sich höchstens darauf vorbereiten, Gelegenheiten für so etwas zu erkennen und nicht ungenutzt an einem vorbeiziehen zu lassen.

Herzlich bedanken möchte ich mich bei folgenden Personen: Verena Thaler, die mich während des Schreibprozesses aushalten musste und mir hilfreiche Kommentare zur vorletzten Version gab, Thomas Ruprecht, der die allererste Version schriftlich kommentierte, Georg Brun, der mir ein ausführliches Feedback in drei Teilen gab und mit mir diskutierte, Klaus Petrus, der mir eine wichtige Rückmeldung zum zweiten Kapitel gab, Eva Ming, die mich auf schwerverständliche Stellen hinwies, Andreas Pfister, Maximilian Huber sowie den Schülerinnen und Schülern am Gymnasium Neufeld und den Studierenden an den Universitäten Bern und Luzern. Dank auch an Christoph Schmidt-Petri für Rückmeldungen zur ersten Auflage.

1. Argumentieren

Das Argumentieren stellt eines der wichtigsten Werkzeuge des Philosophierens dar. Zwar ist nicht jedes Philosophieren auch ein Argumentieren, und nicht jedes Argumentieren ist ein Philosophieren. Argumentieren ist für die Philosophie jedoch besonders wichtig. Der Grund dafür wird schnell ersichtlich, sobald man sich philosophischen Fragen zuwendet.

1.1. Die philosophische Diskussion

Betrachten wir den Beginn eines Dialogs zwischen Anne und Ben.

> Anne: Was war am Anfang von allem? Und was kommt nach dem Tod?
> Ben: Das weiß ich nicht, aber es gibt Menschen, die sagen: Am Anfang schuf Gott die Welt.
> Anne: Aber wer oder was ist Gott?
> Ben: Man sagt, Gott sei das Wesen, das allmächtig ist.
> Anne: Ich glaube nicht, dass es ein solches Wesen gibt. Doch vielleicht ist meine Überzeugung falsch. Wie kann man denn wissen, dass es ein solches Wesen gibt?

Die Fragen, die Anne stellt, sind nicht alltäglich, und dennoch hat fast jeder von uns sich solche Fragen schon einmal gestellt. Es sind philosophische Fragen in einem allgemeinen Sinn. Es sind Fragen, die das, was wir glauben, hinterfragen, Fragen, die nach dem Grund der Dinge suchen.

Solche Fragen können uns verunsichern. Was wir zuvor als wahr vorausgesetzt haben, wird plötzlich zweifelhaft. Wir müssen uns überlegen, ob das, was wir für wahr halten, auch tatsächlich wahr ist. Somit müssen wir uns mit unseren eigenen Überzeugungen und damit auch mit uns selbst auseinandersetzen. Das kann anstrengend und auch unangenehm sein. Aber der Aufwand lohnt sich. Denn auf diese Weise lernen wir unsere Überzeugungen und damit auch uns selbst besser kennen. Damit lernen wir indirekt auch die Welt besser kennen, die wir mit unseren Begriffen beschreiben. Und noch etwas lernen wir, was wir nicht unterschätzen dürfen: Wir lernen, wie wir mit philosophischen Fragen umgehen können.

Kehren wir zum Dialog zurück.

Ben: Es gibt verschiedene Begründungen dafür, dass es Gott gibt. Eine davon lautet, dass dies in der Bibel steht.

Anne: Dies setzt aber voraus, dass alles, was in der Bibel steht, wahr ist. Das stimmt wohl nicht.

Ben: Eine andere Begründung lautet, dass es uns nicht geben könnte, wenn uns Gott nicht geschaffen hätte.

Anne: Damit bin ich nicht einverstanden. Es kann uns doch auch geben, wenn am Anfang von allem explodierende Materie stand, der sogenannte Urknall.

Ben: Wie begründet man aber, dass der Urknall am Anfang von allem war?

Anne: Es ist eine Hypothese, die von Physikern aufgestellt und mit physikalischen Theorien begründet wurde.

Ben: Was wäre aber, wenn wir die Hypothese aufstellen würden, dass es Gott gibt? Welche Konsequenzen würden sich daraus ergeben?

Der Dialog veranschaulicht, wie man grundsätzlich mit philosophischen Fragen umgehen kann. Man versucht zunächst, die Frage zu verstehen. Im Anschluss versucht man, mögliche Antworten auf die Frage zu finden, diese Antworten zu verstehen und zu prüfen, mögliche Begründungen dafür zu finden, diese Begründungen zu beurteilen, unausgesprochene Annahmen aufzudecken und zu überlegen, welche Konsequenzen daraus folgen, falls die Antwort wahr ist. Man muss also die folgenden Fragen voneinander unterscheiden:

- Was ist mit einer Frage genau gemeint?
- Was ist eine mögliche Antwort auf diese Frage?
- Ist diese Antwort wahr?
- Welche Konsequenzen ergeben sich aus der Antwort?
- Was ist eine mögliche Begründung für diese Antwort?
- Auf welchen Annahmen beruht die Begründung?
- Ist diese Begründung gut?

In einer philosophischen Diskussion hat jeder grundsätzlich das Recht, etwas zu behaupten oder in Frage zu stellen. Dies ist eine Grundregel des vernünftigen Argumentierens. Es gibt keinen guten Grund dafür, diese Regel einzuschränken – es sei denn, es gäbe auch einen guten Grund, überhaupt nicht zu argumentieren. Dass eine Aussage von einer Autorität gemacht wurde, dass sie Teil einer religiösen Glaubenslehre ist oder dass sie dem entspricht, was man gemeinhin annimmt, sind keine guten Gründe, die Aussage nicht in Frage stellen zu dürfen. Das bedeutet freilich nicht, dass die Aussage wahr ist. Man kann in einer Diskussion jedoch niemandem verbieten, etwas falsches zu behaupten. Wer aber etwas behauptet, der muss bereit sein, das, was er behauptet, bei Bedarf zu begründen. Dies ist eine zweite Regel des vernünftigen Argumentierens: *Bei Bedarf ist eine Aussage zu begründen.* Diese Regel ist nicht so eindeutig wie die erste. Was bedeutet es, dass eine Aussage »bei Bedarf« zu begründen ist? Es ist wohl nicht möglich, allgemein zu bestimmen, wann genau Bedarf nach einer Begründung besteht und wann nicht. Bedarf besteht jedenfalls immer dann, wenn jemand ernsthafte Zweifel an der Wahrheit einer Aussage hat.

Eine weitere Regel gilt es zu beachten: *Ein Diskussionsbeitrag muss für den Zweck, auf den die Diskussion zielt, relevant sein.* Ist der Beitrag nicht relevant, so soll er gar nicht erst geleistet werden. Die Zwecke einer philosophischen Diskussion sind vielfältig: etwa die Stützung einer bestimmten Aussage mit einem Argument oder die Suche nach möglichen Antworten auf eine Frage oder die Untersuchung der Gründe, die für eine Aussage sprechen.

1.2. Aussage, Widerspruch und Konsistenz

Wer etwas behauptet, der stellt sich als jemanden dar, der das, was er sagt, für wahr hält. Nicht jeder sprachliche Ausdruck kann wahr oder falsch sein. Ein einzelnes Wort, zum Beispiel »Sokrates« oder »Mensch«, kann nicht wahr oder falsch sein, es sei denn, es ist eine Abkürzung für einen ganzen Satz, zum Beispiel »Sokrates ist ein Mensch«. Nicht jeder ganze Satz ist wahr oder falsch, wie etwa der Satz »Ist Sokrates ein Mensch?« zeigt. Es wird damit nichts behauptet, sondern nach etwas gefragt, es ist eine Frage. Auch Befehle, Bitten und Warnungen sind nicht wahr oder falsch. Einen Satz, der entweder wahr oder falsch ist, bezeichnet man als Aussage.

Aussage
Eine Aussage ist ein Satz, der entweder wahr oder falsch ist.

Dabei ist der folgende Punkt zu beachten: Damit ein Satz eine Aussage ist, muss es nicht der Fall sein, dass wir tatsächlich *wissen*, dass er wahr ist. So weiß ich nicht, ob Sokrates Kinder hat, aber der entsprechende Satz, dass Sokrates Kinder hat, ist wahr oder falsch und somit eine Aussage. Auch Sätze, von denen wir nicht einmal wissen können, ob sie wahr sind, können Aussagen sein. Wir können beispielsweise heute nicht wissen, ob der Satz »Am übernächsten Montag scheint die Sonne« wahr ist, und dennoch wird die Sonne entweder scheinen oder nicht scheinen, und also ist der Satz entweder wahr oder falsch, auch wenn wir heute nicht beurteilen können, ob er wahr ist.

Nun könnte aber jemand behaupten, dass es tatsächlich überhaupt gar keine Wahrheit gibt. Doch was ist damit gemeint? Wenn damit gemeint ist, dass wir letztlich nicht wissen, welche Aussagen wahr sind, so betrifft die Behauptung das Wissen und nicht die Wahrheit. Und nur deshalb, weil wir etwas nicht wissen, muss es nicht wahr sein. Außerdem setzt man mit der Behauptung, dass wir nicht wissen, ob etwas wahr ist, gerade voraus, dass ein Satz wahr sein kann, denn sonst könnte man diese Behauptung gar nicht aufstellen. Mit der Aussage, dass es keine Wahrheit gebe, könnte aber auch gemeint sein, dass es keine objektive Wahrheit gibt, sondern nur eine subjektive Wahrheit. Man drückt dies manchmal damit aus, dass man sagt: »Das ist wahr *für mich.*« Doch was meint man damit? Meint man damit lediglich, dass man es *für wahr hält*, davon *überzeugt* ist oder daran *glaubt*, so ist damit nicht gezeigt, dass Wahrheit subjektiv ist. Denn das, was ich für wahr halte, kann auch falsch sein. Also setzt dies wiederum einen Begriff von objektiver Wahrheit voraus. Meint man damit jedoch eine Eigenschaft von Sätzen innerhalb einer Sprache, so gerät man in Schwierigkeiten. Dies kann man an einem Beispiel aufzeigen. Behaupte ich gleichzeitig, dass es wahr (für mich) ist, dass die Erde sich um die Sonne dreht, und eine andere Person, dass es wahr (für sie) ist, dass die Erde sich nicht um die Sonne dreht, so ist es wahr, dass sich die Erde um die Sonne dreht, und zugleich wahr, dass sie sich nicht um die Sonne dreht. Das bedeutet: Die Erde dreht sich um die Sonne und sie dreht sich nicht um die Sonne. Das ist aber ein *Widerspruch*!

Widerspruch
Ein Widerspruch zwischen zwei Aussagen besteht dann, wenn die eine aussagt, dass etwas der Fall ist, und die andere aussagt, dass dies gerade nicht der Fall ist.

Ein Widerspruch kann nicht wahr sein. Ein Widerspruch ist immer falsch. Aus diesem Grund muss man darum bemüht sein, Widersprüche zu vermeiden. Es kann auch sein, dass man einen Widerspruch so lange aushalten muss, bis man erkennen kann, wie er sich auflösen lässt. Können zwei oder mehr Aussagen zugleich wahr sein, so nennt man sie *konsistent*. Können sie nicht zugleich wahr sein, so nennt man sie *inkonsistent*.

Konsistent/inkonsistent
Zwei (oder mehr) Aussagen sind dann konsistent, wenn sie zusammen wahr sein können. Sie sind inkonsistent, wenn sie nicht konsistent sind.

Betrachten wir die Aussagen »A ist der Vater von B« und »B ist älter als A«. Die beiden Sätze stehen nicht im direkten Widerspruch zueinander. Der Widerspruch zeigt sich erst dann, wenn man sich anschaut, was aus den Sätzen folgt. Falls A der Vater von B ist, muss A älter als B sein, das heißt, B ist jünger als A, und dies steht im Widerspruch dazu, dass B älter als A ist. Die beiden Aussagen können somit nicht zugleich wahr sein, sie sind also inkonsistent. Zu beachten ist dabei, dass Konsistenz nicht dasselbe wie Wahrheit ist. Mehrere Aussagen können konsistent und dennoch falsch sein. Wenn aber mehrere Aussagen inkonsistent sind, dann können nicht alle wahr sein.

Folgt ein Widerspruch oder eine unhaltbare Aussage aus angeblich unbestreitbaren Aussagen, so nennt man dies ein Paradox.[1]

Widersprüche können in unserem Gedankensystem durchaus vorkommen. Sie können sich auch im Gespräch ergeben. Der eine behauptet, dass etwas der Fall sei, der andere, dass dies gerade nicht so sei. Das Recht auf Redefreiheit verlangt, dass wir respektieren, dass andere Menschen eine Meinung haben, die wir nicht teilen. Wir tun gut daran, dieses Recht gegen die Versuchungen der Macht zu verteidigen. Derjenige, der respektiert, dass jemand eine Meinung äußert, die er nicht teilt, ist *tolerant*. Über die Duldung hinaus sollten wir daran interessiert sein, die Meinung auch zu kennen bzw. zu verstehen. Doch Duldung ist sicherlich der erste Schritt. Toleranz bedeutet freilich nicht, dass wir den *Inhalt* der Meinung akzeptieren, das heißt für wahr halten. Das würde gerade bedeuten, dass wir unsere eigene Meinung aufgeben würden. Toleranz bedeutet auch nicht, dass wir in jedem Fall zugestehen, dass die Meinung des anderen *wahr sein könnte*. Ein Widerspruch kann nicht wahr sein. Wahr ist allenfalls, dass der angebliche Widerspruch nicht besteht.

1.3. Widerlegung durch Gegenbeispiele

Wie können wir wissen, ob eine Aussage tatsächlich wahr ist? Die Antwort auf diese Frage hängt von der Art und dem Inhalt der Aussage ab. Manchmal ist es leichter zu zeigen, dass eine Aussage falsch ist. Eines der einfachsten und zugleich eines der wichtigsten Werkzeuge des Philosophierens ist die *Widerlegung durch ein Gegenbeispiel*. Mit einem Gegenbeispiel zeigt man, dass eine Allaussage falsch ist. Eine Allaussage (oder ein universelles Urteil) ist eine Aussage über alle Dinge aus einem bestimmten Bereich, etwa »Alle Schwäne sind weiß«, »Kein Mensch kann sich alle Städtenamen merken« und »Jeder hat schon einmal geweint«. Um zu zeigen, dass eine Allaussage falsch ist, reicht es aus, ein einziges Ding aus dem Bereich zu nennen, auf das die Aussage nicht zutrifft. Das wissen bereits Kinder. Sagt eine Mutter zu ihrem Kind: »Du räumst *nie* dein Zimmer auf!«, so widerlegt das Kind die Aussage, indem es sagt: »Das stimmt nicht. Gestern habe ich das Zimmer aufgeräumt.« Die Aussage, dass alle Schwäne weiß sind, kann man mit dem Gegenbeispiel widerlegen, dass dieser Schwan hier schwarz und nicht weiß ist.

Wir neigen dazu, das, was wir in einzelnen Fällen beobachten, auf alle Fälle aus einem bestimmten Bereich zu verallgemeinern. Dies hat eine evolutionäre Funktion. Es erhöht unsere Überlebenschancen, denn nur derjenige, der verallgemeinert, kann planen und dementsprechend handeln. Aber Verallgemeinerungen können auch falsch sein. Nur weil die hundert Schwäne, die ich bisher gesehen habe, weiß waren, sind nicht alle Schwäne weiß. Das Gegenbeispiel eines schwarzen Schwanes zeigt, dass es nicht so ist. Die Methode der Widerlegung durch Gegenbeispiele kann uns also davor schützen, falsche Verallgemeinerungen anzustellen.

Man kann ein Gegenbeispiel zurückweisen, indem man entweder zeigt, dass das Ding nicht von der Art ist, von der man behauptet, dass es das ist, oder indem man zeigt, dass es die Eigenschaft nicht hat. Das Gegenbeispiel des schwarzen Schwanes kann man also zurückweisen, indem man entweder zeigt, dass das Tier gar kein Schwan ist – sondern vielleicht eine Gans –, oder dass man zeigt, dass es gar nicht schwarz ist – sondern vielleicht nur gerade jetzt aufgrund der Lichtverhältnisse so aussieht. Kann man aber weder das eine noch das andere zeigen, so ist es ein Gegenbeispiel, und die Allaussage ist widerlegt.

Als Reaktion auf ein Gegenbeispiel kann man versuchen, die Allaussage abzuschwächen, und etwa sagen, dass nur fast alle Schwäne oder nur eine Mehrheit oder nur einige Schwäne weiß sind. Eine Aussage ist schwächer als eine andere, wenn sie aus dieser *logisch folgt*, nicht aber umgekehrt. Was das genau bedeutet, wird in diesem Kapitel erläutert. Vorerst reicht es aus zu erkennen, dass die folgende Behauptung wahr ist: Wenn *alle* Schwäne weiß sind, dann sind auch fast alle Schwäne weiß, aber wenn *fast* alle Schwäne weiß sind, dann muss es nicht der Fall sein, dass alle Schwäne weiß sind. Also ist die Aussage, dass fast alle Schwäne weiß sind, schwächer als die Aussage, dass alle Schwäne weiß sind. Und die Aussage, dass nur einige Schwäne weiß sind, ist noch schwächer. Zwei Bemerkungen dazu sind wichtig: Schwächt man (1) eine Allaussage auf diese Weise ab, so kann es sein, dass man von einer falschen zu einer wahren Aussage gelangt, doch muss dies nicht unbedingt so sein. Die Aussage, dass fast alle gedruckten Bücher Romane sind, ist zwar keine Allaussage, aber dennoch falsch (denn es gibt sehr viele Fachbücher, Ratgeber und Kochbücher). Falls die Aussage (2) keine Allaussage mehr ist, kann man sie auch nicht mehr mit einem Gegenbeispiel widerlegen. Dieses Buch, das ein Fachbuch und kein Roman ist, zeigt nicht, dass die Aussage falsch ist, dass fast alle Bücher Romane sind.

1.4. Argument, Prämisse, Konklusion

Wie begründet man eine Aussage? Kehren wir zum Dialog zwischen Anne und Ben zurück. Eine Begründung für die These, dass es Gott gibt, könnte lauten, dass in der Bibel stehe, dass Gott die Welt erschaffen habe. Wir haben somit zwei Aussagen, von denen die eine Aussage den Grund für die andere liefern soll. Damit haben wir eine Antwort auf die gestellte Frage oder zumindest einen Teil der Antwort gefunden: Aussagen werden mit Aussagen begründet. Wir können diesen Zusammenhang anzeigen, indem wir Formulierungen wie »aus diesem Grund«, »deshalb«, »folglich« oder »also« benutzen. Man kann dies so darstellen:

1. In der Bibel steht, dass Gott die Welt erschaffen habe.
   Deshalb:
2. Es gibt Gott.

Die Aussage, die man begründen will, nennt man »Konklusion«. Die Aussagen, auf die man sich in der Begründung stützt, nennt man »Prämissen«. Das Ganze, das heißt die Prämissen, die Konklusion und ihre Verbindung, nennt man »Argument«. Man nennt ein Argument auch »Schluss«. Dabei muss man jedoch beachten, dass oftmals auch die Konklusion so bezeichnet wird, etwa wenn man sagt: »Daraus ziehe ich den Schluss, dass …« Warum es wichtig ist, Konklusion und Argument auseinanderzuhalten, wird später erklärt.

Argument
Ein Argument ist eine Verknüpfung von Aussagen derart, dass die einen Aussagen (die Prämissen) eine andere (die Konklusion) begründen.

Die Verbindung von Prämissen und Konklusion wird auch mit einem horizontalen Strich ausgedrückt. Die allgemeine Form eines Arguments kann man demnach so darstellen.

1. Prämisse 1
2. Prämisse 2
3. …

---

4. Konklusion

Es ist wichtig zu beachten, dass die Ausdrücke »Prämisse« und »Konklusion« bestimmte Funktionen bezeichnen, die eine Aussage in einem Argument ausübt. Eine Aussage ist nicht an und für sich eine Prämisse oder eine Konklusion, sie ist dies nur als Teil eines Arguments. Somit kann die Konklusion aus einem Argument auch die Prämisse in einem anderen sein.

Eine Prämisse ist eine Aussage, das heißt ein Satz, der wahr oder falsch sein kann. Damit wir eine Aussage als Prämisse verwenden können, ist es nicht notwendig, dass wir *wissen*, ob sie wahr oder falsch ist. Das oben genannte Beispiel ist ein Argument für die Existenz Gottes, auch wenn wir nicht wissen, ob es stimmt, dass in der Bibel steht, Gott habe die Welt erschaffen.

Es ist auch nicht notwendig, dass wir die Aussage *behaupten*, um sie als Prämisse zu verwenden. Wir können eine Aussage auch lediglich als *Annahme* in ein Argument einführen. Eine Aussage, die man als Annahme aufstellt, nennt man auch eine *Hypothese*. Man kann eine Hypothese formulieren, um diese zu prüfen oder zu diskutieren, und sie später als wahr anerkennen oder als falsch zurückweisen.

Im obigen Dialog sagt Anne über die Begründung, dass diese voraussetze, dass das, was in der Bibel steht, wahr sei. Eine vollständige Begründung müsste dies auch erwähnen. Etwa so:

1. In der Bibel steht, dass Gott die Welt erschaffen habe.
2. Was in der Bibel steht, ist wahr.
3. Es gibt Gott.

Man mag einwenden, dass die zweite Prämisse falsch ist, aber das ändert nichts daran, dass diese Aussage hier als Prämisse dient und das Ganze ein Argument ist. Ein Argument kann falsche Prämissen enthalten. Und ein Argument kann auch eine falsche Konklusion haben. Dass eine Konklusion falsch ist, bedeutet jedoch nicht, dass die Überlegung schlecht ist, die zu dieser Konklusion führt. Der Grund für die Falschheit der Konklusion kann einfach darin liegen, dass man von falschen

Prämissen ausgegangen ist. Ein Argument kann auch schlecht, die Konklusion aber dennoch wahr sein. Deshalb ist es so wichtig, Konklusion und Argument nicht miteinander zu verwechseln. Man muss somit die folgenden Fragen strikt auseinanderhalten:

1. Sind die Prämissen wahr?
2. Ist die Konklusion wahr?
3. Ist der Übergang von den Prämissen zur Konklusion gut?

Was aber ist ein gutes Argument? Um diese Frage zu beantworten, müssen wir zunächst einige Unterscheidungen treffen.

1.5. Gültige und ungültige Argumente

Betrachten wir das folgende Argument:

1. Alle Menschen sind Lebewesen.
2. Sokrates ist ein Mensch.
3. Sokrates ist ein Lebewesen.

Dieses Argument hat eine spezielle Eigenschaft: Wir können in diesem Argument nicht von wahren Prämissen zu einer falschen Konklusion gelangen. Die Wahrheit der Prämissen garantiert die Wahrheit der Konklusion. Oder anders gesagt: Es kann nicht sein, dass die Konklusion falsch ist, *sofern* die Prämissen wahr sind. Dies ist eine *konditionale* Aussage: Unter der Bedingung, dass die Prämissen wahr sind, ist auch die Konklusion wahr. Das heißt: *Wenn* die Prämissen wahr sind, dann ist auch die Konklusion wahr. Oder: Wenn die Prämissen wahr wären, dann wäre auch die Konklusion wahr. Ist dies der Fall, so sagt man auch: die Konklusion *folgt logisch* aus den Prämissen, oder: die Prämissen *implizieren* die Konklusion, oder auch: das Argument ist *gültig*. Im Alltag verwenden wir den Ausdruck »gültig« auch in anderer Bedeutung, etwa wenn wir sagen, dass eine Sichtweise oder eine Behauptung gültig sei. Hier soll mit »Gültigkeit« jedoch ausschließlich eine Eigenschaft von Argumenten bezeichnet werden.

Gültigkeit von Argumenten
Ein Argument ist gültig, wenn folgendes erfüllt ist: Wenn die Prämissen wahr sind, dann ist die Konklusion wahr.

»Gültigkeit« bedeutet: *Wenn* die Prämissen wahr sind, dann ist auch die Konklusion wahr. Um diesen wichtigen Punkt zu verstehen, muss man die bereits genannte Unterscheidung zwischen der Wahrheit von Aussagen in einem Argument einerseits und der Güte des Übergangs von den Prämissen zur Konklusion andererseits beachten. Die Konklusion kann aus den Prämissen auch dann logisch folgen, wenn die Konklusion oder eine der Prämissen falsch ist. Dies mag auf den ersten Blick verwirren, denn ein Argument, das falsche Aussagen enthält, kann uns nicht viel nützen. Doch die Gültigkeit eines Arguments hängt gerade nicht davon ab, dass die Prämissen tatsächlich wahr sind. Betrachten wir zuerst das Beispiel eines gültigen Arguments mit wahren Prämissen.

1. Alle Menschen sind Säugetiere.
2. Alle Säugetiere sind Lebewesen.
3. Alle Menschen sind Lebewesen.

Der Schluss folgt aus den Prämissen. Das Argument ist deshalb gültig. Man kann sich dies auch mit Hilfe von Diagrammen veranschaulichen, in denen jede Menge als Kreis dargestellt wird. In Anlehnung an den Basler Mathematiker Leonhard Euler (1707–1783) werden sie auch »Euler-Diagramme« genannt.[2] Dass alle Menschen Säugetiere sind, lässt sich so darstellen:

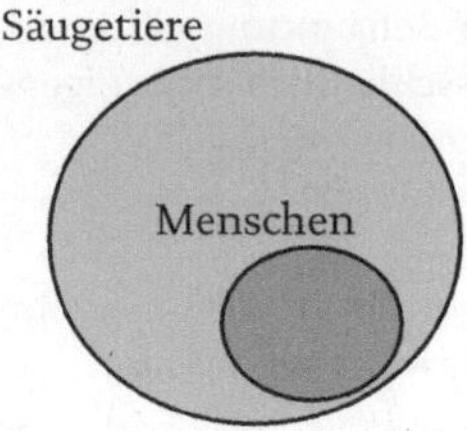

In demselben Schema kann man auch die Aussage, dass alle Säugetiere Lebewesen sind, darstellen.

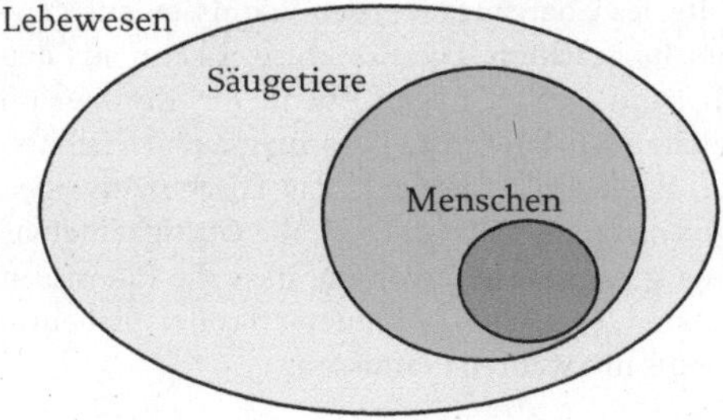

Nun sieht man, dass auch die Aussage, dass alle Menschen Lebewesen sind, wahr ist, denn der Kreis der Menschen ist in dem Kreis der Lebewesen eingeschlossen. Die Konklusion muss also wahr sein, wenn die Prämissen wahr sind.

Betrachten wir nun das Beispiel eines Arguments, das ganz analog aufgebaut ist, aber falsche Prämissen enthält:

1. Alle Philosophen sind Männer.
2. Alle Männer sind Griechen.
3. Alle Philosophen sind Griechen.

Weder sind alle Philosophen Männer – denn es gab und gibt zahlreiche philosophierende Frauen –, noch sind alle Männer Griechen – denn es gibt unter anderem auch deutsche und chinesische Männer. Somit sind die beiden Prämissen falsch. Auch die Konklusion ist falsch, denn es gibt Philosophen verschiedenster Nationalitäten. Aber zwischen den Prämissen und der Konklusion besteht ein Zusammenhang, den man wiederum mit Euler-Diagrammen veranschaulichen kann. Das Schema ist genau dasselbe wie oben, nur dass die Kreise anderes bezeichnen. Wir können den Zusammenhang auch so formulieren: Wenn die Prämissen wahr wären, dann wäre auch die Konklusion wahr. Wenn es so wäre, dass alle Philosophen Männer und alle Männer Griechen sind, dann wären auch alle Philosophen Griechen. Somit ist das Argument gültig.

Es lässt sich nun einfach bestimmen, was ein ungültiges Argument ist: Es ist ein Argument, das nicht gültig ist.

Ungültigkeit von Argumenten
Ein Argument ist ungültig, wenn es nicht gültig ist, das heißt, wenn folgendes nicht erfüllt ist: Wenn die Prämissen wahr sind, dann ist die Konklusion wahr.

Gültige Argumente, die nur wahre Prämissen enthalten, sind für uns besonders interessant, denn in diesen Fällen ist auch die Konklusion wahr. Wissen wir also, dass das Argument gültig und die Prämissen wahr sind, so wissen wir auch, dass die Konklusion wahr ist. Selbstverständlich ist es möglich, dass wir tatsächlich gar nicht wissen, ob die Prämissen eines Arguments wahr sind oder ob ein Argument gültig ist. Aber *wenn* man beides weiß, dann weiß man auch, dass die Konklusion wahr ist. Ein solches Argument, das gültig ist und nur wahre Prämissen enthält, nennt man *stichhaltig*.

Stichhaltigkeit von Argumenten
Ein Argument ist dann stichhaltig, wenn es gültig ist und nur wahre Prämissen enthält.

Nun kann es durchaus sein, dass uns zur Beantwortung einer Frage keine stichhaltigen Argumente zur Verfügung stehen. Das ist im Alltag sehr oft der Fall. Wir begnügen uns dann mit Argumenten, die uns einen guten Grund liefern, die Konklusion für wahr zu halten. Zum Beispiel könnten wir wie folgt argumentieren: Heute sind am Abendhimmel dunkle Wolken zu sehen, also wird es morgen regnen. Es ist aber möglich, dass die Wolken abziehen und es nicht regnet. Für unsere Entscheidungen kann es irrelevant sein, dass diese Möglichkeit besteht, zum Beispiel dann, wenn wir entscheiden müssen, entweder im Garten zu grillen oder ins Kino zu gehen, wobei wir nicht bei Regen grillen wollen. Dann reicht es für die Entscheidung aus, zu wissen, dass es sehr wahrscheinlich ist, dass es regnet.

Verwenden wir ein solches Argument, so erheben wir damit nicht den Anspruch, dass es gültig sei. Es gibt also Argumente, mit denen der Anspruch erhoben wird, dass sie gültig sind, und Argumente, mit denen dieser Anspruch nicht erhoben wird. Argumente der ersten Art werden *deduktiv* genannt, die anderen sind *nicht-deduktiv* (vielfach auch *induktiv* genannt).[3]

Deduktiv / nicht-deduktiv
Ein Argument ist dann deduktiv, wenn man damit den Anspruch erhebt, dass es gültig ist.
Ein Argument ist dann nicht-deduktiv, wenn man damit nicht den Anspruch erhebt, dass es gültig ist.

Dass ein nicht-deduktives Argument ungültig ist, stellt somit keinen Einwand gegen das Argument dar, denn mit ihm wird ja dieser Anspruch gar nicht erhoben. Auch ein nicht-deduktives Argument kann ein gutes Argument sein. Wann ist das der Fall? Man kann allgemein folgendes sagen: Ein nicht-deduktives Argument ist gut, wenn es einen guten Grund dafür liefert, dass die Konklusion wahr ist.

Güte von nicht-deduktiven Argumenten
Ein nicht deduktives Argument ist dann gut, wenn es gute Gründe dafür liefert, dass die Konklusion wahr ist.

Die Güte von nicht-deduktiven Argumenten ist eine Sache des Grades – das Argument kann mehr oder weniger gut sein –, und die Güte kann sich durch neue Informationen verändern. Nehmen wir an, ich argumentiere wie folgt: Die meisten Philosophen sind freundlich, also ist der Philosoph Sokrates freundlich. Erfahre ich nun, dass viele Leute darüber klagen, wie unfreundlich Sokrates sei, so ist dies eine zusätzliche Prämisse, welche die Güte meines ursprünglichen Argumentes schrumpfen lässt. Jetzt ist es vielleicht nicht mehr so, dass das Argument einen guten Grund dafür liefert, dass die Konklusion wahr ist. Umgekehrt kann sich die Güte eines Arguments auch erhöhen. Erfahre ich, dass viele Leute Sokrates für seine Freundlichkeit loben, habe ich noch mehr Gründe dafür, dass Sokrates tatsächlich freundlich ist.

Die Gültigkeit eines Arguments ist keine Sache des Grades – entweder das Argument ist gültig oder nicht –, und dass ein Argument gültig ist, kann sich nicht durch neue Informationen verändern. Wenn *alle* Philosophen freundlich sind und Sokrates ein Philosoph ist, dann ist auch Sokrates freundlich. Dieses Argument bleibt gültig, auch wenn ich erfahre, dass nicht alle Philosophen freundlich sind. Was sich verändert, ist mein Urteil über die zweite Prämisse: Ich halte sie nun für falsch. Aber das Argument bleibt dennoch gültig. Denn das bedeutet lediglich folgendes: Wenn die Prämissen wahr sind, dann ist die Konklusion wahr.

1.6. Kritik von Argumenten

Wie können wir vorgehen, wenn wir der Auffassung sind, dass ein Argument nicht gut ist? Ein Argument besteht aus einer Konklusion, aus einer oder mehreren Prämissen und aus dem Zusammenhang zwischen diesen beiden. Damit ergeben sich drei Möglichkeiten der Kritik. Man argumentiert (1) mit einem neuen Argument gegen die Konklusion. Ist das ursprüngliche Argument deduktiv, so ist dies genau genommen keine Kritik des Arguments, da man damit nicht zeigt, was an der Begründung schlecht ist. Man argumentiert (2) gegen eine oder mehrere der *Prämissen.* Oder man argumentiert (3) dafür, dass der *Übergang* von den Prämissen zur Konklusion nicht gut ist. Im Falle eines deduktiven Arguments versucht man nachzuweisen, dass es *ungültig* ist, im Falle eines nicht-deduktiven Arguments, dass es *keine starken Gründe* liefert.

Und noch eine weitere Möglichkeit besteht. Ein Argument kann auch aus dem Grund nicht gut sein, dass es (4) eine Regel des vernünftigen Argumentierens verletzt und somit keinen angemessenen Diskussionsbeitrag leistet. Diese vier Möglichkeiten sollen nun an einem Beispiel erläutert werden. Es sei das folgende Argument gegeben:

1. Wir Menschen sind Wesen, die Gefühle haben.
2. Jedes Wesen, das Gefühle hat, hat eine Seele.
3. Wir Menschen haben eine Seele.

Wie kann man dieses Argument kritisieren?

1. Direkt gegen die Konklusion argumentieren

Man kann zum einen direkt, ohne auf die Begründung einzugehen, gegen die Konklusion mit einem neuen Argument argumentieren, etwa so (und es spielt im Moment keine Rolle, ob das Argument gut ist):

1. Wir Menschen bestehen nur aus Materie.
2. Die Seele ist nicht materiell.
3. Wir Menschen haben keine Seele.

Die Konklusion dieses neuen Arguments ist genau die Verneinung der Konklusion des ursprünglichen Arguments. Genau genommen ist dies keine Kritik des Arguments, denn das neue Argument zeigt nicht, was an dem ursprünglichen Argument nicht gut ist. Ist eine der Prämissen falsch? Sofern das der Fall ist: Ist es die erste oder die zweite, oder sind es gar beide? Ist der Übergang von den Prämissen zur Konklusion nicht gut? Sofern das der Fall ist: In welchem Sinn ist der Übergang nicht gut? Genau genommen ist das neue Argument also keine Kritik des Arguments. Ist das ursprüngliche Argument jedoch nicht-deduktiv, so kann man mit einem solchen neuen Argument neue Gründe gegen die Konklusion einführen, die aufzeigen können, dass die bereits genannten Gründe weniger stark sind, als es vielleicht den Anschein machte.

2. Gegen eine Prämisse argumentieren
Man kann zum anderen eine oder mehrere der Prämissen zurückweisen. Gegen die erste Prämisse des eingangs genannten Arguments könnte man wie folgt argumentieren:

1. Eine Kuh ist ein Wesen, das Gefühle hat.
2. Eine Kuh hat keine Seele.
---
3. Nicht jedes Wesen, das Gefühle hat, hat eine Seele.

Die Konklusion dieses Arguments ist die Verneinung der ersten Prämisse des ursprünglichen Arguments. Damit ist im Unterschied zu einem Gegenargument klar, was an dem ursprünglichen Argument kritisiert wird, nämlich die zweite Prämisse (und nicht etwa die erste oder der Übergang von Prämisse zu Konklusion).

Das oben genannte Gegenargument ebenso wie das genannte Argument zur Widerlegung der ersten Prämisse führen neue Aussagen in die Diskussion ein. Man nennt dies *externe Kritik*. Im Unterschied dazu greift die sogenannte *interne Kritik* nur auf Aussagen zurück, die explizit oder implizit bereits im Argument gemacht werden, und weist dann nach, dass diese nicht alle zugleich wahr sein können, das heißt, dass sie inkonsistent sind. Die interne Kritik ist im Vergleich zur externen Kritik stärker, weil sie keine neuen Aussagen in die Diskussion einführt, die ja selbst umstritten sein können. Kann man also interne Kritik üben, so sollte man dies tun.

Um interne Kritik zu üben, muss man zeigen, dass die Aussagen inkonsistent sind, dass also Aussagen des Arguments im Widerspruch zueinander stehen oder dass aus diesen Aussagen ein Widerspruch folgt. Dass die Prämissen eines Arguments offensichtlich inkonsistent sind, ist selten der Fall. Nicht selten ist es jedoch der Fall, dass eine Inkonsistenz nach einer genaueren Untersuchung eines Arguments ersichtlich wird.

3. Zurückweisen des Übergangs von Prämissen zur Konklusion
Die Prämissen und die Konklusion können wahr, das Argument aber dennoch schlecht sein. Der Grund kann darin liegen, dass der Übergang von den Prämissen zur Konklusion nicht gut ist. In einem nicht-deduktiven Argument ist der Übergang dann nicht gut, wenn die Prämissen keinen guten Grund dafür liefern, dass die Konklusion wahr ist. In einem deduktiven Argument ist der Übergang dann nicht gut, wenn das Argument ungültig ist. Wie man zeigen kann, dass ein Argument ungültig ist, wird später in diesem Kapitel erläutert.

4. Zurückweisen des Diskussionsbeitrags
Man kann ein Argument auch dafür kritisieren, dass mit ihm eine Regel des vernünftigen Argumentierens verletzt wird. Eine dieser Regeln lautet, dass der Beitrag für den Zweck der Diskussion relevant sein muss. Argumentiert man für etwas, das gar nicht relevant ist, so ist es in der Diskussion kein gutes Argument, selbst dann nicht, wenn es einen guten Grund für die Wahrheit der Konklusion liefert. Geht es in der Diskussion zum Beispiel darum, ob wir wissen können, dass andere Menschen Gefühle haben, liefert das eingangs erwähnte Argument keinen Beitrag, denn mit ihm wird die These gestützt, dass wir Menschen eine Seele haben. Damit allein wird jedoch nicht gezeigt, dass wir wissen oder nicht wissen können, dass andere Menschen Gefühle haben.

Vier Möglichkeiten der Kritik eines Arguments

1. Direkt gegen die Konklusion argumentieren.
2. Gegen eine Prämisse argumentieren.
3. Zurückweisen des Übergangs von Prämissen zur Konklusion: Das deduktive Argument ist ungültig, das nicht-deduktive Argument liefert keine starken Gründe.
4. Zurückweisen des Diskussionsbeitrags: Der Einsatz des Arguments verletzt eine Regel des vernünftigen Argumentierens.

Die genaue Prüfung von Argumenten stellt einen wichtigen Teil der philosophischen Arbeit dar. Kritisiert man ein Argument, so sollte man möglichst genau angeben, wogegen sich die Kritik richtet, also ob sie sich gegen die Konklusion, gegen eine bestimmte Prämisse, gegen den Übergang oder den Diskussionsbeitrag wendet. Eine Kritik an einem Argument muss nicht unbedingt dazu führen, dass man das Argument vollständig aufgibt. Vielfach besteht die richtige Reaktion darin, dass man das Argument verbessert, indem man etwa die Prämissen genauer formuliert oder den Übergang zur Konklusion präzisiert.

1.7. Argumentform

Es gibt Argumente, die aufgrund der Bedeutung der Aussagen gültig sind, etwa das folgende:

1. Max ist eine Katze.
2. Max ist ein Säugetier.

Da der Begriff der Katze so definiert ist, dass eine Katze ein Säugetier ist, folgt aus der Bedeutung der Prämisse die Konklusion.

Es gibt auch Argumente, die bereits aufgrund ihrer *Form* gültig sind, das heißt aufgrund der Verknüpfung durch logische Zeichen, etwa das folgende:

1. Alle Philosophen sind Menschen.
2. Alle Menschen sind sterblich.
---
3. Alle Philosophen sind sterblich.

In diesem Argument kommen drei Aussagen vor, die jeweils mit »alle« beginnen und jeweils zwei Begriffe enthalten, die mit »sind« verbunden sind. Insgesamt sind es drei Begriffe, »Philosoph«, »Mensch« und »sterblich« (ein Begriff ist ein sprachlicher Ausdruck, mit dem man von einem Gegenstand etwas aussagen kann). Dass es genau diese drei Begriffe sind, ist für die Gültigkeit des Arguments jedoch nicht relevant. Dies kann man erkennen, indem man für jeden Begriff einen Platzhalter wählt. Es ist in der Philosophie in solchen Fällen üblich, Begriffe mit Großbuchstaben, beginnend mit F, abzukürzen. Kürzen wir also wie folgt ab: F = Philosoph, G = Mensch und H = sterblich. Wichtig ist, dass man für denselben Begriff innerhalb eines Arguments immer dasselbe Abkürzungszeichen wählt. Damit erhalten wir folgendes Argument:

1. Alle F sind G.
2. Alle G sind H.
---
3. Alle F sind H.

Dies zeigt an, wie die inhaltlichen Teile der Aussagen (in diesem Fall: die Begriffe, aber es können auch ganze Sätze sein) mit logischen Zeichen (in diesem Fall: das »Alle … sind …«) verknüpft sind. (Was genau ein logisches Zeichen ist und wie man das »Alle … sind …« darstellen kann, wird erst später erläutert, s. Kap. 5.) Man nennt dies auch die *logische Form des Arguments* oder kurz: die *Argumentform*. (Genaugenommen ist es erst eine Teilformalisierung, denn man müsste für das »Alle ... sind ...« ein logisches Zeichen einführen, das genau definiert ist.) Ersetzt man in der Argumentform einen oder mehrere der Buchstaben durch einen anderen Begriff als im ursprünglichen Argument, so ergibt sich damit ein neues Argument von derselben logischen Form. Man kann sich vorstellen, dass anstelle von »F« nicht »Philosoph«, sondern zum Beispiel »Katze« gesetzt wird. Nun kann man sich überlegen: Ist es möglich, für die Buchstaben »F«, »G« und »H« Begriffe einzusetzen, so dass die Prämissen wahr sind und die Konklusion falsch? Man versuche es! Es wird sich kein solches Argument finden (vgl. dazu auch das Diagramm auf S. 24). Auf diese Weise erhalten wir zugleich eine Definition für den Begriff der formalen Gültigkeit und eine Methode zum Nachweis der formalen Ungültigkeit.

Formale Gültigkeit eines Arguments
Ein Argument ist dann formal gültig, wenn es kein Argument von derselben Form geben kann, in der die Prämissen wahr sind und die Konklusion falsch ist.

Methode zum Nachweis der formalen Ungültigkeit
Findet man zu einem Argument ein Argument von derselben Form, in der die Prämissen wahr sind und die Konklusion falsch ist, so ist gezeigt, dass das Argument ungültig ist.

Zwei Argumentformen, die in der Philosophie besonders oft vorkommen, sind der sogenannte *Modus ponens* (lat. für »setzender Modus«) und der sogenannte *Modus tollens* (lat. für »aufhebender Modus«). Was mit den Namen gemeint ist, wird gleich ersichtlich werden.

Zur besseren Übersicht verwenden wir Zeichen für Aussagen. Es ist in der Philosophie üblich, Aussagen mit Kleinbuchstaben, beginnend mit »p«, abzukürzen. Zeichen für Aussagen sind also p, q, r …

Wir benötigen weiter den Ausdruck »Wenn …, dann …«. Die Aussage, die nach dem »Wenn« kommt, ist der *Vordersatz* (das Antezedens), die Aussage, die nach dem »dann« kommt, ist der *Nachsatz* (das Konsequens – mit »s«, nicht mit »z«). Das Ganze ist ein *Konditional*. Damit ist in der Logik eine Verknüpfung von Aussagen gemeint, die nur dann falsch ist, wenn der Vordersatz wahr und der Nachsatz falsch ist. Ansonsten ist das Konditional wahr. Die Formulierung »Wenn …, dann …« wird in unserer Alltagssprache in vielen anderen Bedeutungen verwendet. Hier soll jedoch das logische Zeichen gemeint sein. Man nennt es auch »materiale Implikation« oder »Subjunktion«.

Konditional
Wenn p, dann q.

Im *Modus ponens* wird der Vordersatz gesetzt. Deshalb wird er »setzender Modus« genannt. Er hat also die folgende Form:

Gültige Form 1: *Modus ponens*
1. Wenn p, dann q.
2. p
___
3. q

Die Setzung oder Bejahung des Nachsatzes jedoch führt zu einer ungültigen Argumentform:

Fehlschluss der Bejahung des Nachsatzes
1. Wenn p, dann q.
2. q
___
3. p

Dass dies keine gültige Argumentform ist, kann man mit der genannten Methode zeigen. Das folgende ist ein Argument von derselben logischen Form, das von wahren Prämissen zu einer falschen Konklusion führt:

1. Wenn der Kater Jeff ein Hund ist, dann hat er vier Beine.
2. Kater Jeff hat vier Beine.
3. Kater Jeff ist ein Hund.

Im *Modus tollens* wird der Nachsatz aufgehoben (das heißt verneint). Deshalb wird er »aufhebender Modus« genannt. Er hat also diese Form:

Gültige Form 2: *Modus tollens*
1. Wenn p, dann q.
2. Nicht q.
3. Nicht p.

Die Verneinung des Vordersatzes führt jedoch zu einer ungültigen Argumentform:

Fehlschluss der Verneinung des Vordersatzes
1. Wenn p, dann q.
2. Nicht p.
3. Nicht q.

Dass dies keine gültige Argumentform ist, kann man wiederum mit der bekannten Methode zeigen. Hier ist ein solches Argument:

1. Wenn der Kater Jeff ein Hund ist, dann hat er vier Beine.
2. Kater Jeff ist kein Hund.
3. Kater Jeff hat nicht vier Beine.

Diese beiden Argumentformen, *Modus ponens* und *Modus tollens,* sind derart wichtig, dass es sich lohnt, sich diese einzuprägen – und am besten gleich zusammen mit ihren Namen.

In der Diskussion kann der Nutzen von Argumenten unter Umständen beschränkt sein. *Denn nicht selten ist des einen Philosophen Modus ponens des anderen Modus tollens.*[4] Das heißt: Es kann durchaus sein, dass sich zwei Philosophen über das Konditional einig sind, daraus jedoch je die Negation dessen schließen, was der andere voraussetzt. Beide halten »Wenn p, dann q« für wahr. Doch der eine sagt: »p, also q«, und der andere sagt: »nicht q, also nicht p«.

1.8. Fehlschlüsse

Einen Argumentationsfehler nennt man auch einen *Fehlschluss.* Es gibt eine riesige Menge von verschiedenen Arten von Fehlschlüssen. Eine vollständige Liste zu erstellen wäre deshalb wenig sinnvoll. Wichtig ist es jedoch, ein gewisses Gespür dafür zu entwickeln, wann man es mit einem solchen zu tun haben könnte. Es gibt Fehlschlüsse, die formaler Art sind, das heißt ungültige Formen von deduktiven Argumenten, und Fehlschlüsse, die nicht formaler Art sind. Einige der Fehlschlüsse formaler Art wurden bereits genannt, etwa die Bejahung des Nachsatzes und die Verneinung des Vordersatzes. Zu einem formalen Fehler kann es auch dann kommen, wenn die Begriffe nicht immer in derselben Bedeutung verwendet werden. Dies nennt man *Äquivokation* (dazu gleich mehr). Von den Fehlschlüssen, die nicht formaler Art sind, beruhen einige darauf, dass ein nicht-deduktives Argument Gründe liefert, die zu schwach sind, um die Konklusion zu stützen. Derjenige, der behauptet, nur weil wir etwas nicht wissen, sei es wahr, begeht einen solchen Fehlschluss, in diesem Fall den Fehlschluss des *argumentum ad ignorantiam* (lat. für »auf das Nichtwissen gerichtet«). Dazu gehören auch das Autoritätsargument (s. S. 39) und der kausale Fehlschluss (s. Kap. 3.8.). Andere nicht formale Fehlschlüsse beruhen darauf, dass mit ihnen eine Regel des vernünftigen Argumentierens verletzt wird. Dazu gehören das Verschieben der Beweislast und die *Petitio principii* (mehr dazu gleich).

Verschiedene Arten von Fehlschlüssen

1. Formale Fehlschlüsse: ungültige deduktive Argumentformen (zum Beispiel Äquivokation)
2. Nicht formale Fehlschlüsse: a) schwache Gründe (zum Beispiel Autoritätsargument), b) Verletzung einer Regel des vernünftigen Argumentierens (zum Beispiel *Petitio principii*)

Auf Fehlschlüsse in Diskussionen um ethische Fragen wird in einem späteren Kapitel eingegangen (s. Kap. 4.3.). Im folgenden werden wir uns die Äquivokation, das Autoritätsargument, das Verschieben der Beweislast und die *Petitio principii* genauer anschauen.

Äquivokation

Eine Äquivokation (lat. für »Gleichlautigkeit«) ist ein Fehlschluss, der darauf beruht, dass ein gleichlautendes Wort im Argument in verschiedenen Bedeutungen verwendet wird. Wörter, die verschiedene Bedeutungen haben, nennt man »äquivok« oder »homonym«. Hier ist ein Beispiel für eine Äquivokation:

1. Der durchschnittliche Haushalt in Deutschland besteht aus 2,2 Personen.
2. Dies ist ein durchschnittlicher Haushalt.

---

3. Dieser Haushalt besteht aus 2,2 Personen.

In diesem Argument kommt der Begriff »durchschnittlich« zweimal vor. In der ersten Prämisse ist damit die Zahl gemeint, die man erhält, wenn man die Anzahl der Menschen durch die Anzahl der Haushalte dividiert. In der zweiten Prämisse ist damit jedoch gemeint, dass es sich um einen Haushalt handelt, der sich nicht besonders von anderen unterscheidet. Äquivokationen können zum Teil sehr subtil sein. Dies herauszuarbeiten verlangt nach philosophischer Arbeit, nämlich nach der Analyse von Begriffen (s. Kap. 2).

Autoritätsargument (argumentum ad verecundiam)
In einem Autoritätsargument begründet man die Wahrheit einer Aussage damit, dass sie von einer Person behauptet wird, die eine Autorität auf dem entsprechenden Gebiet ist. Die allgemeine Form lässt sich wie folgt darstellen:

Autoritätsargument
1. Person A behauptet, dass p.
2. Person A ist eine Autorität auf dem Gebiet.
3. p.

Autoritätsargumente können starke Gründe dafür liefern, dass wir etwas glauben. Zum Beispiel ist es ein guter Grund zu glauben, dass es morgen regnen wird, wenn dies in den Nachrichten von der meteorologischen Station anhand ihrer Daten vorausgesagt wird. In unserer komplexen Welt sind wir auf das Wissen anderer angewiesen, und es wäre fahrlässig, auf solches Wissen zu verzichten. Andererseits muss man sich auch davor hüten, ein Autoritätsargument ungeprüft zu übernehmen. Denn es kann sein, dass es uns tatsächlich nur einen schwachen Grund für die entsprechende Überzeugung liefert. Es kann nämlich sein, dass die beiden Prämissen wahr sind, es aber dennoch gute Gründe dafür gibt, zu bezweifeln, dass p wahr ist. Unter anderem kann es sein, dass die Person, die eine Autorität auf dem Gebiet darstellt, aus irgendeinem Grund nicht in der Lage ist, zu beurteilen, ob die Aussage wahr ist. Oder es kann sein, dass die Person ein bestimmtes Interesse daran hat, nicht die Wahrheit zu sagen. Auch solche Faktoren müssen unter Umständen in der Beurteilung des Schlusses berücksichtigt werden.

Der grundsätzliche Mangel von Autoritätsargumenten besteht jedoch in etwas völlig anderem: Sie begründen gar nicht, *warum* die Konklusion wahr oder falsch ist. Denn dass eine Person etwas behauptet, ist in keinem Fall der Grund dafür, dass das, was sie sagt, wahr oder falsch ist. Der Grund dafür, dass es morgen regnet, ist ja nicht der, dass der Meteorologe es sagt. Dass er es sagt, ist ein Grund dafür, zu *glauben*, dass es der Fall sein wird, nicht jedoch dafür, *warum* es so ist, dass es morgen regnet. Suchen wir nach den Gründen für die Sache, so hilft uns ein Autoritätsargument nicht weiter.

Manchmal wird als Autorität die eigene Person angeführt, etwa dann, wenn man behauptet: »Ich habe das so erlebt.« Manchmal wird ein Kollektiv oder noch allgemeiner die Gemeinschaft der vernünftigen Menschen als Autorität angeführt, etwa dann, wenn man behauptet: »Wie wir alle wissen, ist dies so.« Dies kann auch versteckt geschehen, zum Beispiel dann, wenn man behauptet: »Es ist offensichtlich so.« Manchmal wird eine Person nicht als Autorität, sondern gerade als ihr Gegenteil bezeichnet, zum Beispiel: »Wenn die es sagt, dann kann es nicht richtig sein.« Solche Argumente nennt man *argumentum ad hominem* (ein Argument, das auf den Menschen zielt, also nicht auf die Sache). Eine weitere Variante ist das Tu-quoque-Argument (s. S. 126). Alle diese Varianten weisen denselben Mangel auf.

Verschieben der Beweislast

Das Verschieben der Beweislast ist ein Fehlschluss, bei dem eine Regel des vernünftigen Argumentierens verletzt wird. Ein Beispiel: Angenommen, jemand behauptet, es gebe überhaupt kein Wissen. Das ist eine Behauptung, die man begründen muss. Die *Beweislast* liegt in diesem Fall bei dem, der diese These aufstellt, und nicht bei dem, der behauptet, dass wir Wissen haben. Zunächst einmal gibt es nämlich gute Gründe dafür, anzunehmen, dass es Wissen gibt. Erstens sagen wir von uns und anderen, dass wir Wissen haben, und es wäre erstaunlich, wenn diese Zuschreibungen immer falsch sein sollten. Zweitens gibt es klare Fälle, in denen wir tatsächlich behaupten, dass wir etwas wissen, zum Beispiel dass es diese Gegenstände hier gibt, die wir jetzt wahrnehmen. Es kann sein, dass wir uns irren. Aber angesichts dieser Gründe sind nicht wir dazu verpflichtet, zu beweisen, dass es Wissen gibt, vielmehr muss derjenige, der behauptet, dass es kein Wissen gibt, diese These begründen. Wer seiner Begründungspflicht nicht nachkommt und stattdessen von anderen verlangt, dass diese beweisen, dass das Gegenteil wahr ist, der begeht den Fehlschluss des Verschiebens der Beweislast.

Petitio principii

Nehmen wir an, in einer Diskussion ist es umstritten, ob die Ergebnisse der Medizin sicher seien, und nun argumentiert jemand wie folgt:

1. Unser ganzes Wissen ist unsicher.
2. Die Ergebnisse der Medizin sind unsicher.

Damit lässt die Person sich im allgemeinen bestätigen, was im einzelnen umstritten ist.[5] Wir würden der Person entgegnen: »Du setzt ja voraus, was du erst beweisen willst. Das kannst du nicht tun!« Im philosophischen Jargon sagt man auch: »Du begehst damit eine *Petitio principii*!«, oder kurz: »Das ist eine *Petitio*« (engl. *begging the question*). Eine *Petitio* begeht auch derjenige, der einen Begriff durch einen anderen ersetzt, der dasselbe bedeutet, aber anders lautet, etwa, wenn jemand argumentieren würde, die Medizin sei unsicher, weil die ärztliche Kunst unsicher sei. Explizit oder implizit ist in einer *Petitio* die Konklusion bereits vorausgesetzt, das heißt, sie wurde bereits als Prämisse verwendet.

Petitio principii
Eine *Petitio principii* ist ein Argument, das die Konklusion explizit oder implizit bereits als Prämisse verwendet.

In einer *Petitio* wird die Konklusion, also das, was zu beweisen ist, bereits vorausgesetzt. Wir haben ein intuitives Verständnis von dieser Art von Kritik, aber es ist nicht so leicht, genau zu sagen, worin der Fehler nun eigentlich besteht. Um diese Erklärungsschwierigkeit noch deutlicher werden zu lassen, betrachten wir ein Argument, bei dem die einzige Prämisse genau der Konklusion entspricht. Ein solches Argument würde selbstverständlich niemand in einer Diskussion verwenden, aber weniger offensichtliche Formen lassen sich auf diese Form zurückführen.

1. Zwölf ist eine gerade Zahl.
2. Zwölf ist eine gerade Zahl.

Die Konklusion entspricht genau der Prämisse. Ein solches Argument ist ein *Zirkelschluss*. Das Argument ist offensichtlich gültig, und es kann auch stichhaltig sein, wie das Beispiel zeigt, denn Zwölf ist eine gerade Zahl. Und dennoch: Es ist kein gutes Argument. Doch weshalb? Da die Konklusion genau einer der Prämissen entspricht, können wir nicht mehr zwischen den beiden Fragen unterscheiden, ob die Konklusion wahr ist und ob die Prämissen wahr sind. Diese beiden Fragen fallen hier zu einer Frage zusammen. Anstatt das Argument aufzustellen, könnte man auch einfach die Konklusion behaupten. Das Argument leistet somit in der Diskussion keine Arbeit. Damit ein Argument in einer Diskussion Arbeit leistet, muss sich ein Einwand gegen die Konklusion von einem Einwand gegen die Prämisse unterscheiden.[6]

In gewissem Sinne ist in jedem gültigen Argument die Konklusion bereits in den Prämissen enthalten, nämlich in dem Sinne, dass die Konklusion aus den Prämissen folgt. Wenn die Prämissen wahr sind, ist auch die Konklusion wahr. Das bedeutet jedoch nicht, dass man die Konklusion als einzelne Prämisse voraussetzt.

Es sind auch Situationen denkbar, in denen es erlaubt ist, eine Prämisse zu verwenden, die lediglich eine andere Formulierung der Konklusion ist. Es könnte zum Beispiel jemand in einer Argumentation sagen:

1. Zwölf ist keine ungerade Zahl.
2. Zwölf ist eine gerade Zahl.

Ein solcher Schluss kann dann berechtigt sein, wenn man genau zeigen will, dass die zweite Aussage aus der ersten folgt. Es handelt sich dabei nicht um eine *Petitio*, wenn man die Prämisse mit einem Argument stützt, das die Konklusion nicht selbst wieder als Prämisse enthält.

Es ist nicht leicht, eine *Petitio* nachzuweisen. Eine implizite Prämisse explizit zu formulieren, verlangt unter Umständen eine genaue Rekonstruktion des Arguments und eine Analyse der darin enthaltenen Sätze und Begriffe, kurzum: Sie erfordert viel philosophische Arbeit.

Übungsaufgaben

1. Welche der folgenden Sätze sind Aussagen?
   a) Der Mensch ist ein Lebewesen.
   b) Hurra!
   c) Das Spiel wird am Samstag stattfinden.
   d) Was ist Philosophie?
   e) Sokrates war sich der Konsequenzen seiner Entscheidung bewusst.
   f) Gib mit bitte das Salz!
   g) Wenn es eine Seele gibt, dann ist sie unsterblich.
   h) Jeder Mensch hat einen Körper und jeder Mensch hat eine Seele.

2. Welche Eigenschaft hat der Satz: »Es gibt Gott und es gibt Gott nicht«?

3. Was ist ein Gegenbeispiel zu der jeweiligen Aussage?
   a) Alle natürlichen Zahlen sind gerade.
   b) Alle Äpfel fallen zu Boden.
   c) Vom Guten kann man nicht genug bekommen.
   d) Kein Mensch ist mutig.

4. Weshalb kann es zu den folgenden Aussagen keine Gegenbeispiele geben?
   a) Es gibt schwarze Schwäne.
   b) In den meisten Fällen ist es moralisch falsch, jemandem Schaden zuzufügen.

5. Welche der folgenden Aussagen bilden Argumente?
   a) Da Berlin nördlich von Stuttgart liegt und Stuttgart nördlich von Basel, liegt Berlin auch nördlich von Basel.

b) Die Mannschaft setzte alles auf Angriff und schließlich gelang das Siegestor.
c) Anne glaubt, dass es Gott gibt, und Ben glaubt dies nicht.
d) Man darf unter Umständen die Wahrheit verheimlichen, denn damit kann Leid verhindert werden.

6. Gegeben seien die folgenden Aussagen und Wahrheitswerte:
   (1) Alle Schriftsteller sind Philosophen. (falsch)
   (2) Alle Philosophen sind Leser. (wahr)
   (3) Alle Philosophen sind Griechen. (falsch)
   (4) Alle Schriftsteller sind Griechen. (falsch)
   (5) Alle Griechen sind Schriftsteller. (falsch)
   (6) Alle Philosophen sind Schriftsteller. (wahr)
   (7) Alle Leser sind Schriftsteller. (falsch)

   Bilden Sie nun mit jeweils drei von diesen Aussagen Argumente, die je zwei Prämissen und eine Konklusion enthalten und jeweils die folgende Bedingung erfüllen:
   a) Das Argument ist gültig, die beiden Prämissen sind falsch und die Konklusion ist falsch.
   b) Das Argument ist gültig, die beiden Prämissen sind falsch und die Konklusion ist wahr.
   c) Das Argument ist gültig, die eine Prämisse ist wahr, die andere falsch, und die Konklusion ist falsch.
   d) Das Argument ist gültig, die eine Prämisse ist wahr, die andere Prämisse ist falsch, und die Konklusion ist wahr.

7. Welche der folgenden Aussagen über deduktive Argumente sind wahr?
   a) Jedes Argument, das nur wahre Prämissen enthält, ist gültig.

b) Jedes gültige Argument enthält wahre Aussagen.
c) Jedes stichhaltige Argument ist gültig.
d) Jedes stichhaltige Argument enthält nur wahre Prämissen.
e) Jedes Argument mit einer falschen Konklusion ist ungültig.
f) Enthält ein Argument eine falsche Prämisse, so ist es nicht stichhaltig.
g) Jedes Argument, das eine falsche Prämisse und eine wahre Konklusion enthält, ist gültig.

8. Was ist die Form der folgenden Argumente (*Modus ponens*, *Modus tollens*, Fehlschluss der Verneinung des Vordersatzes, Fehlschluss der Bejahung des Nachsatzes)?
a) Wenn es regnet, dann ist die Straße nass. Die Straße ist nass. Also regnet es.
b) Es regnet nicht. Wenn es regnet, dann ist die Straße nass. Also ist die Straße nicht nass.
c) Wenn es regnet, dann ist die Straße nass. Es regnet. Also ist die Straße nass.
d) Wenn es regnet, dann ist die Straße nass. Die Straße ist nicht nass. Also regnet es nicht.

9. Zeigen Sie, dass die folgenden Argumente formal ungültig sind, indem Sie ein Argument von derselben Form aufstellen, das von wahren Prämissen zu einer offensichtlich falschen Konklusion führt.
a) Alle Philosophen sind Menschen. Alle Philosophen sind Lebewesen. Also sind alle Menschen Lebewesen.
b) Wenn Sokrates ein Philosoph ist, dann sind alle Philosophen Menschen. Alle Philosophen sind Menschen. Also ist Sokrates ein Philosoph.

10. Welche Fehlschlüsse werden in den folgenden Argumenten begangen (Autoritätsargument, *Petitio principii*, Äquivokation)?

a) Frauen sind bessere Schriftsteller als Männer, denn Männer können nicht so gute Bücher schreiben wie Frauen.

b) Bereits in der Antike glaubte man, dass es eine Seele gibt, und auch heute halten diese These viele und auch namhafte Philosophen für wahr, also muss man wohl annehmen, dass es eine Seele gibt.

c) Der Mensch ist ein Lebewesen mit zwei Beinen. Ben musste ein Bein amputieren lassen und hat nur noch ein Bein. Also ist Ben kein Mensch.

Diskussionsfragen

1. Dschuang Dschou und der Schmetterling. Dschuang Dschou träumte einmal, dass er ein Schmetterling sei. Plötzlich wachte er auf und war wieder Dschuang Dschou. Aber hat Dschuang Dschou geträumt, dass er ein Schmetterling sei, oder hat der Schmetterling geträumt, dass er Dschuang Dschou sei?

2. *Der Apfel und seine Seiten.* Wenn Sie eine Seite von einem Apfel sehen, aber nicht alle, dann sehen Sie nicht einen Apfel, sondern nur die Seite eines Apfels. Da wir nie alle Seiten sehen, sehen wir nie den Apfel, sondern immer nur eine Seite des Apfels.

3. *Ein Argument für die Existenz der Seele.* Ich, nicht mein Körper, nehme Dinge wahr. Also bin ich von meinem Körper verschieden. Dieses Ich ist meine Seele. Also habe ich eine Seele. (Sollte man dann nicht eher sagen: »Ich bin eine Seele«?)

4. *Unsterblichkeit der Seele.* Die Seele hat keine Teile. Was keine Teile hat, ist unteilbar. Was unteilbar ist, ist unzerstörbar. Was unzerstörbar ist, ist unvergänglich.[7]

5. *Zeit.* Die Vergangenheit ist nicht mehr, und die Zukunft ist noch nicht. Wie kann man da sagen, es gebe Vergangenheit und Zukunft?

6. *Unhörbarer Ton.* Kann es einen Ton geben, den niemand hören kann?

7. *Sinnestäuschung.* Die Sinne täuschen uns manchmal (zum Beispiel erscheint uns ein gerader Stab im Wasser als gebrochen, und ferne Gegenstände erscheinen uns als kleiner, als sie tatsächlich sind). Also ist es möglich, dass uns die Sinne jetzt täuschen. Wir können nicht ausschließen, dass uns die Sinne jetzt täuschen. Also wissen wir nicht, ob die Dinge so sind, wie wir sie wahrnehmen.

8. *Tatsächliche Größe.* Entfernte Körper erscheinen uns kleiner, als sie sind. Wie nah müssen wir ihnen sein, damit sie uns in ihrer richtigen Größe erscheinen, das heißt in der Größe, die sie tatsächlich haben?

2. Analysieren

Das Analysieren stellt ähnlich wie das Argumentieren eines der Grundwerkzeuge des Philosophierens dar. Während man relativ leicht erklären kann, was Argumentieren ist, erweist sich die allgemeine Bestimmung dessen, was Analysieren ist, als eine größere philosophische Herausforderung. Erstens gibt es verschiedene Arten von Analysen, zweitens gibt es unter den Philosophen verschiedene Auffassungen davon, worin diese genau bestehen, und drittens sind sich die Philosophen uneinig darüber, welchen Status und Nutzen diese Analysen am Ende haben. Gerade diese Vielfalt von Analysen und Auffassungen zeigt jedoch, wie wichtig das Analysieren für die Philosophie ist. Im folgenden soll auf diese philosophischen Kontroversen nur am Rande eingegangen und hauptsächlich in das Handwerk eingeführt werden.

2.1. Begriffe differenzieren und definieren

Betrachten wir einige philosophische Fragen: Was ist Gerechtigkeit? Was können wir wissen? Was sollen wir tun? Was ist die Beziehung von Geist und Körper? Haben wir einen freien Willen? Solche Fragen kann man zumindest zum Teil dadurch beantworten, dass man die in den Fragen vorkommenden Begriffe *analysiert.* »Analysieren« bedeutet, etwas in seine Bestandteile zu zergliedern oder auf seine Grundlagen zurückzuführen. Mit »Begriff« kann im Alltag ein Wort gemeint sein, zum Beispiel das Wort »Tiger«, oder eine Vorstellung, etwa dann, wenn man behauptet, dass man begreift oder einen Begriff davon hat, was ein Tiger ist. Übrigens: Spricht man über Wörter und allgemein über sprachliche Ausdrücke, so setzt man diese in Anführungszeichen, um Missverständnisse zu vermeiden. »Tiger« besteht aus fünf Buchstaben und hat einen

Inhalt, das heißt eine Bedeutung, aber ein Tiger nicht. In der Philosophie meint man mit »Begriff« nur eine spezielle Art von Wörtern sowie die Bedeutung solcher Wörter oder auch die Bestandteile eines Gedankens. Dies wird im nächsten Abschnitt genauer erläutert.

Wie geht man nun vor, wenn man einen Begriff analysieren will? Man kann sich (1) überlegen, ob man zwischen verschiedenen Begriffen *differenzieren* (unterscheiden) muss. Betrachten wir den Begriff »Gerechtigkeit«. Ist damit eine Eigenschaft von Urteilen, von Personen oder von Gesellschaften gemeint? Geht es um das Sanktionieren von Verhalten oder um die Verteilung von Gütern? Je nach Antwort handelt es sich um verschiedene Begriffe. Oder betrachten wir den Begriff »Liebe«. Ist damit ein Gefühl, eine Einstellung oder die Eigenschaft einer Beziehung gemeint? Ist damit Nächstenliebe, die Freundschaft, die Fürsorge oder die erotische Liebe gemeint? Auch in diesem Fall handelt es sich jeweils um verschiedene Begriffe. Bevor man also einen Begriff analysiert, muss man prüfen, ob man nicht zwischen verschiedenen Begriffen differenzieren muss.

Man kann sich (2) überlegen, wie man den Begriff *definieren*, das heißt, wie man die Bedeutung des Begriffs mit Worten erklären kann. Zum Beispiel lässt sich die Bedeutung von »Tiger« damit erklären, dass man sagt: »Ein Tiger ist eine Großkatze mit einem dunkelgestreiften Fell.« In der Praxis kann es zielführender sein, die Bedeutung dadurch zu erklären, dass man auf einen Gegenstand zeigt. Man kann erklären, was ein Tiger ist, indem man auf ein Bild zeigt und sagt: »Schau! Dies ist ein Tiger.« Bei Begriffen für konkrete Gegenstände, die klar begrenzt sind, ist dies je nach Situation unproblematisch. Will man jedoch mit einer solchen *hinweisenden Erklärung* auf Teile oder Aspekte von konkreten Gegenständen hinweisen (zum Beispiel auf das Tigerfell) oder auf Gegenstände, die nicht klar begrenzt sind (zum Beispiel auf Nebel), so kann es schwieriger werden. Erklären wir die Bedeutung von »Tiger« damit, dass wir auf ein Bild zeigen und sagen: »Dies ist ein Tiger«, kann es sein, dass nicht klar wird, ob nun das Tigerfell, das Lebewesen oder eine bestimmte Art von Tiger gemeint ist. Dies ist ein praktisches Problem. Es ist aber auch ein theoretisches Problem, weil die hinweisende Erklärung allein nicht hinreichend ist, um den Begriff zu bestimmen. Noch schwieriger wird es, wenn abstrakte Begriffe ins Spiel kommen. Worauf könnte man zeigen, wenn man erklären will, was Wahrheit, Gerechtigkeit oder Freiheit ist? Spätestens bei abstrakten Begriffen stößt die hinweisende Definition auch praktisch an ihre Grenzen.

Eine Variante der hinweisenden Erklärung ist die *Erklärung mit Beispielen*. Wir können etwa den Begriff »Möbelstück« dadurch erklären, dass wir sagen: »Zu den Möbelstücken zählen Tische, Stühle und Kommoden.« Eine solche Erklärung mit Beispielen kann in der Praxis erfolgreich sein, falls man bereits die Ausdrücke für die einzelnen Beispiele kennt. Im Unterschied zur hinweisenden Erklärung kann man auf diese Weise auch Begriffe für abstrakte Gegenstände erklären. Wir können sagen: »Zu den geraden Zahlen gehören die Zahlen 2, 4, 6 und 8.« Damit ist jedoch nicht gesagt, welche anderen Gegenstände auch noch zu der Gruppe gehören. Letztlich kann also auch die Erklärung mit Beispielen unbestimmt sein. Sagt jemand, »Mois sind September, Oktober und November«, so stellt sich die Frage: Sind hier mit »Mois« (dem französischen Ausdruck für »Monate«) tatsächlich Monate gemeint oder der Herbst? Vor allem ist mit einer Erklärung mit Beispielen nicht erklärt, was die Bedeutung des Begriffs ist.

Um die Bedeutung eines Begriffs zu bestimmen, müssen wir auf andere Begriffe zurückgreifen. Greifen wir aber auf andere Begriffe zurück, stellt sich erneut die Frage, was die Bedeutung dieser Begriffe nun sei. Um diese Begriffe zu definieren, muss man wieder auf andere Begriffe zurückgreifen und so weiter. Es scheint so, als käme eine Definition zu keinem Ende. Oder als würde sie sich wie in einem Kreis drehen, da der Begriff, der definiert werden soll, in der Definition wieder auftaucht. Es muss also Begriffe geben, die nicht weiter definiert werden. In der Praxis können wir letztlich auf Begriffe zurückgreifen, deren Bedeutung wir als bekannt voraussetzen dürfen oder deren Bedeutung wir hinweisend oder mit Beispielen erklären.

Manchmal wird behauptet, es sei für das Verständnis eines Begriffs notwendig, dass man ihn definiert. Das stimmt aber nicht. Wir können verstehen, was in einer bestimmten Situation mit einer Äußerung gemeint ist, ohne jeden darin vorkommenden Begriff definieren zu können. Zum Beispiel können wir die Äußerung: »Dort steht eine Linde« verstehen, ohne in der Lage zu sein, den Begriff »Linde« zu definieren. Wir verstehen, dass dort ein Baum von einer bestimmten Art steht, und wir sind in der Lage, unter Umständen diese Art von anderen Arten zu unterscheiden, ohne jedoch sagen zu können, worin genau der Unterschied besteht. Man muss also das Verstehen eines Begriffs unterscheiden von der Kenntnis einer Definition. Auch eine unvollständige Definition kann für eine Erklärung erfolgreich sein.

Kann man die Frage, was die Bedeutung eines Begriffes ausmacht, nicht einfach damit beantworten, dass man diesen in einem geeigneten Lexikon nachschlägt? So einfach ist es leider nicht. Es gibt (1) nicht die eine und »richtige« Bedeutung des Begriffs. Das, was ein Wörterbuch liefern kann, ist die Angabe dessen, wie der Begriff von gewissen Leuten in gewissen Situationen verwendet wird. Ob dies aber auch die Bedeutung ist, die in der Beantwortung der Frage verwendet werden soll, ist nicht gesagt. Die meisten Begriffe unserer Sprache haben

(2) mehrere Bedeutungen. Diese findet man unter Umständen zwar in einem Lexikon, aber man findet dort nicht verzeichnet, welche dieser Bedeutungen für die Beantwortung der Frage nun genau herangezogen werden soll. Die Erläuterungen in Wörterbüchern sind (3) weder vollständig noch für philosophische Zwecke hinreichend präzise. Präzision ist ein relativer Begriff, etwas ist also mehr oder weniger präzise nur in Bezug auf das Erreichen eines bestimmten Zwecks. Konversationslexika dienen nicht dem Zweck, philosophische Fragen zu beantworten, sondern sie sollen die Bedeutung des Begriffs so erklären, dass man ihn versteht und im alltäglichen Gebrauch korrekt verwenden kann. Es ist also meist so, dass die Definition, die man in solchen Lexika findet, für die Beantwortung einer philosophischen Frage nicht hinreichend präzise ist. Konsultiert man stattdessen ein philosophisches Fachlexikon, so wird man feststellen, dass es für die meisten philosophisch interessanten Begriffe eine Vielzahl von Bedeutungen gibt, die sich je nach der Zeit ihrer Entstehung bzw. ihrem Autor zum Teil stark voneinander unterscheiden. Also findet man sich wieder auf die erste Schwierigkeit zurückgeworfen, welche der Bedeutungen man wählen soll. Aus diesen Gründen lassen sich philosophische Fragen nicht einfach dadurch beantworten, dass man in einem Lexikon nachschlägt.

Wie kann man philosophische Fragen aber dann beantworten? Grundsätzlich gibt es zwei verschiedene Möglichkeiten, die je unterschiedlichen Definitionszwecken entsprechen. Man kann (1) versuchen, die Bedeutung des Begriffs durch eine Analyse, das heißt durch eine Zerlegung in einfachere Begriffe, möglichst genau zu *beschreiben*. Und man kann (2) einen neuen Begriff einführen und dessen Bedeutung *festlegen*. Man kann das erste eine »beschreibende Definition« und das zweite eine »festlegende Definition« (engl. *stipulative definition*) nennen.

Mit einer beschreibenden Definition gibt man die Bedeutung an, die der Begriff in einer bestimmten Sprache oder in einer bestimmten Situation hat. Trifft die Beschreibung genau auf die Bedeutung zu, so kann man sagen, die Definition sei »zutreffend« (und in diesem Sinne »wahr«). Zum Teil findet man solche Definitionen in Wörterbüchern. Allerdings dienen Wörterbücher in der Regel nicht dazu, den Begriff möglichst wahrheitsgetreu und präzise zu fassen, sie sollen es dem Leser vielmehr ermöglichen, den Begriff zu verstehen und korrekt zu verwenden. Wirft man einen Blick in ein Konversationslexikon, so stellt man fest, dass die darin vorkommenden Definitionen nicht selten überflüssige Teile enthalten oder dass sie unvollständig und somit strenggenommen falsch sind. Zum Beispiel die Definition von »Stuhl« aus dem *Deutschen Universalwörterbuch* (2003): »mit vier Beinen, einer Rückenlehne u. gelegentlich Armlehnen versehenes Sitzmöbel für eine Person«. Dass etwas »gelegentlich« Armlehnen hat, ist nicht notwendig, damit etwas ein Stuhl ist. Somit enthält die Definition überflüssige Teile – die jedoch durchaus informativ sein können. Dass ein Stuhl »vier Beine« hat, ist nicht notwendig dafür, dass etwas ein Stuhl ist, denn auch eine Sitzgelegenheit mit weniger Beinen kann ein Stuhl sein.

Mit einer festlegenden Definition legt man eine neue Bedeutung fest, unabhängig davon, welche Bedeutung der Begriff bereits hat. Man kann auch ein ganz neues Wort einführen. Zum Beispiel könnten wir sagen: Von nun an verwenden wir den Ausdruck »Bliblablu«, um blaue Fahrräder zu bezeichnen. Man kann aber auch einen bereits bestehenden Ausdruck mit einer neuen Bedeutung versehen. Zum Beispiel könnten wir sagen, dass wir von nun an den Ausdruck »Tisch« verwenden, um damit Stühle zu bezeichnen. (Genau dies tut ein Mann in der Geschichte »Ein Tisch ist ein Tisch« von Peter Bichsel.) Niemand kann sagen: »Nein, das ist falsch.« Denn eine festlegende Definition legt die Bedeutung des Ausdrucks ja erst einmal fest und kann deshalb im Unterschied zu einer beschreibenden Definition gar nicht zutreffend oder wahr sein. Es gibt jedoch andere Anforderungen, die eine festlegende Definition erfüllen muss. Zum Beispiel sollte sie den Zweck erfüllen, für den sie eingeführt wurde. Nehmen wir an, es gibt in unserer Sprache den Begriff der natürlichen Zahl und der Multiplikation, aber nicht den Begriff der Quadratzahl. Nun könnten wir diesen Begriff einführen und ihn wie folgt definieren: Eine Quadratzahl ist eine natürliche Zahl, die gleich dem Ergebnis der Multiplikation einer natürlichen Zahl mit sich selbst ist. Besteht der Zweck der Einführung des neuen Begriffs darin, eine Aussage abzukürzen, so kann man sagen, dass der genannte Begriff den Zweck durchaus erfüllt.

Manchmal will man einen bereits bestehenden Begriff präzisieren. Man legt also eine neue Bedeutung fest, die jedoch der ursprünglichen Bedeutung in gewisser Hinsicht ähnlich ist. Hier ist ein Beispiel: Der Begriff »volljährig« bedeutet in der Umgangssprache, mündig zu sein. Von welchem Zeitpunkt an man als volljährig gilt, ist durch diese Bedeutung jedoch noch nicht bestimmt. Nun kann man dies durch eine Definition festlegen: »Als volljährig gilt, wer das 18. Lebensjahr vollendet hat.« Definitionen, die dem Zweck dienen, einen exakteren Begriff einzuführen, kommen in der sogenannten Explikation vor, die in einem späteren Abschnitt genauer erläutert wird (s. S. 76).

2.2. Form und Inhalt von Begriffen

Was genau ist ein Begriff? In der Umgangssprache ist mit »Begriff« oftmals einfach ein Wort, in der Philosophie ist damit eine bestimmte Art von sprachlichen Ausdrücken gemeint, nämlich Ausdrücke (Wörter und Verbindungen von Wörtern), die dazu dienen, über etwas eine Aussage zu machen, und zwar im Unterschied zu sprachlichen Ausdrücken, die dazu dienen, etwas zu benennen, sogenannte »Namen« oder »singuläre Ausdrücke«. Man kann sich den Unterschied zwischen Namen und Begriffen am Beispiel von »Sokrates« und »Philosoph« leicht veranschaulichen: »Sokrates« bezeichnet genau eine Person, nämlich den antiken Philosophen, der von 469 bis 399 v. Chr. lebte. Es ist also ein Name. Man kann nicht von jemandem sagen, er sei »ein Sokrates«, es sei denn, man würde den Ausdruck in einer übertragenen Bedeutung verwenden (etwa um von jemandem zu sagen, dass er bestimmte charakterliche Eigenschaften mit dem antiken Philosophen teilt). »Philosoph« bezeichnet keine bestimmte Person. Es ist also kein Name. Man kann damit eine Aussage über etwas machen und zum Beispiel von Sokrates sagen, er sei ein Philosoph. »Philosoph« ist also ein Begriff (oder ein Prädikat, wie man in der Philosophie auch sagt). Diese Einteilung in Namen und Begriffe unterscheidet sich von der Einteilung der Schulgrammatik in Substantive, Verben, Adjektive, Adverbien, Pronomen und weitere Wortarten. Denn ein Begriff im philosophischen Sinn kann auch aus einem Verb oder einem Adjektiv bestehen. Zum Beispiel sind »erkennen« und »schön« ebenfalls Begriffe, da man von jemandem sagen kann, er erkenne etwas und er sei schön. Einfache Begriffe wie »schön« und »Körper« können zu komplexen Begriffen wie »schöner Körper« zusammengesetzt werden. Auch die Wortverbindung »die nördlichste Stadt Deutschlands«, die auf genau eine Stadt zutrifft, ist ein Begriff, da mit diesem Begriff nicht etwas benannt wird, sondern etwas von einer Stadt ausgesagt wird.

Begriffe in diesem Sinne haben einen *Inhalt*. Der Inhalt des Begriffs ist seine Bedeutung. Manchmal wird der Inhalt ebenfalls als Begriff bezeichnet. Begriffe haben auch eine *Form*. Dies ist ein wichtiger Punkt, der erst in der modernen Logik gebührend Beachtung gefunden hat. Die Form des Begriffs zeigt an, in welcher Weise man mit dem Begriff eine Aussage bilden kann.

Form und Inhalt von Begriffen
Form: In welcher Weise kann man mit dem Begriff eine Aussage bilden?
Inhalt: Was ist die Bedeutung des Begriffs?

Man kann die Form eines Begriffs mit Hilfe von Leerstellen darstellen, zum Beispiel »(Leerstelle) ist ein Philosoph«. Die Leerstelle kann mit einem Eigennamen gefüllt werden, zum Beispiel mit »Sokrates«. Meistens wird die Leerstelle mit Hilfe einer Variablen dargestellt. Eine Variable ist ein Ausdruck, für den Beliebiges aus einem bestimmten Bereich eingesetzt werden kann. Es ist üblich, Variablen mit Kleinbuchstaben, beginnend mit x, abzukürzen. Zeichen für Variablen sind also x, y, z.

Die Form des Begriffs »Philosoph« kann man somit auf die folgende Weise darstellen: »x ist ein Philosoph«. Dies hat den Vorteil, dass man bei Begriffen mit mehreren Leerstellen deutlich machen kann, dass es sich jeweils um verschiedene Leerstellen handelt. Zum Beispiel »x liebt y« und »x liegt zwischen y und z«. Dabei spielt die Reihenfolge eine entscheidende Rolle: »x liebt y« ist nicht dasselbe wie »y liebt x«.

Eigentlich müsste man die Form des Begriffs immer deutlich machen. Da dies aber umständlich und in der Umgangssprache auch nicht gebräuchlich ist, wird im folgenden darauf verzichtet und von dem Begriff »Philosoph« gesprochen, wenn der Begriff »x ist ein Philosoph« gemeint ist. In der Erläuterung der Form der Definition wird jedoch auf diesen Punkt zurückzukommen sein.

Der Inhalt von einem Begriff ist seine Bedeutung. Die Bedeutung kann zweierlei sein, zum einen die *Dinge*, auf die der Begriff zutrifft, und zum anderen die *Merkmale*, aufgrund derer der Begriff auf die Gegenstände zutrifft. Zum Beispiel sind die Dinge, auf die der Begriff »Hund« zutrifft, alle Hunde. Mit »Ding« bezeichnen wir im Alltag meistens materielle, unbelebte Gegenstände wie Tische und Stühle. In der Philosophie wird der Ausdruck in einem weiteren Sinn verwendet und bezeichnet jedes einzelne Seiende. Dazu gehören neben materiellen Gegenständen auch Lebewesen wie Tiere und Menschen, Prozesse wie Liebesbeziehungen oder Kriege, Vorstellungen wie zum Beispiel die Idee von einem Drachen und *abstrakte* Gegenstände, das heißt Dinge, die im Unterschied zu *konkreten* Gegenständen nicht in Raum und Zeit existieren, zum Beispiel Mengen und Zahlen. Man nennt die Menge der Gegenstände, auf die ein Begriff zutrifft (oder die unter den Begriff fallen), die *Extension* des Begriffs. Die Merkmale, aufgrund derer der Begriff auf etwas zutrifft (oder aufgrund derer etwas unter den Begriff fällt), nennt man die *Intension*. Zum Beispiel ist die Extension des Begriffs »Philosoph« die Menge aller Philosophen. Die Intension des Begriffs »Philosoph« beinhaltet wohl unter anderem, dass es sich um eine Person handelt, die sich mit grundlegenden Fragen beschäftigt.

Extension und Intension eines Begriffs

Extension: Menge der Gegenstände, die unter den Begriff fallen

Intension: Merkmale, aufgrund derer etwas unter den Begriff fällt

Zum Abschluss der Beantwortung der Frage, was ein Begriff ist, muss noch ein letzter wichtiger Punkt erwähnt werden. Ein Begriff ist nicht nur ein sprachlicher Ausdruck und dessen Bedeutung, sondern auch etwas Abstrakteres. Man macht sich dies am besten an einem Beispiel deutlich. Der sprachliche Ausdruck »Hund« ist Teil der deutschen Sprache. Der Ausdruck »chien« ist Teil der französischen Sprache. Beide Ausdrücke, »Hund« und »chien«, bedeuten jedoch dasselbe. Es gibt also etwas Gemeinsames, das Bestandteil desselben Gedankens sein kann (etwa des Gedankens, dass Hunde bellen können, den wir sowohl auf Deutsch als auch auf Französisch ausdrücken können). Dies nennt man ebenfalls »Begriff«.

2.3. Begriffliche Beziehungen

Differenziert man zwischen verschiedenen Begriffen oder definiert man einen Begriff, so gibt man damit an, in welcher Beziehung gewisse Begriffe stehen. Eine begriffliche Beziehung zwischen zwei Begriffen besteht dann, wenn die Intensionen der beiden Begriffe ein bestimmtes Verhältnis ihrer Extensionen festlegen. Man kann verschiedene Arten von begrifflichen Beziehungen voneinander unterscheiden. Die wichtigsten seien kurz vorgestellt.

1. Ober- und Unterordnung. »Mensch« ist ein Unterbegriff zu »Säugetier«. Was bedeutet dies? A ist dann ein Unterbegriff von B (oder B ist dann ein Oberbegriff von A), wenn die Extension von A in der Extension von B enthalten ist, das heißt, wenn alle Dinge, die in der Extension von A sind, auch in der Extension von B sind, es aber Dinge gibt, die in der Extension von B und nicht in der Extension von A sind. Oder kurz: Alle A sind B, aber nicht alle B sind A. Man kann auch sagen: A ist eine Teilmenge von B. Man kann dies in einem Diagramm mit Kreisen als Mengen darstellen (s. S. 24):

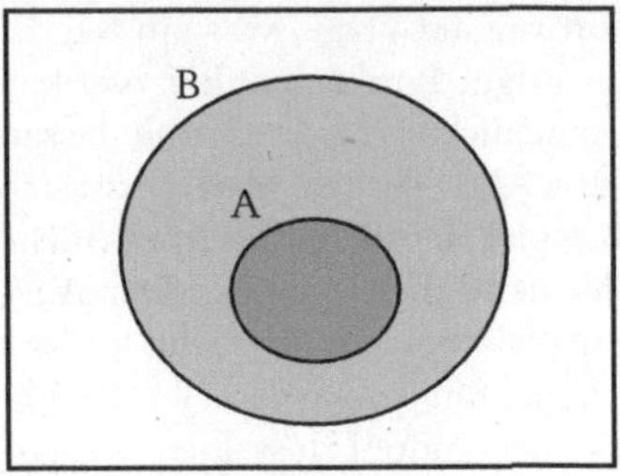

In dieser begrifflichen Beziehung stehen die folgenden Begriffspaare: »Tisch« und »Möbelstück«, »Primzahlen« und »natürliche Zahlen«, »Nächstenliebe« und »Liebe«.

2. *Nebenordnung.* Nebengeordnete Begriffe fallen unter einen gemeinsamen Oberbegriff und sind disjunkt. Die Begriffe A und B sind disjunkt, wenn ihre Extensionen sich nicht überschneiden, das heißt, wenn es kein Ding gibt, das zugleich in der Extension von A und in der Extension von B ist. Man kann auch sagen: Die Schnittmenge von A und B ist leer. Als Mengendiagramm dargestellt sieht das so aus:

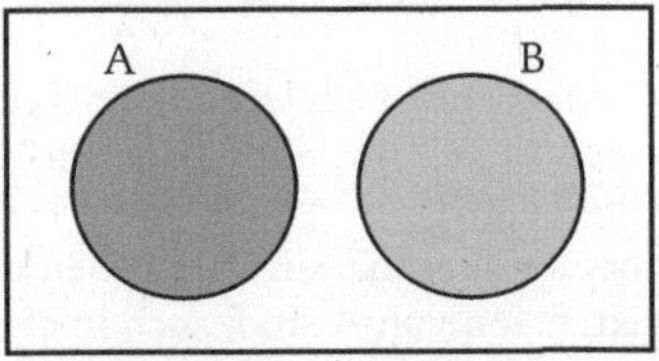

Die folgenden Begriffe sind nebengeordnet: »Mensch« und »Katze« (unter dem Oberbegriff »Säugetier«), »Tapferkeit« und »Besonnenheit« (unter dem Oberbegriff »Tugend«), »Freundschaft« und »erotische Liebe« (Oberbegriff »Liebe«).

Man kann Unter- und Nebenordnung auch gut in einem Begriffsbaum darstellen.

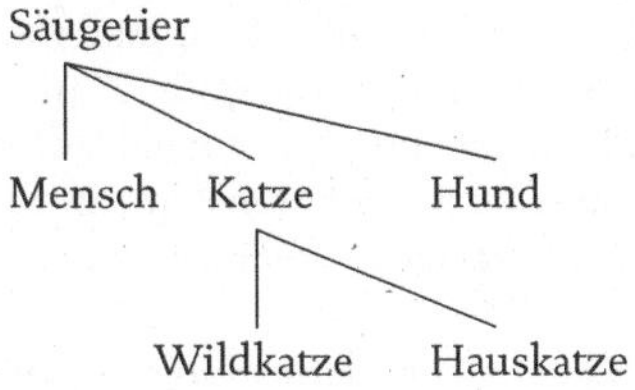

3. *Konträre Begriffe.* Manchmal sagen wir, das eine sei das Gegenteil oder der Gegensatz des anderen. Damit kann allerdings mindestens zweierlei gemeint sein. Sagen wir, der Gegensatz von »schwarz« ist »weiß«, so ist damit nicht ausgeschlossen, dass es auch Dinge gibt, die weder schwarz noch weiß sind, sondern etwa grau. Begriffe, die in diesem Sinn gegensätzlich sind, nennt man »konträr«. Wichtig ist dabei, dass man den Anwendungsbereich des Begriffs beachtet und wenn nötig deutlich macht. Materielle Gegenstände können eine Farbe haben. Charaktereigenschaften von Menschen können dies nicht. Es macht keinen Sinn zu fragen, ob Tapferkeit schwarz oder weiß sei. Dies gehört nicht in den Anwendungsbereich von Farbbegriffen. Weitere Beispiele für konträre Begriffe sind: »schmeckt gut« und »schmeckt schlecht« (im Bereich »Nahrungsmittel«, denn es gibt auch Nahrungsmittel, die weder gut noch schlecht schmecken), »arm« und »reich« (für den Bereich »Menschen«, denn es gibt viele Menschen, die zwar genug Geld zur Verfügung haben, um ihre Grundbedürfnisse zu befriedigen, also nicht arm im absoluten Sinn, aber dennoch nicht reich sind).

4. *Kontradiktorische* (oder *komplementäre*) *Begriffe.* Zwei Begriffe können auch in einem stärkeren Sinn gegensätzlich

sein. Sagen wir, der Gegensatz von »anwesend« ist »abwesend« (im Bereich »Schüler dieser Klasse«), so ist damit ausgeschlossen, dass ein Schüler weder das eine noch das andere ist. Begriffe, die in diesem Sinn gegensätzlich sind, nennt man »kontradiktorisch« (oder »komplementär«). Die Begriffe A und B sind kontradiktorisch (oder komplementär), wenn jedes Ding, das nicht in der Extension von A ist, in der Extension von B ist, und jedes Ding, das nicht in der Extension von B ist, in der Extension von A ist.

Am einfachsten bildet man ein komplementäres Begriffspaar mit Hilfe der Negation, zum Beispiel »wahr« und »nichtwahr«, »grün« und »nicht-grün«. Die Begriffe »Tag« und »Nacht« (im Bereich »Tageszeit«) können als konträr angesehen werden, denn es gibt auch die Dämmerung. Doch ist dies letzte Beispiel nicht eindeutig, denn man könnte zum Begriff »Tag« das Komplement »nicht-Tag« bilden und den Begriff »Nacht« genau als das definieren; dann gibt es keine Dämmerung bzw. sie gehört entweder zum Tag oder zur Nacht, und die beiden Begriffe sind letztlich doch komplementär. (Man kann den konträren und den kontradiktorischen Gegensatz in einem logischen Quadrat darstellen, s. S. 158).

5. *Überschneidung.* Die Extensionen zweier Begriffe können sich überschneiden, ohne dass die eine die Teilmenge der anderen ist, etwa die der Begriffe »Philosoph« und »Mann«, denn es gibt Philosophen, die keine Männer sind, nämlich alle Frauen, die Philosophen sind, und es gibt Männer, die keine Philosophen sind.

6. *Koextensionalität.* Die Extensionen zweier Begriffe können sich auch vollständig decken, etwa die folgenden Begriffspaare: »Hauptstadt der Schweiz« und »Hauptstadt des Kantons Bern«, »Lebewesen mit Niere« und »Lebewesen mit Herz« (gemeint ist damit eine Art, nicht ein einzelnes Lebewesen, da dieses für eine kurze Zeit ohne Niere oder mit Hilfe der mo-

dernen Technologie überleben kann). Man nennt solche Begriffe auch »äquivalent« oder »koextensional«. Zu beachten ist, dass die Intension der Begriffe in diesen Beispielen jeweils nicht dieselbe ist. Zwei Begriffe können auch dieselbe Intension haben, zum Beispiel »Gehsteig« und »Trottoir«. Man nennt solche Begriffe auch »synonym«.

Viele begriffliche Differenzierungen finden sich bereits in unserer Alltagssprache, wie die verschiedenen Beispiele zeigen. Nicht immer sind sie aber zutreffend. Zum Beispiel unterscheiden wir in unserer Alltagssprache zwischen Tier und Mensch, doch auch der Mensch ist ein Tier. Genaugenommen müsste man also von »nicht-menschlichen Tieren« sprechen. Zur philosophischen Arbeit gehört es auch, bereits bestehende begriffliche Unterscheidungen erneut zu überprüfen und gegebenenfalls bessere Unterscheidungen vorzuschlagen. Manchmal kann es nämlich sinnvoll sein, eine neue begriffliche Unterscheidung einzuführen. In der Geschichte der Philosophie ist dies vielfach geschehen, was zu einer Vielzahl von Fachbegriffen geführt hat.

Es ist jedoch ratsam, sich über bereits bestehende Differenzierungen in der Alltagssprache und in der philosophischen Fachsprache zu informieren, bevor man eine neue begriffliche Unterscheidung einführt. Vielleicht ist eine Unterscheidung gar nicht notwendig? In jedem Fall lohnt es sich, die neue Unterscheidung in bereits bestehende einzufügen. Ist man sich unsicher, wie man eine Unterscheidung genau fassen soll, so kann man mit einzelnen Beispielen beginnen, diese untersuchen und nach und nach Unterschiede und Gemeinsamkeiten genauer herausarbeiten.

2.4. Notwendige und hinreichende Bedingungen

Man kann begriffliche Beziehungen als notwendige oder hinreichende Bedingungen formulieren. Was ist damit genau gemeint? Beginnen wir mit einem Beispiel: Dass etwas ein Lebewesen ist, ist eine *notwendige* Bedingung dafür, dass es ein Mensch ist. Denn etwas kann nicht ein Mensch sein, ohne ein Lebewesen zu sein. Und dass etwas ein Mensch ist, ist eine *hinreichende* Bedingung dafür, dass es ein Lebewesen ist. Denn wenn etwas ein Mensch ist, dann ist es *eo ipso* (gerade dadurch) ein Lebewesen. Oder allgemein gesagt: In einer Aussage der Form »Wenn A, dann B« ist A eine hinreichende Bedingung für B und B eine notwendige Bedingung für A.

Notwendige Bedingung
Eine Bedingung A ist notwendig für B, wenn gilt: Wenn B, dann A.

Hinreichende Bedingung
Eine Bedingung A ist hinreichend für B, wenn gilt: Wenn A, dann B.

Da aus »Wenn B, dann A« folgt, dass »Wenn nicht A, dann nicht B« (Kontraposition), kann man die Aussage, dass die Bedingung A notwendig für B ist, auch wie folgt formulieren: »Wenn nicht A, dann nicht B.« Ein Beispiel: Ein Lebewesen zu sein ist eine notwendige Bedingung dafür, ein Mensch zu sein, denn wenn etwas kein Lebewesen ist, dann ist es auch kein Mensch. Laut den Regeln des internationalen Fußballverbandes ist eine notwendige Bedingung dafür, dass man als Fußballmannschaft ein Spiel antreten darf, dass zu Spielbeginn mindestens sieben Spieler einer Mannschaft auf dem Platz sind. Ist diese Bedingung nicht erfüllt, so ist das, was geschieht – was auch immer es sein mag – kein Fußballspiel (im Sinne der Regeln). Alle Bedingungen aufzuzählen, die zusammen hinreichend für ein Fußballspiel sind, würde zu einer längeren Liste führen: Es müssen zu Spielbeginn mindestens sieben Spieler von jeder Mannschaft auf dem Platz sein, die Spieler müssen regelkonform ausgerüstet sein (Schuhe, Schienbeinschoner) und sie müssen Trikots in der richtigen Farbe tragen. Doch ist dies hinreichend? Es muss auch ein Ball vorhanden sein. Es muss ein Spielfeld von einer bestimmten Größe da sein. Es müssen Tore aufgestellt sein – und wohl noch einiges mehr. Das Beispiel zeigt, dass die Liste von hinreichenden Bedingungen zuweilen sehr lang sein kann.

Notwendige Bedingungen müssen nicht hinreichend sein. Dass etwas ein Lebewesen ist, ist notwendig dafür, dass es ein Mensch ist, es ist aber nicht hinreichend. Dass sieben Spieler auf dem Platz stehen, ist eine notwendige Bedingung für ein Fußballspiel, aber es ist dafür nicht hinreichend. Hinreichende Bedingungen müssen nicht notwendig sein. Zehn ist eine hinreichende Anzahl Spieler für eine Fußballmannschaft. Aber diese Anzahl ist nicht notwendig, denn man kann auch mit weniger Spielern antreten, zum Beispiel mit nur neun Spielern. Dass man ein Mensch ist, ist eine hinreichende Bedingung dafür, dass man ein Lebewesen ist, aber es ist nicht notwendig, denn auch eine Katze ist ein Lebewesen. Es ist eine hinreichende Bedingung dafür, dass man ein Elternteil ist, dass man ein Kind hat und eine Frau ist, aber es ist nicht notwendig, denn man kann auch ein Elternteil sein, wenn man ein Kind hat und ein Mann ist.

Bedingungen können natürlich auch zugleich notwendig *und* hinreichend sein. Falls die Definition des Menschen als vernunftbegabtes Lebewesen zutreffend ist, so ist es eine notwendige und hinreichende Bedingung dafür, ein Mensch zu sein, dass man ein vernunftbegabtes Lebewesen ist. Denn wenn man ein Mensch ist, dann ist man auch ein vernunftbegabtes Lebewesen, und wenn man ein vernunftbegabtes Lebewesen ist, dann ist man auch ein Mensch. Allgemein gesagt: Wenn A eine notwendige und hinreichende Bedingung für B ist, dann gilt: Wenn A, dann B, und wenn B, dann A. Oder, wie man auch sagen kann, es gilt: A genau dann, wenn B. Abgekürzt: A gdw. B. Und das ist stärker als das normale »Wenn – dann«. Im Englischen hat sich für *if and only if* die Abkürzung *iff* eingebürgert.

Notwendige und hinreichende Bedingung
Eine Bedingung A ist dann notwendig und hinreichend für B, wenn gilt: Wenn A, dann B, und wenn B, dann A. Das heißt: A genau dann, wenn B.

2.5. Klassische Form der Definition

Eine Definition enthält den zu definierenden Begriff (das *Definiendum*) und die definierenden Begriffe (das *Definiens*). Eine erste Definitionslehre geht auf den antiken Philosophen Aristoteles (384–322 v. Chr.) zurück. Er schreibt: »der Definierende muss (das Definiendum) in die Gattung setzen und dann die artbildenden Unterschiede anfügen«[8]. Man nennt dies eine Definition *»per genus proximum et differentiam specificam«* (oder kurz: *»per genus et specificam«*). Zum Beispiel kann man den Begriff »Mensch« definieren als ein Lebewesen (dies ist die Gattung), das vernunftbegabt ist (dies ist der artbildende Unterschied).

Definition *per genus et specificam*
Eine Definition *per genus et specificam* ist eine Definition durch die nächsthöhere Gattung und den artbildenden Unterschied.

Aristoteles scheint der Auffassung gewesen zu sein, dass es für jeden Begriff genau eine nächsthöhere Gattung gibt. Diese Gattung und der artbildende Unterschied machen das *Wesen* dessen aus, was mit dem Begriff bezeichnet wird. Es gehört zum *Wesen* des Menschen, ein vernunftbegabtes Lebewesen zu sein. Ob der Mensch auf zwei Beinen geht oder seine Nachkommen säugt, ist nicht wesentlich dafür, ein Mensch zu sein. Man muss also unterscheiden zwischen zwei Arten von Eigenschaften, nämlich den *wesentlichen* und den *unwesentlichen* oder *akzidentiellen*. Ist jemand kein Lebewesen mehr, dann ist er auch kein Mensch mehr. Jemand, der plötzlich nicht mehr auf zwei Beinen gehen kann, ist jedoch nach wie vor ein Mensch.[9]

Es wäre falsch, dies als die einzig mögliche Definitionsform anzusehen, und es würde uns unnötig einschränken, uns nur an ihr zu orientieren. Wie gleich noch gezeigt wird, gibt es zweckdienliche Definitionen, die nicht diese Form haben. In der modernen Definitionslehre ersetzt man die Forderung nach Angabe der nächsthöheren Gattung und dem artbildenden Unterschied durch die Forderung, dass die Definition die *notwendigen* und *hinreichenden* Bedingungen dafür angibt, dass etwas unter den Begriff fällt. Zum Beispiel: Etwas ist ein Mensch genau dann, wenn es ein Lebewesen ist, das vernunftbegabt ist. Einen solchen Satz mit der Formulierung »genau dann, wenn« nennt man auch »*Äquivalenz*«. Eine Definition hat somit die Form einer Äquivalenz und muss nicht unbedingt dem aristotelischen Schema der Definition *per genus et specificam* entsprechen. In der einfachsten Form besteht das Definiens aus einem einzigen Begriff, etwa »x ist volljährig genau dann, wenn x mündig ist«.

Das Definiens kann auch aus mehreren Begriffen bestehen, die durch logische Zeichen miteinander verknüpft sind. Man kann dazu zwei Standardformen der Definition unterscheiden.[10] In der *konjunktiven Standardform* werden mehrere Bedingungen durch Konjunktionen miteinander verbunden. Die Bedingungen sind einzeln notwendig dafür, dass ein Gegenstand unter das Definiendum fällt, und zusammen sind sie hinreichend dafür, dass ein Gegenstand unter das Definiendum fällt, etwa: »x ist ein Schimmel genau dann, wenn x ein Pferd ist und x weiß ist.« Es können also auch mehr als nur zwei Bedingungen durch Konjunktionen miteinander verbunden werden.

Konjunktive Standardform
x ist F genau dann, wenn x G ist und x H ist und … x N ist.

In der *disjunktiven Standardform* gibt das Definiens diejenigen Bedingungen an, die einzeln hinreichend, aber einzeln nicht notwendig dafür sind, dass ein Gegenstand unter das Definiendum fällt; notwendig ist, dass mindestens eine der genannten Bedingungen erfüllt ist. Das Definiens kann als eine Disjunktion von Bedingungen formuliert werden, etwa »x ist ein Elternteil genau dann, wenn x ein Vater oder x eine Mutter ist«. Es können auch hier also mehr als nur zwei Bedingungen durch Disjunktionen verbunden werden.

Disjunktive Standardform
x ist F genau dann, wenn x G ist oder x H ist oder … x N ist.

Dass eine Definition in eine der Standardformen gebracht werden kann, bedeutet noch nicht, dass die Definition auch gut ist. Sie muss zusätzliche Bedingungen erfüllen, von denen einige als klassische Definitionsregeln bekannt sind (vgl. hier S. 74).

2.6. Begriffsanalyse

Versuchen wir, eine philosophische Frage zu beantworten, so müssen wir meistens Begriffe analysieren, das heißt, verschiedene Begriffe voneinander differenzieren oder einen einzelnen Begriff definieren. Im Idealfall ist das Resultat einer Begriffsanalyse eine vollständige Definition. Analog zur Definition nennt man in der Analyse den zu analysierenden Begriff »*Analysandum*« und die analysierenden Begriffe »*Analysans*«.

Wie kann man einen Begriff analysieren? Schauen wir uns an, wie Sokrates in den Dialogen von Platon (427–347 v. Chr.) üblicherweise vorgeht. Im Dialog *Laches* stellt Sokrates die Frage, was Tapferkeit ist. Der angesehene Feldherr Laches gibt darauf folgende Antwort: »(...) wenn nämlich einer entschlossen ist, in Reih und Glied standhaltend die Feinde abzuwehren, und nicht flieht, dann ist er doch gewiss tapfer.«[11] Dagegen wendet Sokrates ein, dass die Lakedaimonier einmal in einer Schlacht zuerst geflohen seien. Als sich jedoch die Reihen der Gegner gelichtet hätten, seien sie zurückgekehrt und hätten gewonnen. Damit wendet Sokrates die Methode der Widerlegung durch ein Gegenbeispiel an. Laches hat die allgemeine Aussage aufgestellt, dass jeder, der tapfer ist, im Kampf standhält. Nun gibt Sokrates ein Beispiel für Menschen, die im Kampf nicht standhalten, aber dennoch tapfer sind. Also ist die allgemeine Aussage falsch, dass jeder, der tapfer ist, im Kampf standhält. Obwohl der Versuch in diesem Fall scheitert, ist das Vorgehen der Analyse klar: Man versucht, den Begriff zu definieren, indem man eine allgemeine Bedingung dafür aufstellt, in welchem Fall genau er zutrifft. In dieser Bedingung kommen weitere Begriffe vor, die gegenüber dem zu untersuchenden Begriff einfacher in dem Sinne sind, dass ihr Verständnis bereits vorausgesetzt werden darf. In diesem Fall sind dies »Kampf« und »standhalten«. Tapferkeit ist eine Eigenschaft, die sich im Kampf zeigt, und zwar in dem Verhalten, dass man dem Gegner standhält. Man kann somit sagen, dass man in der Analyse den Begriff in einfachere Begriffe zerlegt. Entsprechend kann man ein solches Vorgehen eine *»zerlegende Analyse«* nennen.[12]

Man kann dieses Vorgehen systematisieren und präzisieren und dabei folgende Schritte unterscheiden: Zunächst ist (1) der Begriff zu bestimmen, der analysiert werden soll. Dies erfordert bei mehrdeutigen Ausdrücken, dass man erklärt, in welcher Bedeutung sie hier gemeint sind, das heißt, um welchen Begriff es geht.

Zudem ist (2) die Form des Begriffs deutlich zu machen. Will man einen abstrakten Begriff wie »Freiheit« oder »Wissen« analysieren, so muss man sich überlegen, wie die Begriffe in Sätzen vorkommen, in denen wir über ein Ding etwas aussagen. Wir sagen zum Beispiel: »Anne ist frei, sich für dieses oder jenes Studium zu entscheiden« oder »Ben weiß, dass er Ökonomie studieren will«. Die Form der zu analysierenden Begriffe kann man dementsprechend wie folgt aufstellen: »A ist frei, sich für x zu entscheiden« (oder: »A ist frei, x zu tun«) und »A weiß, dass p«.

Als nächstes ist (3) ein Definitionsvorschlag zu formulieren, das heißt eine Hypothese für das Analysans, etwa: »wenn A beabsichtigt, x zu tun, und x tun kann« oder »wenn A aus gutem Grund die wahre Meinung hat, dass p«.

Es muss (4) geprüft werden, ob auf diese Weise eine treffende Definition formuliert wurde. Man prüft dies, indem man nach Gegenbeispielen sucht. Da das Analysans notwendige und hinreichende Bedingungen aufstellen soll, kann es auf zweierlei Arten nicht zutreffend sein, nämlich zum einen dann, wenn die Bedingungen nicht notwendig sind, und zum anderen dann, wenn die Bedingungen nicht hinreichend sind. Betrachten wir die beiden Fälle genauer.

Um zu prüfen, ob die Bedingung notwendig ist, muss man die Frage beantworten: Gibt es ein Ding, das unter den Begriff fällt, das aber die vorgeschlagene Bedingung nicht erfüllt? Wenn es ein solches Ding gibt, dann ist die Bedingung nicht notwendig. Die Analyse schließt ein Ding aus, das unter das Analysandum fällt. Man sagt, die Analyse sei *zu eng*.

Zu enge Analyse
Die Analyse ist dann zu eng, wenn das Analysans Dinge ausschließt, die unter das Analysandum fallen.

Betrachten wir ein vergleichsweise einfaches Beispiel, den Begriff »Tisch«. Der Vorschlag für eine Analyse lautet: »x ist ein Tisch genau dann, wenn x ein Möbelstück ist, an dem gegessen werden kann.« Gibt es ein Ding, von dem wir sagen würden, dass es unter den Begriff »Tisch« fällt, obwohl es die Bedingung nicht erfüllt? Ja, zum Beispiel ein Nachttisch. Wie der Name besagt, handelt es sich dabei um einen Tisch. An einem Nachttisch kann man aber nicht sitzen. Also ist in diesem Fall die Bedingung nicht erfüllt, und die Bedingung ist somit nicht notwendig. Die Analyse ist zu eng.

Um zu prüfen, ob die Bedingung nicht hinreichend ist, muss man die Frage beantworten: Gibt es ein Ding, das die Bedingung erfüllt, das aber nicht unter den Begriff fällt? Wenn es ein solches Ding gibt, dann ist die Bedingung nicht hinreichend. Die Analyse schließt ein Ding ein, das nicht unter den Begriff fällt. Man sagt, die Analyse sei *zu weit*.

Zu weite Analyse
Die Analyse ist dann zu weit, wenn das Analysans Dinge einschließt, die nicht unter das Analysandum fallen.

Betrachten wir wiederum den oben genannten Vorschlag für eine Analyse des Begriffs »Tisch«: »x ist ein Tisch genau dann, wenn x ein Möbelstück ist, an dem gegessen werden kann.« Gibt es ein Beispiel, für das die Bedingung erfüllt ist, von dem wir jedoch nicht sagen würden, dass es ein Tisch ist? Ja, nämlich eine Bar. An einer Bar kann gegessen werden, eine Bar ist jedoch kein Tisch. Also ist in diesem Fall die Bedingung für etwas erfüllt, das kein Tisch ist, und somit ist die Bedingung nicht hinreichend. Die Analyse ist also auch zu weit. Das Beispiel zeigt damit auch, dass eine Analyse zugleich zu eng und zu weit sein kann.

Gegenbeispiele können allerdings auch umstritten sein. Es kann (1) der Fall sein, dass jemand nicht einverstanden ist damit, dass die Bedingungen erfüllt bzw. nicht erfüllt sind. Zum Beispiel könnte jemand sagen, dass man auch an einem Nachttisch essen kann oder dass man an einer Bar genaugenommen nicht essen kann. Es kann (2) sein, dass jemand nicht damit einverstanden ist, dass das Beispiel unter den Begriff fällt. Zum Beispiel könnte jemand sagen, dass ein Nachttisch trotz des Namens genaugenommen kein Tisch ist oder dass eine Bar genaugenommen auch eine Art Tisch ist.

Erkennt man aber an, dass etwas ein Gegenbeispiel ist, so wird man auf den ursprünglichen Vorschlag zurückgeworfen. Man muss nun versuchen, die Bedingungen so lange zu verändern oder zu erweitern, bis sie notwendig und hinreichend sind. Dabei muss man darauf achten, dass die neue Hypothese nicht *ad hoc* erfolgt. Eine Hypothese ist dann *ad hoc*, wenn sie nur dazu dient, ein Gegenbeispiel (oder allgemeiner: einen problematischen Fall) zu umgehen, ohne dass es dafür einen davon unabhängigen Grund gibt. Um das Beispiel des Nachttisches zu umgehen, könnte man den Vorschlag machen: »x ist ein Tisch genau dann, wenn x ein Möbelstück ist, an dem man sitzen kann, und das kein Nachttisch ist.« Damit hätten wir zwar das Gegenbeispiel ausgeschlossen, aber es gibt dafür keinen von dem Beispiel unabhängigen Grund, diese Bedingung einzuführen.

Ad-hoc-Hypothese
Eine Hypothese ist dann *ad hoc*, wenn sie nur dazu dient, ein Gegenbeispiel (oder allgemein einen problematischen Fall) zu umgehen, ohne dass es dafür einen davon unabhängigen Grund gibt.

Eine weitere Schwierigkeit muss beachtet werden: Es kann sein, dass man zu einem Resultat gelangt, zu dem es kein Gegenbeispiel gibt, das uns aber dennoch nicht befriedigt, etwa in dem Beispiel: »x ist ein Lebewesen mit Niere genau dann, wenn x ein Lebewesen mit Herz ist.« Zu dieser Aussage gibt es kein Gegenbeispiel, denn jedes Lebewesen, das (aufgrund seiner Artzugehörigkeit) eine Niere hat, hat auch ein Herz. Wir würden jedoch nicht behaupten wollen, dass ein Lebewesen mit Herz zu sein die Bedeutung des Begriffs bestimmt, ein Lebewesen mit Niere zu sein. Der Grund liegt darin, dass wir erwarten, dass nicht nur die Extension, sondern auch die Intension der Begriffe gleich ist. Die Analyse eines Begriffs ist die Bestimmung der Bedeutung dieses Begriffs. Mit »Bedeutung« kann jedoch entweder die Extension oder die Intension gemeint sein. Entsprechend kann man zwischen *extensionaler* und *intensionaler* Adäquatheit unterscheiden. Extensional adäquat ist die Analyse dann, wenn die Extension des Analysans der Extension des Analysandums entspricht. Intensional adäquat ist die Analyse, wenn die Intension des Analysans der Intension des Analysandums entspricht.

Extensionale und intensionale Adäquatheit
Die Analyse ist extensional adäquat genau dann, wenn das Analysans dieselbe Extension wie das Analysandum hat.
Die Analyse ist intensional adäquat genau dann, wenn das Analysans dieselbe Intension wie das Analysandum hat.

Erfüllt die Analyse die genannten Bedingungen, so kann es immer noch sein, dass die resultierende Definition nicht befriedigend ist. Sie ist nicht befriedigend, wenn sie unklar ist, wenn sie Informationen enthält, die überflüssig sind, oder wenn sie den zu definierenden Begriff im Definiens enthält, das heißt, wenn sie zirkulär ist. Dies lässt sich positiv in Form von drei Regeln formulieren. Diese können als Teil der klassischen Definitionslehre angesehen werden.[13]

Drei traditionelle Definitionsregeln
1. Klarheit: Das Definiens soll klar und verständlich sein und insbesondere keine mehrdeutigen und keine metaphorisch verwendeten Ausdrücke enthalten.
2. Kürze: Das Definiens soll nur Begriffe enthalten, die für die Bestimmung der Bedeutung nötig sind.
3. Zirkelfreiheit: Das Definiens soll das Definiendum nicht enthalten; die Definition soll also nicht zirkulär sein.

Diese drei traditionellen Definitionsregeln sind jedoch nicht hinreichend, um Definitionen auszuschließen, die inakzeptabel sind, denn es lassen sich Beispiele konstruieren, die den Definitionsregeln entsprechen, aber zu einem Widerspruch führen.[14] In der modernen Definitionslehre werden deshalb andere Kriterien angewendet, nämlich das Kriterium der Eliminierbarkeit und das Kriterium der Konservativität bzw. Nicht-Kreativität. Vereinfacht besagt das Kriterium der Eliminierbarkeit, dass die gesamte Bedeutung des Definiendums erfasst werden muss. Oder etwas genauer: Für jeden Satz, in dem das Definiendum vorkommt, gibt es einen synonymen Satz, in dem das Definiendum nicht vorkommt. Das Kriterium der Konservativität bzw. der Nicht-Kreativität besagt vereinfacht, dass nur die Bedeutung des Definiendums erfasst werden soll, und nicht mehr. Oder etwas genauer: Aus dem Definiens lässt sich nichts ableiten, was sich nicht auch aus dem Definiendum ableiten lässt. Darauf wird hier nun nicht näher eingegangen.[15] In der Praxis kann man sich weiterhin an den traditionellen Definitionsregeln als Leitideen orientieren. Das Vorgehen bei einer Begriffsanalyse lässt sich somit wie folgt zusammenfassen:

Vorgehen bei einer Begriffsanalyse

1. Den zu analysierenden Begriff (das Analysandum) bestimmen
2. Die Form des Analysandums mit Variablen deutlich machen
3. Eine Hypothese für das Analysans formulieren
4. Die extensionale Adäquatheit des Vorschlags mittels Beispielen prüfen:
   a) Gibt es ein Ding, das unter den Begriff fällt, das aber die vorgeschlagene Bedingung nicht erfüllt? Falls es ein solches Ding gibt, formuliert die Hypothese keine notwendige Bedingung, und die Analyse ist zu eng.
   b) Gibt es ein Ding, das die Bedingung erfüllt, das aber nicht unter den Begriff fällt? Falls es ein solches Ding gibt, formuliert die Hypothese keine hinreichende Bedingung, und die Analyse ist zu weit.
5. Die Schritte 3 und 4 so lange wiederholen, bis der Vorschlag extensional adäquat ist
6. Die intensionale Adäquatheit der Hypothese prüfen: Ent-

spricht die Bedeutung des Analysandums der Bedeutung des Analysans?

7. Prüfen, ob die drei klassischen Definitionsregeln befolgt werden:
   a) Klarheit: Das Definiens ist klar und verständlich und enthält insbesondere keine mehrdeutigen und keine metaphorisch verwendeten Ausdrücke.
   b) Kürze: Das Definiens enthält nur Begriffe, die für die Bestimmung der Bedeutung nötig sind.
   c) Zirkelfreiheit: Das Definiens enthält das Definiendum nicht; die Definition ist also nicht zirkulär.

2.7. Explikation

Ein weiteres wichtiges Werkzeug der Philosophie ist die Explikation. Eine Explikation ist die Ersetzung eines mehr oder weniger ungenauen Begriffs durch einen exakten Begriff. Die Terminologie ebenso wie die dazugehörige Theorie geht auf Rudolf Carnap (1891–1970) zurück.[16] Der zu ersetzende Begriff ist das sogenannte *Explikandum*, der neue, exakte Begriff, der das Explikandum ersetzt, ist das *Explikat*. Zum Beispiel kann der Begriff »Arbeit« im Kontext der Ökonomie als ein Produktionsfaktor expliziert werden. Im Kontext der Physik kann der Begriff anders, etwa als Energie expliziert werden. Im Unterschied zu der Begriffsanalyse wird in der Explikation also ein neuer Begriff eingeführt. Dies geschieht im Rahmen einer Theorie, das heißt im Rahmen einer Gruppe von Aussagen, die der Erklärung bestimmter Tatsachen dient. Auf diese Weise ergeben sich im Vergleich zur Begriffsanalyse andere Adäquatheitskriterien: Insbesondere muss das Explikat nicht genau der Bedeutung des Explikandums entsprechen. Da es in der Explikation darum geht, den einen Begriff durch einen anderen zu ersetzen, kann man von einer *»ersetzenden Analyse«* oder *»umformenden Analyse«* sprechen.

Wie geht man bei einer Explikation vor? Man kann das Vorgehen in fünf Schritte unterteilen. Als erstes muss man die Theorie festlegen, in der das Explikat eingeführt werden soll. Zweitens muss die Bedeutung des Explikandums geklärt werden, um auszuschließen, dass man einen mehrdeutigen Ausdruck in einer anderen als der gemeinten Bedeutung expliziert. Zum Beispiel muss man beim Begriff »Wahrheit« zunächst klären, ob man ihn in der Verwendung »wahrer Freund« oder in der Verwendung »wahre Aussage« explizieren will. Der dritte Schritt besteht darin, Ähnlichkeitsbedingungen festzulegen. Das Explikat ist nicht völlig losgelöst von dem Explikandum, denn es soll ja das Explikandum exakter machen. Es muss ihm also in gewisser Hinsicht ähnlich sein. Es sind aber auch beträchtliche Abweichungen erlaubt. Ein Beispiel: Der Ausdruck »Fisch« bedeutet in der Alltagssprache ungefähr »Tier, das im Wasser lebt«. In der Biologie wird man jedoch den Begriff präziser fassen wollen, um Delphine und Wale auszuschließen, die zwar im Wasser leben, aber gerade keine Fische sind. Von dem präziseren Begriff kann man dennoch erwarten, dass er ein Unterbegriff vom Begriff »Tier, das im Wasser lebt« ist. Dies kann als eine Ähnlichkeitsbedingung formuliert werden. Der vierte Schritt besteht darin, das Explikat einzuführen, und zwar wenn möglich als eine explizite Definition. Dabei sind die formalen Bedingungen an eine Definition und die Definitionsregeln zu beachten. Der fünfte Schritt schließlich besteht darin, die Adäquatheit, d. h. Angemessenheit, der Explikation zu prüfen. Adäquatheitskriterien für eine Explikation werden gleich vorgestellt werden.[17]

Vorgehen bei einer Explikation

1. Die Theorie bestimmen, in der das Explikat eingeführt werden soll
2. Bedeutung des Explikandums klären, um Mehrdeutigkeiten auszuschließen
3. Bedingungen festlegen, inwieweit das Explikat dem Explikandum ähnlich sein soll
4. Das Explikat einführen, wenn möglich durch eine explizite Definition
5. Die Adäquatheit der Explikation prüfen

Wann ist eine Explikation adäquat? Rudolf Carnap entwickelte vier Adäquatheitskriterien.[18] Erstens muss das Explikat dem Explikandum ähnlich sein. Eine vollständige Ähnlichkeit ist nicht gefordert. Das Explikat muss lediglich in gewissen Hinsichten dem Explikandum ähnlich sein. Diese Hinsichten können als Ähnlichkeitsbedingungen formuliert werden. Zweitens muss der Gebrauch des Explikats exakt geregelt sein. Carnap meint damit, dass das Explikat in ein »wohlfundiertes System wissenschaftlicher Begriffe« eingebaut wird. Man kann diese Bedingung auch schwächer interpretieren, etwa so, dass der Gebrauch des Explikats lediglich *exakter* sein muss als derjenige des Explikandums. Genau dies scheint später auch Carnaps Verständnis gewesen zu sein, als er schrieb, dass das Explikandum Teil der Alltagssprache sein könne, wenn auch eines exakteren Teils von dieser.[19] Drittens muss das Explikat möglichst fruchtbar sein, das heißt, es soll die Formulierung möglichst vieler genereller Aussagen gestatten. Die Theorien, in denen das Explikat vorkommt, sollen möglichst viele Tatsachen erklären können. Viertens schließlich sollen das Explikat und die allgemeinen Aussagen, in denen das Explikat vorkommt, möglichst einfach sein. Dieses Kriterium wird erst dann wichtig, wenn zwischen zwei Explikationen zu entscheiden ist, die beide gleich exakt und gleich fruchtbar sind.

Adäquatheitskriterien für Explikationen

1. Ähnlichkeit: Das Explikat muss dem Explikandum ähnlich sein.
2. Exaktheit: Der Gebrauch des Explikats muss exakt geregelt sein.
3. Fruchtbarkeit: Das Explikat muss theoretisch fruchtbar sein, es muss die Formulierung möglichst vieler genereller Aussagen gestatten.
4. Einfachheit: Das Explikat soll möglichst einfach sein, und die allgemeinen Aussagen, in denen das Explikat vorkommt, sollen ebenfalls möglichst einfach sein.

Will man einen Begriff explizieren, so muss man dabei beachten, dass es verschiedene *Arten von Begriffen* gibt. Man unterscheidet klassifikatorische, komparative und quantitative Begriffe.[20]

Ein *klassifikatorischer* Begriff teilt einen Bereich von Gegenständen in zwei Klassen ein, nämlich in die Klasse der Gegenstände, auf die er zutrifft, und in die Klasse der Gegenstände, auf die er nicht zutrifft. Beispiele für klassifikatorische Begriffe sind »Tisch«, »jung« und »natürliche Zahl«. Auch mehrstellige Begriffe können klassifikatorisch sein, zum Beispiel »x liegt nahe bei y«, »x liegt zwischen y und z«.

Ein *komparativer* Begriff bringt die Gegenstände aus einem Bereich in eine Rangfolge. Beispiele für komparative Begriffe sind »x ist jünger als y«, »x ist reicher als y« und »x liegt näher bei y als bei z«.

Ein *quantitativer* Begriff (auch »*metrischer* Begriff« genannt) charakterisiert die Gegenstände mit numerischen Werten. Beispiele für quantitative Begriffe sind »x ist y Jahre alt«, »x hat die Temperatur y« und »x hat die Geschwindigkeit y«. Zu einem quantitativen Begriff gehört eine bestimmte Einheit. Im ersten Beispiel sind dies Jahre, im zweiten Beispiel können dies Grad Celsius sein und im dritten Meter pro Sekunde.

Arten von Begriffen

1. Klassifikatorisch: Der Begriff unterteilt einen Bereich von Gegenständen in zwei Klassen.
2. Komparativ: Der Begriff bringt die Gegenstände aus einem Bereich in eine Rangordnung.
3. Quantitativ: Der Begriff charakterisiert die Gegenstände mit numerischen Werten.

Wie das Beispiel des Begriffs »jung« zeigt, lässt sich manchmal aus einem klassifikatorischen Begriff ein komparativer Begriff (»x ist jünger als y«) bzw. ein quantitativer Begriff (»x ist y Jahre jung«) bilden. Wissenschaftlicher Fortschritt ist nicht selten mit dem Übergang von klassifikatorischen zu quantitativen Begriffen verknüpft.

Die Rangordnung, die durch komparative Begriffe geschaffen wird, führt auch dazu, dass man *graduelle* Urteile fällen kann, also Urteile darüber, das etwas *mehr oder weniger* von etwas ist, und nicht nur, dass etwas *entweder* das eine *oder* das andere ist. Man kann etwa behaupten, dass jemand »eher jung« oder dass jemand »ziemlich reich« ist. Beides sind in diesem Fall komparative Begriffe. Ist in der Situation nicht klar, ob der Begriff klassifikatorisch oder komparativ ist, so muss dies geklärt werden. Behauptet jemand zum Beispiel: »Sie ist vernünftig«, so kann damit gemeint sein, dass sie über Vernunft verfügt, also vernunftbegabt ist, oder dass sie mehr oder weniger vernünftig ist, also vernünftiger als andere.

2.8. Grenzen der Analyse

Der Ansatz, dass sich Begriffe mit Hilfe notwendiger und hinreichender Bedingungen analysieren lassen, geht auf die antiken Philosophen Platon[21] und Aristoteles[22] zurück. Während diese die Ansicht zu vertreten scheinen, dass man mit einer zerlegenden Analyse das *Wesen* von etwas freilegen könne, zum Beispiel das Wesen der Tapferkeit als eine bestimmte Charaktereigenschaft, sind heute die meisten Philosophen der Ansicht, dass die Analyse unsere *Begriffe* selbst zum Gegenstand habe. Die Ergebnisse der Analyse sind im Idealfall keine neuen Erkenntnisse über Tatsachen, sondern bringen Klarheit über unser Denken über die Welt. Der österreichische Philosoph Ludwig Wittgenstein (1889–1951) formuliert dies als erster explizit in seinem frühen Werk *Tractatus logico-philosophicus* (1921): »Die Philosophie ist keine der Naturwissenschaften. Der Zweck der Philosophie ist die logische Klärung der Gedanken.«[23] Dazu gehört die Klärung der Umgangssprache. Der von Wittgenstein beeinflusste Friedrich Waismann (1896–1959) führt dies aus:

> Schon das gewöhnliche Leben kennt Klagen über die Ungenauigkeit und Vieldeutigkeit der Sprache. Wie sehr steigert sich dies in der Philosophie, wo das Dämmerlicht, in das die meisten Wortbedeutungen getaucht sind, das Vorsichgehen jener Verwechslungen begünstigt, welche die Quelle fast aller unserer philosophischen Beunruhigungen sind.[24]

Viele Philosophen halten die alltägliche Sprache für zu ungenau, als dass sich durch eine *zerlegende Analyse* etwas erreichen ließe. Stattdessen plädieren einige von ihnen lieber dafür, die ungenauen Begriffe der Alltagssprache durch exaktere Begriffe zu ersetzen. Dies kann man die *»ersetzende«* oder *»um-*

formende Analyse« nennen.[25] Dazu zählt die zuvor erläuterte Methode der Explikation. Dazu gehört auch die logische Analyse des Satzes, auf die später eingegangen wird (s. Kap. 6).

Die ersetzende oder umformende Analyse geht auf den deutschen Mathematiker und Philosophen Gottlob Frege (1848–1925) zurück, der mit seinen Arbeiten die traditionelle aristotelische Logik revolutionierte und die moderne Logik begründete. Von Frege beeinflusst waren neben vielen anderen die Philosophen Bertrand Russell (1872–1970), Wittgenstein und Carnap. Die beiden Methoden, die der zerlegenden und die der umformenden Analyse, müssen sich nicht ausschließen, sondern können einander ergänzen. Wichtig ist jedoch, sie auseinanderzuhalten, denn die Adäquatheitsbedingungen einer Begriffsanalyse im Sinne einer zerlegenden Analyse unterscheiden sich von derjenigen einer Explikation.

Die Erfolge der zerlegenden Analyse sind nicht besonders groß, wenn man als Resultat eine vollständige Definition erwartet. Viele der philosophisch interessanten Begriffe lassen sich nicht mit Hilfe notwendiger und hinreichender Bedingungen zerlegend analysieren. Manchmal können wir nicht einmal eine einzige notwendige Bedingung formulieren. Diesen Punkt formuliert Ludwig Wittgenstein später, in den *Philosophischen Untersuchungen*:

> Betrachte z. B. einmal die Vorgänge, die wir »Spiele« nennen. Ich meine Brettspiele, Kartenspiele, Ballspiel, Kampfspiele, usw. Was ist allen diesen gemeinsam? – Sag nicht: »Es *muß* ihnen etwas gemeinsam sein, sonst hießen sie nicht ›Spiele‹« – sondern *schau*, ob ihnen allen etwas gemeinsam ist. – Denn wenn du sie anschaust, wirst du zwar nicht etwas sehen, was allen gemeinsam wäre, aber du wirst Ähnlichkeiten, Verwandtschaften, sehen, und zwar eine ganze Reihe.[26]

Diese Ähnlichkeiten nennt Wittgenstein »Familienähnlichkeiten«:

> Ich kann diese Ähnlichkeiten nicht besser charakterisieren als durch das Wort »Familienähnlichkeiten«; denn so übergreifen und kreuzen sich die verschiedenen Ähnlichkeiten, die zwischen den Gliedern einer Familie bestehen: Wuchs, Gesichtszüge, Augenfarbe, Gang, Temperament, etc. etc. – Und ich werde sagen: die »Spiele« bilden eine Familie.[27]

Das bedeutet freilich nicht, dass ein Familienbegriff nicht erklärt werden kann, etwa indem man Musterbeispiele nennt oder auf einen Gegenstand zeigt.

Ein zweites Problem stellt sich bei *vagen* Begriffen. Ein Begriff ist dann vage, wenn nicht für jeden Gegenstand klar ist, ob er unter den Begriff fällt. Die meisten Begriffe der Alltagssprache sind vage, etwa der Begriff »Tisch«. Ist ein Möbelstück, an dem man essen kann, aber das so tief ist, dass man daran nur auf dem Boden sitzen kann, noch ein Tisch? Ist ein Möbelstück, an dem man mit einem Barhocker sitzen muss, noch ein Tisch? Oder wie sieht es aus mit dem Ausdruck »16 Jahre alt«: Ist jemand 16 Jahre alt, der in diesem Jahr den Geburtstag feiert? Oder ist das jemand, der den 16. Geburtstag schon gefeiert hat? Oder jemand der mindestens 15 und ein halbes Jahr alt ist? Vagheit ist dabei nicht mit einem mehr oder weniger großen Grad der Allgemeinheit einer Aussage zu verwechseln. Die Aussage, dass ein Mensch ein Lebewesen ist, ist nicht mehr oder weniger vage als die Aussage, dass ein Mensch ein vernünftiges Lebewesen ist.

Man könnte Vagheit als einen Mangel der Sprache ansehen, der durch die Ersetzung eines vagen Begriffs durch einen exakten Begriff behoben werden kann. Zum Beispiel könnte man durch eine festlegende Definition bestimmen, dass ein

Mensch 16 Jahre alt ist genau von dem 16. Geburtstag an bis zum Vortag des 17. Geburtstags. Ob ein solches Vorgehen tatsächlich nützlich ist, hängt aber von den Zwecken ab, die man damit verfolgt. Der Vorteil von vagen Begriffen ist nämlich, dass sie flexibel in verschiedenen Kontexten angewendet werden können. Wir sprechen von »roten Autos«, »roten Büchern«, »roten Augen«, »roten Haaren« und meinen mit »rot« jeweils immer etwas ein wenig anderes.

Es ist auch möglich, einen Begriff in Kontexten zu verwenden, in denen der Begriff bislang noch gar nicht verwendet wurde, oder auch in Kontexten, die wir uns bis jetzt nicht vorgestellt haben oder nicht vorstellen konnten. Somit besteht für empirische Begriffe, das heißt für Begriffe, die etwas bezeichnen, was man wahrnehmen kann, immer die Möglichkeit, vage zu sein. Darauf hat Friedrich Waismann hingewiesen.[28] Er nennt dies die »*Porosität*« oder, in der englischen Übersetzung, die *open texture* eines Begriffs. Waismann illustriert die Eigenschaft am Beispiel des Satzes »Es ist eine Katze im Nebenraum«. Wäre es, um dessen Wahrheit festzustellen, hinreichend, in den Raum zu gehen und dort eine Katze zu sehen? Wäre der Satz wahr, wenn die Katze plötzlich wachsen würde oder wenn sie zu sprechen begänne? Würden wir dies noch eine »Katze« nennen? Es lassen sich im empirischen Bereich keine Regeln formulieren, die tatsächlich alle erdenklichen Möglichkeiten ausschließen würden. Die klassische Auffassung der Bedeutung von Begriffen als notwendige und hinreichende Bedingungen stößt damit an ihre Grenzen.

Worin kann philosophische Analyse noch bestehen? Wittgenstein bemerkt, dass philosophische Probleme durch »Einsicht in das Arbeiten unserer Sprache gelöst« werden, durch »Zusammenstellung des längst Bekannten«.[29] Waismann ergänzt: »Und gerade das Aussprechen, Formulieren, Bewußtmachen dieser unausgesprochenen Konventionen, die Aufdeckung dieses ganzen Gewebes vielverschlungener Fäden macht die philosophische Klärung unserer Begriffe aus.«[30] Man könnte dies die *beschreibende Analyse* nennen. Der von Wittgenstein beeinflusste Gilbert Ryle (1900–1976) spricht in diesem Zusammenhang von der »logischen Geographie des Wissens, das wir bereits besitzen«[31]. Peter F. Strawson (1919–2006) sieht das Ziel der philosophischen Analyse in einer übersichtlichen Darstellung der grundlegenden Begriffe und ihrer Beziehungen zueinander und nennt dies die *verknüpfende Analyse.*[32] John L. Austin (1911–1960) wiederum erachtet die genaue Untersuchung der verschiedenen Verwendungsweisen der Ausdrücke in unserer Alltagssprache als wichtigen Teil des philosophischen Analysierens: »Die Umgangssprache hat also gewiß nicht das letzte Wort. Im Prinzip kann sie an jeder Stelle ergänzt, verbessert und ersetzt werden. Nur, vergessen wir nicht, sie hat das erste Wort.«[33] Obwohl Austin bei der Verwendungsweise der Ausdrücke in der Umgangssprache beginnt, erachtet er den Einbezug von Redensweisen aus der Rechtsprechung und von Erkenntnissen aus der Psychologie und anderen Wissenschaften für wichtig. Unter Umständen müssen die Begriffe unserer Alltagssprache also präzisiert werden. Behauptete man vorher, dass die zerlegende Analyse den sprachlichen Intuitionen entsprechen soll, die wir als kompetente Sprecher der Sprache haben, so könnte man nun sagen, dass sie unseren *wohlüberlegten und informierten* sprachlichen Intuitionen entsprechen soll. Beginnt man einen Begriff so weit zu präzisieren, dass man von einem neuen Begriff zu sprechen beginnt, der den alten ersetzen soll, so handelt es sich nicht mehr um eine zerlegende Analyse, sondern um eine umformende Analyse. Dies muss nicht eine Explikation sein, denn die Explikation findet innerhalb einer Theorie statt und muss dem Adäquatheitskriterium der Fruchtbarkeit genügen.

Andere Philosophen wiederum, etwa W. V. O. Quine (1908–2000), halten jegliche Art begrifflicher Analyse für ungeeignet für die Beantwortung philosophischer Fragen. Quine tut dies aus der Überzeugung heraus, dass es überhaupt keine genuin philosophische Erkenntnis gebe und die Philosophie ein Teil der Naturwissenschaften sei, sich somit naturwissenschaftlicher Methoden zu bedienen habe. Doch wie auch immer man sich dazu stellt, lohnt es sich, die verschiedenen Arten der Analyse genauer zu kennen, um sich ihrer je nach Bedarf zu bedienen oder sich bewusst gegen sie zu entscheiden.

Übungsaufgaben

1. Setzen Sie Anführungszeichen an der korrekten Stelle!
   a) Liebe ist nur ein Wort.
   b) Mensch und Person haben nicht dieselbe Bedeutung.

2. Sind die folgenden Definitionen beschreibend, festlegend oder präzisierend? Unter Umständen muss man den Kontext der Frage genauer erläutern.
   a) Von nun an wollen wir als »Bimbam« jede Art von Glocke bezeichnen.
   b) Wir definieren in der klassischen Mechanik »Arbeit« als das Skalarprodukt von Kraft und Weg.
   c) »Kunst« bedeutet »schöpferisches Gestalten aus den verschiedensten Materialien od. mit den Mitteln der Sprache, der Töne in Auseinandersetzung mit Natur und Welt« (*Duden: Deutsches Universalwörterbuch*).
   d) Mit »Kunst« soll hier ein Werk gemeint sein, mit dem eine unkonventionelle Idee zum Ausdruck gebracht wird.

3. Geben Sie an, wie man die Form der Begriffe in den folgenden Sätzen mit Hilfe von Variablen darstellen kann!
   a) Anne ist die Schwester von Ben.
   b) Theaitetos fliegt.
   c) Köln liegt zwischen Oslo und Rom.

4. Was ist die Extension und was die Intension von »Arzt«?

5. Was ist die Beziehung zwischen den folgenden Begriffen (disjunkt, Ober- und Unterbegriff, äquivalent oder komplementär)?
   a) Gleichseitiges Dreieck und gleichwinkliges Dreieck
   b) Tanne und Nadelbaum

c) Februar und Monat mit weniger als dreißig Tagen
d) Verboten und erlaubt
e) Alt und jung

6. Im folgenden werden mögliche Bedingungen dafür aufgestellt, dass x und y nicht Stief- oder Halb-, sondern Geschwister mit demselben Elternpaar sind. Sind diese Bedingungen notwendig? Sind sie hinreichend?
a) x und y sind Lebewesen.
b) x ist ein Sohn von a und b, und y ist ein Sohn von a und b.
c) x ist ein Kind von a und b, und y ist ein Kind von a und b.
d) x ist eine Schwester von y.
e) x ist eine Schwester von y, oder x ist ein Bruder von y.

7. Setzen Sie die folgenden Definitionen in eine Standardform!
a) Eine Mutter ist eine Frau, die mindestens ein Kind hat.
b) Die baltischen Staaten sind Litauen, Lettland und Estland.
c) Speisegabeln sind Teil des Essbestecks und haben mindestens zwei Zinken.
d) Brüder sind männliche Geschwister.

8. Weshalb sind die folgenden Begriffsanalysen nicht adäquat?
a) x ist ein Junggeselle genau dann, wenn x unverheiratet ist.
b) x ist ein Junggeselle genau dann, wenn x ein junger, noch nie verheirateter Mann ist.
c) x ist ein Junggeselle genau dann, wenn x ein junger Mann ist.

9. Welche Definitionsregeln werden in den folgenden Definitionen missachtet?
   a) Ein Tisch ist ein Möbelstück, an dem man essen, trinken und schreiben kann.
   b) Frei ist ein Mensch genau dann, wenn er nicht unfrei ist.
   c) Gesundheit ist die Harmonie von Geist und Körper.

10. Von welcher Art (klassifikatorisch, komparativ, quantitativ) sind die folgenden Begriffe?
    a) Anne ist jünger als Ben.
    b) Anne ist 17 Jahre alt.
    c) Ben ist Student.
    d) Heute ist es warm.
    e) Das Wasser überschreitet eine bestimmte Temperatur nicht.
    f) Ditzingen liegt in der Nähe von Stuttgart.
    g) Berlin ist größer als Hamburg.

Diskussionsfragen

1. Mensch. Der Mensch ist ein vernunftbegabtes (*zoon logon*) und politisches Wesen (*zoon politikon*). (Aristoteles)

2. Stoisches Problem. Falls das Glück (im Sinne eines guten Lebens) darin besteht, alle seine Bedürfnisse und Wünsche zu befriedigen, so hat derjenige ein gutes Leben, der keine Bedürfnisse und Wünsche mehr hat.

3. Klassische Wissensanalyse. Wissen ist nach klassischer Analyse wahre begründete Meinung. Dies lässt sich als Definition wie folgt darstellen, wobei A für eine Person und p für einen Sachverhalt steht: A weiß, dass p, genau dann, wenn (1) A die Überzeugung hat, dass p, (2) es wahr ist, dass p, und (3) die Überzeugung von A gerechtfertigt ist.[34]

4. *Gettier-Problem.* Smith hat sich um einen Job beworben, aber er hat gute Gründe zu glauben, dass Jones den Job bekommt. Er hat auch gute Gründe zu glauben, dass Jones zehn Münzen im Geldbeutel hat. Also hat Smith auch gute Gründe zu glauben, dass derjenige, der den Job bekommt, zehn Münzen im Geldbeutel hat. Nun bekommt aber Smith den Job. Und zufälligerweise hat er auch zehn Münzen im Geldbeutel. Dann ist die Überzeugung von Smith, dass derjenige, der den Job bekommt, zehn Münzen im Geldbeutel hat, gerechtfertigt und wahr. Damit sind die Bedingungen der klassischen Wissensanalyse erfüllt. Dennoch würden wir nicht sagen, dass Smith weiß, dass derjenige, der den Job bekommt, zehn Münzen im Geldbeutel hat.[35]

5. *Menons Problem.* In Platons *Menon* wird deutlich: Wer eine zufällig wahre Meinung darüber hat, auf welchem Weg man nach Larissa kommt, der wird einen ebenso guten Führer abgeben wie jemand, der es weiß. Ist Wissen also nicht wertvoller als eine zufällig wahre Meinung?[36]

6. *Meinensanalyse von Grice.* A meint mit x genau dann etwas, wenn (1) A beabsichtigt, in einem Hörer eine Reaktion hervorzurufen, (2) A beabsichtigt, dass der Hörer (1) erkennt, und (3) A beabsichtigt, dass der Hörer seine Reaktion aufgrund seiner Erkenntnis von (1) zeigt.[37]

7. *Menons Rätsel.* Wenn wir nicht wissen, was etwas ist, dann können wir auch nicht danach suchen, denn wir wissen ja eben nicht, was es ist. Also können wir unser Wissen davon, was etwas ist, nicht erweitern.[38]

8. *Das Paradox der Analyse.* Ist eine Begriffsanalyse korrekt, so ist sie trivial, denn darin wird ein Begriff durch andere Begriffe bestimmt, und um zu wissen, dass das Definiens korrekt ist, müssen wir bereits wissen, was das Definiendum bedeutet. Also können wir unser Wissen durch Begriffsanalyse nicht erweitern.

3. Argumentationsmuster

Verschiedene Muster des Argumentierens werden in philosophischen Diskussionen immer wieder verwendet. Einige der wichtigsten werden hier vorgestellt und anhand von Beispielen aus der Philosophiegeschichte veranschaulicht. Die Muster können dazu dienen, die Struktur von Argumenten in Texten oder Diskussionen besser zu erkennen, aber auch, eigene schlagkräftige Argumente zu erstellen. Die vorgestellten Beispiele können zugleich den Ausgangspunkt für eine Diskussion bilden.

3.1. Dilemma

Wir sagen manchmal, dass wir uns in einem Dilemma befinden: Uns stehen nur zwei Optionen offen, und beide führen zu ähnlich schlechten Resultaten. Zum Beispiel kann es sein, dass ein Jugendlicher sich nur zwischen dem Zuhausebleiben und dem Sonntagsspaziergang mit den Eltern entscheiden kann. Beides ist für ihn langweilig. Ob er sich nun so oder so entscheidet, das Resultat ist dasselbe: Langeweile. In diesem wie in vielen anderen Fällen kann es aber auch noch ganz andere Optionen geben, die nicht zu demselben Resultat führen. In solchen Fällen handelt es sich nur um ein *scheinbares* Dilemma. In einem *echten* Dilemma bestehen ausschließlich die zwei Möglichkeiten. In der Logik ist ein Dilemma ein gültiges Argument der folgenden Form:

Dilemma
1. p oder q.
2. Wenn p, dann r.
3. Wenn q, dann r.
_____
4. r.

Setzt man für »q« die Negation von p ein, so ergibt sich für die erste Prämisse die Aussage: p oder nicht p. Diese Aussage ist immer wahr.

Das folgende Argument stellt ein Beispiel aus der Diskussion zur Frage der Existenz Gottes dar.[39]

Das Dilemma der Allmacht

1. Entweder kann Gott einen Stein schaffen, den er nicht heben kann, oder er kann keinen Stein schaffen, den er nicht heben kann.
2. Wenn Gott einen Stein schaffen kann, den er nicht heben kann, dann ist er nicht allmächtig, denn er kann ihn nicht heben.
3. Wenn Gott keinen Stein schaffen kann, den er nicht heben kann, dann ist er nicht allmächtig, denn er kann ihn nicht schaffen.

---

4. Gott ist nicht allmächtig.

Wie kann man auf ein solches Dilemma reagieren? Es gibt verschiedene Optionen. (1) Man weist die Prämisse zurück, dass es nur zwei Möglichkeiten gibt, indem man auf eine dritte Möglichkeit hinweist. Mit anderen Worten: Man behauptet, dass gar kein echtes Dilemma vorliegt. In dem Dilemma der Allmacht Gottes gibt es keine dritte Möglichkeit: Entweder etwas ist allmächtig, oder es ist es nicht. (2) Man weist eine der beiden konditionalen Aussagen zurück. In dem Beispiel kann man die dritte Prämisse zurückweisen, denn sie setzt voraus, dass nur derjenige allmächtig ist, der alles schaffen kann. Das ist falsch, denn es ist nicht möglich, dass ein Wesen etwas schaffen kann, was logisch nicht möglich ist. (3) Man akzeptiert das Argument und die Konklusion, argumentiert jedoch dafür, dass man diese so interpretieren kann, dass sie nicht als schlecht beurteilt werden muss. Man könnte etwa behaupten, dass die Tatsache, dass Gott nicht allmächtig ist, gar nicht zeigt, dass es Gott nicht gibt. Dann stellt sich allerdings die Frage, was Gott ist.

Kritik von einem Dilemma

1. Man weist die Prämisse zurück, dass es nur zwei Möglichkeiten gibt.
2. Man weist eine oder beide konditionalen Aussagen zurück.
3. Man akzeptiert das Argument, argumentiert jedoch dafür, dass man die Konklusion so interpretieren kann, dass man sie nicht als schlecht beurteilen muss.

3.2. Reductio ad absurdum

Die sogenannte *Reductio ad absurdum* (lat. für »Zurückführung auf etwas Absurdes«), die in der Mathematik unter dem Namen »indirekter Beweis« bekannt ist, stellt eine in der Philosophie beliebte Argumentationsform dar. Man führt eine Annahme auf einen Widerspruch zurück und schließt daraus, dass die ursprüngliche Annahme falsch ist. Die Annahme wird also nicht ernsthaft behauptet, sie wird lediglich zu Argumentationszwecken eingeführt. Dies ist ein wichtiger Punkt. Man kann also eine *Reductio* nicht dadurch zurückweisen, dass man behauptet, dass das Argument zu einem Widerspruch führe, denn das ist gerade Teil der Argumentation.

Reductio ad absurdum

1. Annahme: p
2. …
3. …
4. q und nicht q. Widerspruch!
5. Nicht p.

Hier ist ein Beispiel: Auf einer Insel gibt es nur Ritter und Schurken. Die Ritter sagen immer die Wahrheit, die Schurken immer das Falsche. Nun treffen Sie auf A und B, und A bemerkt: »Mindestens einer von uns ist ein Schurke.«[40] Nun können Sie wie folgt argumentieren:

1. A sagt: »Mindestens einer von A und B ist ein Schurke.«
2. Annahme: A ist ein Schurke.
3. Was A sagt, ist falsch, das heißt, es ist falsch, dass mindestens einer von ihnen ein Schurke ist.
4. A und B sind Ritter. Also ist A ein Ritter. (Aus 3)
5. A ist ein Schurke und ein Ritter. Widerspruch! (Aus 2 und 4)
6. Die Annahme ist falsch. A ist kein Schurke.

Genaugenommen ist mit einem solchen Argument lediglich gezeigt, dass *eine* der ursprünglichen Prämissen falsch sein muss, es wird jedoch nicht gezeigt, welche das ist. In diesem Fall könnte es sein, dass die erste der beiden Prämissen falsch ist. Damit eine *Reductio* erfolgreich ist, muss eindeutig sein, welches die zweifelhafte Annahme ist.

In der Praxis wird eine *Reductio* so formuliert, dass man die zweifelhafte Aussage auf eine offensichtliche Falschheit, das heißt zu einer Aussage zurückführt, die im Widerspruch zu einer stillschweigend gemachten Annahme steht, wie etwa im Ersten Buch von Platons *Politeia*: Sokrates untersucht die Frage, was Gerechtigkeit sei, und dabei unter anderem die Antwort, dass Gerechtigkeit das Begleichen einer Schuld sei. Diese Annahme führe jedoch zu der absurden Konsequenz, dass man einem Wahnsinnigen eine gestohlene Waffe zurückgeben müsste.

Gerechtigkeit ist keine Schuldbegleichung

1. Gerechtigkeit ist das Begleichen einer Schuld.
2. Das Zurückgeben einer gestohlenen Waffe an einen Wahnsinnigen, von dem wir wissen, dass er damit Menschen töten wird, ist ein Begleichen einer Schuld.

---

3. Es ist gerecht, einem Wahnsinnigen die gestohlene Waffe zurückzugeben, von dem wir wissen, dass er damit Menschen töten wird.
4. Aussage 3 ist offensichtlich falsch!

---

5. Annahme 1 ist falsch. Gerechtigkeit ist nicht das Begleichen einer Schuld.

Nun hängt das Argument selbstverständlich davon ab, was man unter »Begleichen einer Schuld« versteht. Dessen ist sich auch Platon bewusst, und er lässt Sokrates die Aussage präzisieren.

3.3. Infiniter Regress

Ein Regress (lat. *regressus*, für Rückgang) ist ein Zurückgehen in einer Reihe, zum Beispiel in einer Reihe von Ursachen und Wirkungen oder in einer Reihe von Zahlen. Ist der Regress unendlich, nennt man ihn »infinit« (lat. *regressus ad infinitum*). Was mit »unendlich« gemeint ist, kann man sich mit der Reihe der positiven natürlichen Zahlen veranschaulichen: 1, 2, 3, 4 …

Zu jeder Zahl können wir durch Addieren von eins eine noch größere Zahl bilden. Diese Reihe der natürlichen Zahlen hat kein Ende. Die Frage, ob es eine größte positive natürliche Zahl gibt, muss also so beantwortet werden: Die Reihe hat kein Ende, also gibt es auch keine größte positive natürliche Zahl.

Auch die Reihe der negativen Zahlen hat kein Ende, oder besser gesagt, keinen Anfang: … −4, −3, −2, −1.

Steigt man in den Regress ein und geht diese Reihe zurück,

so wird man nie an einen Anfang kommen. Der Regress ist infinit. Und er ist in diesem Fall harmlos.

Die Philosophie interessiert sich besonders für Regresse von *rationalen* Prozessen, von Erklärungen, Begründungen, Rechtfertigungen und dergleichen. Einige dieser Regresse sind ebenfalls harmlos, etwa der Regress, der sich durch die Anwendung des Wahrheitsprädikats ergibt.

Regress des Wahrheitsprädikats

(1) »Gras ist grün« ist wahr.
(2) Der Satz (1) ist wahr.
(3) Der Satz (2) ist wahr.
(4) Der Satz (3) ist wahr.
(5) und so weiter

Es gibt jedoch auch Regresse, die nicht so harmlos sind, sondern deutlich machen, dass etwas in der Argumentation nicht stimmen kann. Man nennt einen solchen Regress *»fehlerhaft«* oder *»fatal«*. Betrachten wir die folgende Überlegung: Damit eine Aussage begründet ist, muss sie begründet werden. Man begründet eine Aussage mit einer Aussage, die begründet ist. Damit aber diese Aussage begründet ist, muss man auf eine weitere Aussage zurückgreifen, die begründet ist, und so weiter *ad infinitum*. Dieser Regress ist keineswegs harmlos, sondern fatal, denn wir können nicht unendlich viele Begründungen liefern. Etwas an der Behauptung muss falsch sein, dass eine Aussage begründet werden muss, damit sie begründet ist.

Regress der Begründung

(1) Der Satz p muss mit einem anderen Satz, p_1, begründet werden.
(2) Der Satz p_1 muss mit einem anderen Satz, p_2, begründet werden.

(3) Der Satz p_2 muss mit einem anderen Satz, p_3, begründet werden.
(4) und so weiter

3.4. Transzendentales Argument

Transzendentale Argumente sind eine Eigenheit der Philosophie. Im Alltag und in anderen Wissenschaften spielen sie so gut wie keine Rolle. In der Philosophie werden transzendentale Argumente unter dieser Bezeichnung seit den Arbeiten von Immanuel Kant (1724–1804) verwendet, jedoch nicht von allen Philosophen, denn einige lehnen sie auch gänzlich ab.

Das Wort »transzendental« bedeutet in diesem Zusammenhang nicht etwas Übersinnliches, sondern etwas, was das Existierende übersteigt, was nämlich die Bedingungen der Möglichkeit betrifft. Ein transzendentales Argument ist ein Argument, das von bestimmten Erfahrungen und von Bedingungen der Möglichkeit dieser Erfahrungen darauf schließt, dass diese Bedingungen bestehen. Man kann die Form wie folgt darstellen:

Transzendentales Argument

1. p.
2. <u>Bedingung der Möglichkeit von p ist q.</u>
3. q.

Hier ist ein Beispiel, das versucht, ein Argument von Kant vereinfacht wiederzugeben. Mit dem Argument versucht Kant einen radikalen Skeptiker zu widerlegen, der jegliches Wissen über die Welt verneint. Auch der Skeptiker wird zugeben müssen, dass er Erfahrungen macht. Diese Erfahrungen stehen in einer zeitlichen Abfolge. Damit ich aber diese zeitliche Abfolge erkennen kann, muss es einen Gegenstand geben, der verschieden von mir als Subjekt ist und nicht nur eine Vorstellung von mir ist. Also muss es Gegenstände außerhalb von mir geben, so Kant.[41]

Kants Widerlegung des Idealismus

1. Ich mache sinnliche Erfahrungen.
2. Die sinnlichen Erfahrungen stehen in einer zeitlichen Abfolge.
3. Bedingung der Möglichkeit von sinnlichen Erfahrungen in einer zeitlichen Abfolge ist, dass es einen Gegenstand außerhalb von mir gibt.

---

4. Es gibt Gegenstände außerhalb von mir.

Das berühmte Diktum des französischen Philosophen René Descartes (1596–1650) »Ich denke, also bin ich« (franz. *je pense, donc je suis*; lat. *cogito, ergo sum*)[42], kann man ebenfalls als transzendentales Argument darstellen: Sage ich, dass ich denke, so muss ich unterstellen, dass ich existiere. Wenn ich denke, dass ich nicht existiere, so denke ich etwas, was im Widerspruch zu dem steht, was ich unterstellen muss. Dies ist kein logischer Widerspruch, denn der Gedanke »Ich existiere nicht« ist nicht in sich widersprüchlich. Vielmehr steht er im Widerspruch zu einer anderen Aussage, nämlich der Aussage »Ich existiere«, und die Wahrheit dieser Aussage muss ich unterstellen, wenn ich denke »Ich existiere nicht«. Man nennt dies auch einen »performativen Widerspruch«, einen Widerspruch in der Handlung.

Descartes' Cogito

1. Ich denke.
2. Bedingung der Möglichkeit, dass ich denke (ich mir des Denkens bewusst bin), ist, dass ich existiere.

---

3. Ich existiere.

3.5. Analogieschluss

Der Analogieschluss spielt in den empirischen Wissenschaften, in der Rechtsprechung, in der Mathematik sowie in der Ethik und allgemein in der Philosophie eine große Rolle. Die Anforderungen an ihn sind je nach Gebiet in der Regel unterschiedlich. Allgemein beruht der Analogieschluss, wie der Name schon sagt, auf einer Analogie. Eine Analogie ist ein Vergleich. Behauptet man: »A ist analog zu B«, so ist damit gemeint, dass A und B in gewisser Hinsicht ähnlich oder gleich sind. Der antike griechische Philosoph und Mathematiker Pythagoras (ca. 570–510 v. Chr.) entdeckte verschiedene Analogien zwischen Zahlen. Betrachten wir ein triviales Beispiel: 1:2 ist analog zu 2:4. Gemeint ist damit, dass das Verhältnis von 1:2 dasselbe ist wie das Verhältnis von 2:4. In diesem Fall kann man die Analogie auf eine Gleichheit zurückführen, nämlich auf die Gleichheit des Verhältnisses, das man auch als Zahlenwert aufschreiben kann, in diesem Fall 0,5. Dies ist nicht immer oder zumindest nicht immer so einfach möglich. Platon vergleicht in seinem berühmten Höhlengleichnis die Unbildung des Menschen mit einer Höhle, in der angekettete Gefangene nur den auf die Wand projizierten Schatten sehen können. In welcher Hinsicht ist die Unbildung des Menschen nun genau mit der Höhle zu vergleichen? Dies lässt Spielraum für Interpretationen offen.

Manchmal wird in einem Analogieschluss die Analogie explizit genannt, manchmal wird nur auf gemeinsame Eigenschaften hingewiesen. Die allgemeine Form eines Analogieschlusses lässt sich wie folgt darstellen:

Analogieschluss

1. a hat die Eigenschaften F, G usw. und b hat dieselben Eigenschaften F, G usw.
2. a hat die Eigenschaft X.

---

3. b hat die Eigenschaft X.

Die Konklusion folgt nicht logisch aus den Prämissen. Es handelt sich beim Analogieschluss um ein nicht-deduktives Argument. Er kann durchaus ein starkes nicht-deduktives Argument sein. Die Stützung kann aber auch derart schwach sein, dass wir von einem Fehlschluss reden müssen. Es kommt also darauf an, wie gut die Analogie ist. Wir können eine starke und eine schwache Analogie voneinander unterscheiden. Eine Analogie ist dann stark, so könnte man sagen, wenn die verglichenen Dinge in relevanter Hinsicht gleich oder ähnlich sind, und sie ist dann schwach, wenn die verglichenen Dinge in relevanter Hinsicht ungleich oder unähnlich sind.

Der Analogieschluss ist ein beliebtes Hilfsmittel, will man das zu erfassen versuchen, was sinnlich nicht erfassbar ist, etwa Gott. Der sogenannte »teleologische Gottesbeweis« (von gr. *telos*, Ziel, Zweck), der von Aristoteles (384–322 v. Chr.), Thomas von Aquin (1225–1274) und William Paley (1743–1805) vertreten wird, lässt sich in einer seiner Versionen als Analogieschluss darstellen:

Der teleologische Gottesbeweis

1. Es gibt Lebewesen und Maschinen.
2. Maschinen können nur dank der Planung von intelligenten Wesen geschaffen werden.
3. Maschinen und Lebewesen sind ähnlich komplex.

---

4. Lebewesen können nur dank der Planung von intelligenten Wesen geschaffen werden. Das heißt: Es gibt ein sehr intelligentes Wesen, das die Lebewesen geschaffen hat, nämlich Gott.

In diesem Argument scheint die Analogie schwach zu sein. Ein wichtiger Unterschied zwischen Maschinen und Lebewesen besteht darin, dass letztere, wie der Name schon sagt, lebende Wesen sind, erstere nicht. Lebewesen entstehen jedoch durch natürliche Fortpflanzung, nicht durch Planung.

3.6. Gedankenexperiment

In der Philosophie werden nicht selten »*Gedankenexperimente*« eingesetzt. Der Name wurde zuerst von Georg Christoph Lichtenberg (1742–1799) verwendet, zu seiner Verbreitung trug vor allem der Physiker Ernst Mach (1838–1916) bei; das jedoch, was mit dem Begriff bezeichnet wird, ist bereits seit der Antike bekannt. Ein Gedankenexperiment ist ein Argumentationsmuster, bei dem man sich eine bestimmte Situation vorstellt und in Gedanken untersucht, welche Konsequenzen aus dieser Situation folgen. Gedankenexperimente werden in verschiedenen theoretischen Wissenschaften verwendet, insbesondere in der Physik. Berühmt sind die genialen Einfälle von Galileo Galilei (1564–1642) und Isaac Newton (1643–1727). In der Philosophie lassen sie sich vielfach nicht als deduktive Argumente darstellen. Sie scheinen dann auch einen anderen Zweck zu erfüllen, nämlich bestimmte Intuitionen in uns zu wecken. Der amerikanische Philosoph Daniel Dennett (geb. 1942) nennt solche Gedankenexperimente deshalb »Intuitionenpumpen«. Sie können als rhetorische Überzeugungsmittel missbraucht werden, können aber auch eine sehr wichtige Funktion erfüllen. Dennett schreibt dazu:

> Es sollte Philosophen nicht verlegen machen anzuerkennen, daß Intuitionenpumpen eine Menge der beständig anfallenden Arbeit der Philosophie tun (besser oder schlechter). Schließlich sollte eine Intuitionenpumpe das ideale Werk-

zeug in der Ausrüstung des Philosophen sein, wenn wir eine der bekanntesten Visionen, die darstellt, *wozu* Philosophie da ist, ernst nehmen. Sie ist dazu da, unser Blickfeld für das Mögliche zu vergrößern, schlechte Denkgewohnheiten zu überwinden.[43]

Zur Veranschaulichung seien zwei Gedankenexperimente aus der Antike genannt.[44] Das erste stammt von Platon. Er führt es in seinem Werk *Politeia* ein im Zusammenhang einer Diskussion über das Wesen der Gerechtigkeit. Es ist als *Gyges' Ring* bekannt.

Gyges' Ring
Einmal, so erzählt die Sage, soll Gyges, ein armer Hirte, in einer Höhle einen Ring gefunden haben. Er steckte sich den Ring auf den Finger, und als er ihn drehte, wurde er unsichtbar. Und als er ihn wieder nach außen drehte, wurde er wieder sichtbar. Mit Hilfe des Ringes gelang es Gyges, sich der Königin zu nähern, diese zu verführen, mit ihr zusammen den König zu töten und den Thron zu besteigen. Falls es nun zwei solcher Ringe geben sollte, und der eine würde einem gerechten Menschen, der andere einem ungerechten Menschen geschenkt, so würde auch der Gerechte der Versuchung nicht widerstehen, von fremden Gütern zu nehmen. Dies zeigt, dass man nicht um der Gerechtigkeit willen gerecht handelt, sondern aus Furcht vor den Folgen.[45]

Der antike Philosoph und Mathematiker Archytas von Tarent (4. Jh. v. Chr.) versuchte mit einem Gedankenexperiment zu beweisen, dass das Universum unendlich ist.

Stab des Archytas

1. Nehmen wir zu Argumentationszwecken an, es gäbe einen äußersten Rand des Universums.
2. In dem Moment, wenn wir nun am Rand des Universums angekommen wären, könnten wir eine Hand oder einen Stab ausstrecken.
3. Wenn wir aber etwas ausstrecken können, dann muss es weiteren Raum geben.
4. Wenn es aber weiteren Raum gibt, dann können wir wieder zum Rand von diesem Raum gehen und wieder etwas ausstrecken.

---

5. Das Universum hat keinen äußersten Rand.

Wie kann man auf ein Gedankenexperiment reagieren? Zunächst kann man in Frage stellen, ob die beschriebene Situation überhaupt *logisch gesehen möglich* ist. Ein eckiger Kreis ist logisch unmöglich. Sollte die Situation logisch gesehen unmöglich sein, so gibt es keinen Grund dafür, das Argument ernst zu nehmen. Die Situation kann logisch gesehen möglich, aber *physikalisch gesehen unmöglich* sein. In einigen Argumenten, zum Beispiel in der Geschichte über Gyges' Ring, ist es nicht nötig, dass die Situation physikalisch gesehen möglich ist. In anderen, zum Beispiel beim Stab des Archytas, ist die physikalische Möglichkeit relevant, denn die Konklusion ist eine Aussage über den physikalischen Raum.

Außerdem kann man in Frage stellen, ob die Aussagen, die über die beschriebene Situation gemacht werden, tatsächlich wahr sind. Hier wird vielfach auf *Intuitionen* zurückgegriffen. Wir würden intuitiv behaupten, dass jeder Mensch Unrecht begehen würde, wenn er nicht erkannt würde und es zu seinem Vorteil wäre. Der Status solcher Intuitionen ist in der Philosophie jedoch umstritten. Dementsprechend ist auch der Status von Gedankenexperimenten umstritten. Doch wie auch immer man zu ihnen stehen mag: Gedankenexperimente eignen sich hervorragend als Ausgangspunkt für Diskussionen und als heuristisches Mittel zur Entwicklung neuer Thesen.

3.7. Schluss auf die beste Erklärung

Im Alltag stehen wir manches Mal vor der Situation, dass wir wissen, dass ein bestimmter Sachverhalt besteht oder ein bestimmtes Ereignis stattgefunden hat, ohne jedoch zu wissen, aus welchem Grund das geschah. Zum Beispiel könnte uns Folgendes passieren: Wir kommen nach Hause und der Boden unterhalb des offenen Fensters im Wohnzimmer ist nass. Nun liegt es nahe, diesen Sachverhalt damit zu erklären, dass es geregnet hat und der Regen durch das offene Fenster auf den Boden gefallen ist. Mit einer Erklärung geben wir die Ursache des Ereignisses an. Eine Erklärung ist aber nicht dasselbe wie ein Argument. Denn ein Argument kann auch der Begründung, der Rechtfertigung einer Meinung dienen. Eine Erklärung hat jedoch die Form eines Arguments.

In dem genannten Beispiel erklären wir den Sachverhalt damit, dass es geregnet hat, und nicht etwa damit, dass ein Unbekannter ohne die Eingangstür zu beschädigen eingetreten ist, einen Eisblock an die Stelle vor dem Fenster gelegt hat und dieser dann geschmolzen ist. Von dem Ereignis und unserem Hintergrundwissen schließen wir auf die beste Erklärung für dieses Ereignis. Dies nennt man einen *Schluss auf die beste Erklärung* oder, der Terminologie von Charles Sanders Peirce (1839–1914) folgend, auch *Abduktion*.[46]

Das Hintergrundwissen, das uns dazu dient, den entsprechenden Schluss zu ziehen, besteht unter anderem aus Vergleichen. Wir vergleichen das zu erklärende Ereignis mit Ereignissen, die wir bereits kennen und bei denen eine bestimmte Art von Ursache uns eine Erklärung lieferte, und wir vergleichen verschiedene Erklärungshypothesen miteinander. Wir schließen dann, dass die beste Erklärung auch die richtige sei. Die Konklusion folgt also nicht logisch aus den Prämissen. Die Prämissen liefern jedoch einen guten Grund für die Konklusion. Man kann die allgemeine Form des Arguments wie folgt darstellen:

Schluss auf die beste Erklärung

1. Ein bestimmtes Ereignis E hat stattgefunden.
2. Die Hypothese H (zusammen mit weiteren Annahmen und Prinzipien) liefert eine gute Erklärung für das Stattfinden von Ereignis E.
3. Die Hypothese H (zusammen mit weiteren Annahmen und Prinzipien) ist im Vergleich zu allen anderen Hypothesen die beste Erklärung für das Stattfinden von Ereignis E.

---

4. Hypothese H ist wahr.

Wie kann man nun entscheiden, welche Erklärung die beste ist? Auf diese Frage gibt es leider keine einfache Antwort. Wir können aber Adäquatheitskriterien aufstellen, die eine gute Erklärung zu erfüllen hat. Betrachten wir noch einmal das eingangs erwähnte Beispiel. Wir könnten folgende Hypothesen aufstellen:

(1) Das Wasser stammt vom Regen, der durch das Fenster hereingekommen ist.
(2) Das Wasser stammt von einem Eisblock, der von einem Eindringling dort deponiert worden ist.
(3) Das Wasser stammt aus der Küche.

Die ersten zwei Hypothesen sind besser als die dritte, weil die dritte gar keine Erklärung liefert. Sie sagt nur, dass das Wasser aus der Küche stammt, aber nicht, wie das Wasser auf den Boden im Wohnzimmer gekommen ist. Damit gelangt man zu einem ersten, trivialen Adäquatheitskriterium: Eine gute Erklärung muss das Ereignis tatsächlich erklären.

Vielleicht findet man Spuren von Wasser oder Feuchtigkeit an den anderen Fenstern oder am Fensterrahmen. Dann können wir dies auch mit der ersten Hypothese erklären, nicht aber mit der zweiten. Damit gelangen wir zu einem zweiten Adäquatheitskriterium: Eine Erklärung sollte möglichst viel Erklärungskraft besitzen. Vereinfacht können wir sagen: Je mehr Ereignisse eine Hypothese erklären kann, desto mehr Erklärungskraft besitzt sie. Eine Ad-hoc-Hypothese, die nur dazu eingeführt wird, um diese eine Tatsache zu erklären, ohne dass es dafür einen davon unabhängigen Grund gibt, hat vergleichsweise wenig oder gar keine Erklärungskraft.

Entsprechend der ersten Hypothese müssen wir annehmen, dass es Regen gibt. Dies ist jedoch eine Annahme, die wir bereits in unserem Überzeugungssystem haben. In der zweiten Hypothese müssen wir annehmen, dass es Menschen gibt, die in die Wohnungen anderer Menschen eindringen. Auch dies ist Teil unseres Überzeugungssystems. Dennoch macht die zweite Hypothese mehr Annahmen als die erste. Wir müssen nämlich tatsächlich der Meinung sein, dass es jemanden gibt, der in unsere Wohnung eingedrungen ist, der dies getan hat, ohne irgendwelche Spuren zu hinterlassen, und der schließlich einen Eisblock deponiert hat, also etwas getan hat, wofür es keinen erkennbaren, vernünftigen Grund gibt. Das scheinen der Annahmen zu viele zu sein.

Dem mittelalterlichen Philosophen Wilhelm von Ockham wird das Prinzip zugeschrieben, das als »Ockhams Rasiermesser« bekannt wurde. Dieses besagt: Entitäten sollen nicht über das Notwendige hinaus vermehrt werden. Man kann dies auch als Bescheidenheitsprinzip formulieren: Man sollte möglichst wenig Annahmen machen. Das bedeutet natürlich nicht, dass wir eine Erklärung vorziehen sollten, die zwar weniger Annahmen macht, aber auch weniger erklären kann als eine andere. Sollten jedoch zwei Erklärungen ansonsten gleich gut sein, dann ist diejenige vorzuziehen, die weniger Annahmen macht. Wird versucht, mit einer Hypothese sehr viel zu erklären, so führt das fast unweigerlich dazu, dass man auch viele Annahmen machen und damit das Prinzip verletzen muss. Dies trifft insbesondere auch auf sogenannte Verschwörungstheorien zu, mit denen ein Ereignis mit der Hypothese zu erklären versucht wird, dass es das Ergebnis eines heimlichen Wirkens bestimmter Personen sei. Eine solche »Theorie« sollte man mit der Frage konfrontieren, ob es ein Ereignis gibt, das in der Lage ist, zu zeigen, dass die Hypothese falsch ist. Denn falls man jedes erdenkliche Gegenbeispiel damit erklären kann, dass es dem Plan der Verschwörer dient, kann man die »Theorie« überhaupt nicht widerlegen. Auf jeden Fall verstößt sie gegen das Prinzip von Ockhams Rasiermesser.

Ockhams Rasiermesser
Entitäten sollen nicht über das Notwendige hinaus vermehrt werden.

Eine Hypothese sollte weiterhin möglichst einfach sein, das heißt, aus möglichst einfachen Begriffen bestehen und zu möglichst einfachen allgemeinen Aussagen führen. Eine komplexe Aussage kann jedoch auch eine sehr große Erklärungskraft haben. Das Kriterium der Einfachheit kommt also erst nach der Anwendung der ersten drei Kriterien zum Zuge: Gesetzt den Fall, dass zwei Hypothesen die gleiche Erklärungskraft und gleich wenig Annahmen machen, so ist diejenige vorzuziehen, die einfacher ist.

In der zweiten Hypothese müssen wir unser Überzeugungssystem um mehr Annahmen erweitern als in der ersten. Manchmal erfordert eine Hypothese auch, dass wir einige unserer Überzeugungen aufgeben. Das kann durchaus eine richtige Entscheidung sein. Dennoch gehen wir zunächst davon aus, dass unsere Überzeugungen mehrheitlich wahr sind. Und dazu haben wir auch guten Grund: Viele Überzeugungen haben sich in der Vergangenheit als wahr erwiesen. Somit können wir auch folgendes Kriterium formulieren: Von zwei Erklärungen, die ansonsten gleich sind, ist diejenige vorzuziehen, welche keine oder möglichst wenige Änderungen in unserem bisherigen Netz von Überzeugungen nötig macht. Wir können dies das Kriterium der »Konservativität« nennen. Damit erhalten wir eine Liste von Adäquatheitskriterien.[47]

Adäquatheitskriterien für Erklärungen

1. Erklärung: Die Hypothese erklärt die Tatsache.
2. Fruchtbarkeit/Erklärungskraft: Die Hypothese gestattet die Formulierung möglichst vieler allgemeiner Aussagen, das heißt, sie erklärt möglichst viele Tatsachen.
3. Bescheidenheit: Die Hypothese macht möglichst wenige Annahmen (Ockhams Rasiermesser).
4. Einfachheit: Die Hypothese besteht aus möglichst einfachen Begriffen und führt zu möglichst einfachen allgemeinen Aussagen.
5. Konservativität: Die Hypothese macht möglichst wenige Änderungen in unserem Überzeugungssystem nötig.

3.8. Kausaler Schluss

Wir erklären Ereignisse, indem wir deren Ursache nennen, etwa: Das Wasser verdunstete, weil es heiß war. Napoleon gewann die Schlacht, weil er seine Armee gut einsetzte. Die Kopfschmerzen sind verschwunden, weil ich ein Schmerzmittel genommen habe. Eine Erklärung kann falsch sein. Wir können uns in der Ursache irren. Zum Beispiel kann es sein, dass ich mich schwach fühle, ein Vitaminpräparat nehme und es mir danach besser geht. Nun schließe ich daraus, dass das Vitaminpräparat die Ursache dafür ist, dass ich mich wieder besser fühle. Tatsächlich ist die Ursache eine andere, vielleicht die, dass ich an der frischen Luft war. Der Fehlschluss besteht darin, aus der zeitlichen Abfolge von Ereignissen auf einen Ursache-Wirkungs-Zusammenhang zu schließen. Man nennt diesen Fehlschluss auch »*post hoc ergo propter hoc*« (lat. für »danach, also deswegen«).

Wie können wir wissen, was die Ursache von einem Ereignis ist? Um diese Frage zu beantworten, ist es hilfreich, sich zunächst die Frage zu stellen, was Verursachung (Kausalität) überhaupt ist. Wir behaupten im Alltag nur selten explizit, dass etwas die Ursache oder die Wirkung von etwas sei, wir stellen jedoch oft kausale Zusammenhänge her. Wir gehen dabei davon aus, dass es für jedes Ereignis eine *hinreichende Bedingung* gibt, einen *zureichenden Grund*. Zwar mögen wir die Ursache nicht kennen. Jedoch ist es für uns undenkbar, dass es für ein Ereignis keine hinreichende Bedingung gibt. Dieses Prinzip des zureichenden Grundes wird seit der Antike angewendet.[48]

Prinzip des zureichenden Grundes
Es gibt keine Tatsache, ohne dass es dafür einen zureichenden Grund gibt.

Können wir wissen, was der zureichende Grund für eine bestimmte Tatsache ist? Wir sagen zum Beispiel: »Das Licht ist an, weil der Schalter gedrückt wurde.« Das bedeutet jedoch nicht, dass das Drücken des Schalters hinreichend dafür wäre, dass das Licht an ist. Die Aussage »Wenn der Schalter gedrückt wird, geht das Licht an« ist strenggenommen falsch, denn es könnte auch sein, dass die Glühbirne defekt, die Leitung unterbrochen oder kein Strom im Netz ist. Können wir alle Bedingungen aufzählen, die zusammen den hinreichenden Grund liefern? Das scheint eine Herkulesaufgabe zu sein. Man kann diese Aufgabe umgehen, indem man anführt, dass die allgemeine konditionale Aussage nur dann wahr ist, wenn weitere Bedingungen erfüllt sind. Man verwendet dafür auch die Formulierung »*ceteris paribus*« (lat. für »unter sonst gleichen Bedingungen«). Die Aussage »Ceteris paribus, wenn der Schalter gedrückt wird, geht das Licht an« ist wahr.

Dass der Schalter gedrückt wird, ist allein nicht der hinreichende Grund dafür, dass das Licht angeht. Die Formulierung, dass etwas »die Ursache« ist, scheint jedoch genau dies anzudeuten. Statt von »der Ursache« spricht man also besser von »ursächlichen Bedingungen« oder von »kausal relevanten Faktoren«. Ein kausal relevanter Faktor muss weder hinreichend noch notwendig sein. Gibt es für das Licht zum Beispiel einen zweiten Schalter, so ist das Drücken des einen nicht notwendige Bedingung dafür, dass das Licht angeht. Dennoch ist das Drücken des Schalters ein ursächlicher Faktor dafür, dass das Licht angeht. Wir können nun die Frage formulieren: Wann ist ein Faktor kausal relevant für ein Ereignis?

Wir können feststellen, dass das Licht immer dann angeht, wenn wir den Schalter drücken. Daraus folgt aber nicht, dass das Drücken ein ursächlicher Faktor dafür ist, dass das Licht angeht, denn es könnte sich dabei auch um eine zufällige Korrelation handeln. Wer auf einer Party Orangensaft zuerst mit Whisky, dann mit Gin und schließlich mit Wodka mischt, kann zum Schluss gelangen, dass der Orangensaft Ursache für seinen veränderten Bewusstseinszustand ist. Es könnte auch sein, dass die Korrelation damit erklärt wird, dass beide Ereignisse eine gemeinsame Ursache haben. Zum Beispiel ist die gemeinsame Ursache sowohl dafür, dass das Barometer fällt, als auch dafür, dass das Wetter sich ändert, das Sinken des Luftdrucks.

Der englische Philosoph John Stuart Mill (1806–1873) hat in seinem Buch *A System of Logic* (1843) eine Methode entwickelt, mit der man theoretisch herausfinden kann, wann eine Bedingung ein kausal relevanter Faktor ist. Er nennt das Verfahren *Differenzmethode.*

Differenzmethode

Gesetzt den Fall, dass wir zwei Situationen S_1 und S_2 haben, wobei die beiden Situationen sich genau nur in der Hinsicht unterscheiden, dass in S_1 die Anfangsbedingung A erfüllt ist und in S_2 nicht und nur in S_1 das Ereignis E auftritt, in S_2 aber nicht, können wir darauf schließen, dass A kausal relevant für E ist.

Theoretisch ist damit das Problem gelöst. Aber in der Praxis existieren keine zwei Situationen, die sich nur in einer Hinsicht unterscheiden. Für die Anwendung in der Praxis kann man die Bedingung ein wenig abschwächen und lediglich verlangen, dass die zwei Situationen *in relevanter Hinsicht einander ähnlich* sind. Der kausale Schluss lässt sich nun wie folgt darstellen:

Kausaler Schluss

1. Die Situationen S_1 und S_2 sind in relevanter Hinsicht ähnlich.
2. In S_1 ist die Anfangsbedingung A erfüllt und das Ereignis E tritt ein.
3. In S_2 ist die Anfangsbedingung A nicht erfüllt und das Ereignis E tritt nicht ein.

---

4. A ist kausal relevant für E.

Es stellt sich nun die Frage, was »in relevanter Hinsicht ähnlich« genau bedeutet. Darauf soll hier nicht eingegangen werden.[49]

Mit Hilfe dieser Methode lässt sich leicht zeigen, dass etwas kausal relevant ist, jedoch nicht, dass etwas kausal *nicht relevant* ist. Nehmen wir an, dass in der Situation S_1 A erfüllt ist und E eintritt, dass aber in der Situation S_2 A nicht erfüllt ist und E dennoch eintritt. Falls nun die beiden Situationen nur in relevanter Hinsicht ähnlich sind, so lässt sich daraus nicht schließen, dass A für E nicht relevant ist, denn es kann ja sein, dass *eine andere* Bedingung nicht erfüllt ist, die zusammen mit A das Ereignis E verursacht. Selbst dann, wenn die beiden Situationen sich nur hinsichtlich A unterscheiden, lässt sich daraus nicht schließen, dass A für E nicht relevant ist, denn es kann ja sein, dass eine andere Bedingung ausreichend dafür ist, dass E eintritt. Öffnet man damit das Tor zu Pseudoerklärungen? Muss man zum Beispiel davon ausgehen, dass die Position des Planeten Venus kausal relevant für den persönlichen Charakter sein könnte? Solange mit der Differenzmethode nicht nachgewiesen ist, dass eine kausale Relevanz besteht, gibt es dafür keinen guten Grund.

Übungsaufgaben

1. Wie kann man auf die folgenden Dilemmata reagieren?
   a) Entweder du bist für mich, oder du bist gegen mich.
   b) Entweder müssen wir im Staatshaushalt die Bildungsausgaben kürzen, oder wir müssen Schulden machen.

2. Welche Form hat das folgende Argument?
   Nehmen wir an: Gott ist allmächtig und will nur das Gute. Daraus folgt: Gott schafft alles und nur Gutes. Nun gibt es aber Übel in der Welt. Also ist die Annahme falsch: Es ist falsch, dass Gott allmächtig ist und nur das Gute will.

3. Wie kann man die folgende Aussage beschreiben?
   Ich weiß, dass ich weiß, dass ich weiß, … dass p.

4. Formulieren Sie einen infiniten Regress mit dem Begriff der »Ursache«.

5. Welcher Art ist das folgende Argument?
   Wenn ich Schach spiele, dann denke ich. Ein Computer kann Schach spielen. Also denkt ein Computer.

6. Welcher Art ist das folgende Argument?
   Wir machen Erfahrungen. Raum und Zeit sind Bedingung der Möglichkeit von Erfahrung. Also gibt es Raum und Zeit.

7. Gegeben sei folgende Tatsache: Sie können mit Ihrem Schlüssel die Tür nicht mehr öffnen, die Sie noch vor einer Stunde geöffnet haben. Beurteilen und vergleichen Sie die folgenden Hypothesen.

a) Ihr richtiger Schlüssel wurde Ihnen gestohlen und durch einen Schlüssel ersetzt, der dem Ihren ganz ähnlich sieht.
b) Das Türschloss wurde in der Zwischenzeit ersetzt.
c) Sie führen den Schlüssel dieses Mal entweder mit zu wenig oder zu viel Druck.
d) Sie verwenden einen Ihrer Schlüssel, der nicht zu dem Türschloss passt.

8. Welchen Fehlschluss begeht derjenige, der wie folgt argumentiert?
Im letzten Jahr stieg in Bayern und in Baden-Württemberg die Anzahl der Geburten. Gleichzeitig stieg auch die Anzahl der Störche, während diese in den anderen Bundesländern sank. Also bringen die Störche die Kinder.

9. Kann man behaupten, dass x kausal relevant für y ist, wenn folgendes gilt: In jeder Situation, in der x vorhanden ist, ist auch y vorhanden?

10. Weshalb ist das folgende kein gutes Argument?
Ich kenne meinen Vater. Aber ich kenne diesen verhüllten Mann nicht. Der verhüllte Mann ist mein Vater. Also kenne ich meinen Vater nicht (das Argument geht auf Eubulides zurück und ist als *Fehlschluss des Verhüllten* bekannt, engl. als »*masked man fallacy*«).

Diskussionsfragen

1. *Epikurs Argument gegen die Furcht vor dem Tod.* Entweder sind wir tot, oder wir sind nicht tot. Sind wir tot, so sind wir nicht mehr. Sind wir nicht tot, so ist der Tod nicht da. Somit müssen wir auch keine Angst vor dem Tod haben.[50]

2. *Das Dilemma des Determinismus.* Entweder ist der Determinismus wahr, oder er ist falsch, das heißt, entweder ist jedes Ereignis vollständig bestimmt durch das, was vorher geschah, oder es ist es nicht. Wenn der Determinismus wahr ist, dann ist unser Wille nicht frei, denn dann ist auch der Wille vollständig bestimmt durch das, was zuvor geschah. Wenn der Determinismus falsch ist, dann ist unser Wille auch nicht frei, denn dann kann nichts von dem Willen bestimmt sein. Daraus folgt: Unser Wille ist nicht frei.

3. *Achilles und die Schildkröte.* Achilles und die Schildkröte laufen um die Wette. Achilles lässt der langsameren Schildkröte einen Vorsprung. Wenn Achilles den Punkt erreicht hat, an dem die Schildkröte zuvor war, dann ist die Schildkröte immer schon ein wenig weiter. Also kann Achilles die Schildkröte nie einholen.

4. *Agrippas Trilemma.* Angenommen, wir versuchen einen Satz p zu begründen. Wir müssen dazu einen weiteren Satz hinzuziehen. Dieser muss wiederum begründet werden. Entweder wir gelangen damit in einen fatalen unendlichen Regress, oder wir brechen an einem Punkt willkürlich ab, oder wir gelangen zu einer Aussage, bei der wir bereits waren, das heißt, wir gelangen in einen Zirkel. Da diese drei Möglichkeiten – infiniter Regress, zirkuläre Begründung und willkürlicher Abbruch – die einzigen sind und keine befriedigend ist, kann eine Aussage niemals befriedigend begründet werden.

5. *Der kosmologische Gottesbeweis.* Es gibt Ereignisse. Die Ereignisse bilden als Ursachen und Wirkungen eine Kette. Kein Ereignis kann sich selbst verursachen. Die Kette der Ursachen und Wirkungen kann nicht unendlich sein. Daraus folgt: Nicht jedes Ereignis hat eine Ursache, es gibt eine erste, unverursachte Ursache, diese nennen wir »Gott«.

6. *Anselms ontologischer Gottesbeweis.* Gott ist das, über das hinaus nichts Größeres gedacht werden kann. (Das heißt, Gott

ist das vollkommene Wesen.) Wir verstehen, was mit »Gott« gemeint ist, das heißt, Gott ist zumindest im Verstand. (Das versteht auch der Atheist.) Gott ist nur im Verstand. (Das ist das, was der Atheist glaubt.) Das, was in Wirklichkeit ist, ist größer als das, was im Verstand ist. (Das, was existiert, ist vollkommener.) Daraus folgt: Gott ist nicht das, über das hinaus nichts Größeres gedacht werden kann. Dann ist aber Gott zugleich das, über das hinaus nichts Größeres gedacht werden kann. Das ist ein Widerspruch! Also ist es falsch, dass Gott nur im Verstand ist. Gott ist auch in Wirklichkeit.[51]

7. Das Bewusstsein anderer Menschen. Ich habe ein Bewusstsein. Andere Menschen verhalten sich ganz ähnlich wie ich: Sie lachen, weinen und reden mit anderen Menschen. Also haben andere Menschen auch ein Bewusstsein.

8. Theseus' Schiff. Theseus hatte ein Schiff. Nennen wir es T. Er macht das Schiff im Hafen an Dock A fest und lässt von seinen Arbeitern eine Planke aus dem Schiff entfernen und durch eine neue ersetzen. So wird nach und nach jeder Teil des Schiffes ersetzt. Die alten Planken lässt Theseus nach Dock B tragen. Dort wird ein exakt formgleiches Schiff aufgebaut. Am Schluss sind zwei Schiffe im Hafen: eines im Dock A, bestehend aus vollständig neuen Teilen, und ein formgleiches Schiff in Dock B, bestehend aus genau den ursprünglichen Teilen. Welches der beiden Schiffe ist T?[52]

4. Argumentieren in der Ethik

Die Ethik oder auch »Moralphilosophie« ist die Disziplin der Philosophie, die sich mit den Begriffen befasst, die sich in Zusammenhang mit unserem Nachdenken über unser Handeln ergeben, insbesondere mit den folgenden Begriffen: »gut« und »schlecht«, »Recht« und »Unrecht«, »Gebot« und »Verbot«, »Pflicht«, »Gerechtigkeit«, »Tugend«, »Freiheit«, »Vernunft« und »Entscheidung«. Diese Begriffe können auch in Argumenten auftreten. Wie man in der Ethik argumentieren kann, wird in diesem Kapitel erläutert.

4.1. Entscheidungen

In der Moralphilosophie geht es unter anderem darum, welches Verhalten moralisch richtig ist. Um diese Frage zu beantworten, können wir uns konkrete Fälle von Situationen vorstellen, in denen wir uns für das eine oder andere *entscheiden* müssen. Diese Fälle müssen nicht tatsächlich stattgefunden haben, aber es muss zumindest möglich sein, dass sie stattfinden. Die britische Philosophin Philippa Foot (1920–2010) hat das folgende Gedankenexperiment entwickelt:

Trolley-Problem
Eine Straßenbahn (engl. *trolley*) ist außer Kontrolle geraten und droht fünf Personen zu überrollen. Durch Umstellen einer Weiche kann die Straßenbahn auf ein anderes Gleis umgeleitet werden. Unglücklicherweise befindet sich dort eine weitere Person. Nun stellt sich die Frage: Darf (durch Umlegen der Weiche) eine Person getötet werden, um das Leben von fünf Personen zu retten? Was würden Sie in dieser Situation tun?

Die Frage ist nicht leicht zu beantworten, weil es gegen beide Optionen gute Gründe gibt. Was auch immer man tut, man tut etwas Schlechtes. Stellt man die Weiche nicht um, sterben durch die Unterlassung fünf Menschen, im anderen Fall stirbt durch das Eingreifen ein Mensch. Sind jedoch die beiden Handlungen gleich schlecht? Nun, die Folgen sind es nicht. Der Tod von fünf Menschen ist schlimmer als der Tod von einem Menschen (sofern sonst alle Umstände gleich bleiben). Aber man darf nicht nur die Folgen betrachten. Man muss sich auch überlegen, ob das, was man tut, moralisch erlaubt ist. Indem wir die Weiche umstellen, retten wir zwar das Leben von fünf Menschen, aber wir führen den Tod eines anderen aktiv herbei.

In diesen zwei Begründungen werden unterschiedliche Positionen sichtbar, zum einen die Position, dass wir eine Handlung aufgrund ihrer Folgen beurteilen. Diese Position nennt man eine »*Folgenethik*« oder »*konsequentialistische Ethik*«. Zum anderen wird die Position sichtbar, dass wir eine Handlung aufgrund dessen beurteilen, welche Handlungen erlaubt oder verlangt sind. Diese Position nennt man eine »*Pflichtethik*« oder »*deontologische Ethik*«.

Zwei ethische Grundpositionen

Deontologische Ethik: Eine Handlung wird danach beurteilt, ob sie einer verpflichtenden Regel entspricht.

Konsequentialistische Ethik: Eine Handlung wird danach beurteilt, inwiefern sie gute und schlechte Folgen (Konsequenzen) hat.

Betrachten wir nun einen anderen Fall:

Anne und Ben spielen Karten. Anne sieht eine Möglichkeit, wie sie durch einen unerlaubten Trick das Spiel gewinnen könnte. Nun stellt sie sich die Frage: »Darf ich das tun?« Sie überlegt sich: »Würde ich es tun, so würde ich gegen die Spielregeln verstoßen. Ich habe diese aber akzeptiert. Und es ist auch nicht fair Ben gegenüber. Andererseits könnte ich dadurch das Spiel gewinnen. Das würde ich so gern! Und Ben würde es nicht bemerken, dass ich falsch gespielt habe.«

Anne steht vor einer Entscheidung: Soll sie eine bestimmte Handlung ausführen, oder soll sie diese unterlassen? Die Überlegungen von Anne zeigen, dass wir ganz verschiedene *Gründe* für unsere Handlungen haben können. Ein Grund kann sein, dass die Handlung zu einem Resultat führt, das in unserem *eigenen Interesse* liegt. Ein anderer Grund kann sein, dass die Handlung dem entspricht, was wir für *richtig* halten. Diese beiden Gründe können auch in Konflikt miteinander geraten: Es kann sein, dass das, was in meinem eigenen Interesse ist, nicht dem entspricht, was ich für richtig halte.

Wichtig ist, dass man hier zwischen einem *beschreibenden* Urteil und einem *wertenden* Urteil unterscheidet. Behauptet man, dass jemand ein Interesse habe oder dass es wahrscheinlich sei, dass dieses oder jenes geschehe, so beschreibt man damit, was *ist*. Man äußert »*deskriptive* Sätze«. Behauptet man, dass etwas gut oder schlecht sei oder dass man etwas tun oder nicht tun dürfe, so drückt man damit eine Wertung aus. Man bewertet etwas. Sätze, mit denen gesagt wird, dass etwas sein *soll*, nennt man auch »*normative* Sätze«.

Deskriptiv und normativ
Mit einem deskriptiven Satz wird ausgesagt, dass etwas ist. Mit einem normativen Satz wird ausgesagt, dass etwas sein soll.

Können normative Sätze wahr oder falsch sein? Ein Befehl oder ein Ratschlag, etwas zu tun, kann nicht wahr oder falsch sein. Somit kann ein Befehl oder ein Ratschlag auch nicht Teil von einem Argument sein, denn in einem Argument kommen nur Aussagen vor. Die Formulierung, dass »etwas sein soll«, lässt sich jedoch auch als Aussage darüber verstehen, *dass ein bestimmtes Gebot besteht*. Ein solcher Satz kann also wahr oder falsch und somit Teil eines Arguments sein.

Wir können auch von den Handlungen anderer behaupten, dass wir diese für richtig oder für falsch halten. Zum Beispiel könnten wir offensichtliches Falschspielen von Anne verurteilen. Damit ist aber nicht gesagt, dass unser Urteil wahr ist. Es kann sein, dass es falsch ist. Deshalb müssen wir unsere Urteile sorgfältig abwägen und offen dafür bleiben, sie zu revidieren. Nun könnte man aber einwenden: Niemand darf über die Handlung eines anderen urteilen. Wer das behauptete, würde sich aber gerade selbst widersprechen, denn damit würde derjenige ja über die Handlungen anderer urteilen und sagen: »Ihr dürft nicht urteilen!« Andererseits ist es so, dass wir es durchaus für angemessen halten, über die Handlungen anderer zu urteilen, etwa wenn wir sagen: »Es ist falsch, jemandem etwas zu stehlen«, »Es ist gut, Menschen in Not zu helfen« oder »Es ist nicht erlaubt, Mädchen zu beschneiden«. Wer würde dies nicht sagen wollen?

4.2. Normen und Werte

Man kann zwischen Werturteilen und Normurteilen unterscheiden. Ein Werturteil behauptet, dass etwas gut oder schlecht ist, etwa: »Schmerzen sind schlecht«. Werturteile kommen nicht nur in der Ethik, sondern auch in anderen Bereichen vor, zum Beispiel in der Ästhetik (»Dieses Gemälde ist schön«) oder im kulinarischen Bereich (»Dieses Essen ist exquisit«). Man muss also beachten, von welcher Art das Urteil ist, ob damit gemeint ist, dass etwas »gut« im moralischen, ästhetischen oder einem anderen Sinn ist.

Man kann die Begriffe »gut« und »schlecht« als klassifikatorische Begriffe verstehen, die Gegenstände in zwei Bereiche einteilen, nämlich in die guten und die nicht-guten bzw. in die schlechten und die nicht-schlechten Gegenstände. Es erscheint in vielen Fällen angebracht, eine mittlere Kategorie für Dinge zu haben, die weder gut noch schlecht sind, sondern *indifferent*. Dies lässt sich wie folgt darstellen:

schlecht	indifferent	gut

Man kann die Begriffe »gut« und »schlecht« auch als komparative Begriffe verstehen, das heißt, dass etwas mehr oder weniger gut bzw. mehr oder weniger schlecht ist. Dies lässt sich wie folgt darstellen:

sehr schlecht ... schlecht ... | indifferent | ... gut .... sehr gut
←――――――――――――――|――――――|――――――――→

Von »Werten« spricht man umgangssprachlich insbesondere dann, wenn sich die Werturteile auf die obersten Grundsätze eines Menschen beziehen, zum Beispiel wenn man sagt »Ehrlichkeit ist ein Wert«.

Moralische Urteile können auch zum Ausdruck bringen, dass etwas geboten, verboten oder erlaubt ist. Diese nennt man »*Normurteile*«. Sind sie von einer gewissen Allgemeinheit, so nennt man sie »*Normen*«. Sätze, die aussagen, dass eine bestimmte Norm besteht oder nicht besteht, nennt man »*Normsätze*«. Was ist die logische Form von Normsätzen? Betrachten wir einige Beispiele.

(1) Anne muss jetzt ihr Zimmer aufräumen.
(2) Man soll Kindern in Not helfen.
(3) Ben hat die Pflicht, der alten Frau zu helfen.
(4) Kinder sollen ihre Eltern ehren.
(5) Lügen ist verboten.

Eine solche Aussage enthält mindestens drei Teile: (a) eine Handlung, (b) einen Adressaten und (c) ein »Sollen«. Die Handlung kann eine einzelne konkrete Handlung wie in (1) oder ein Typ von einer Handlung sein wie in (2). Der Adressat kann bestimmt sein wie in (3) oder mehr oder weniger unbestimmt wie in (4) und (5). Zu beachten ist, dass wir im Alltag zwischen »müssen« und »sollen« unterscheiden. Sagen wir, wie in (1), dass Anne das Zimmer aufräumen *müsse*, so meinen wir im Alltag, dass sie dazu verpflichtet ist, es zu tun. Sagen wir wie in (2), dass jemand Kindern in Not helfen *solle*, so meinen wir im Alltag damit, dass es gut ist, wenn man es tun würde, aber dass man letztendlich nicht verpflichtet ist, es zu tun. Diese Unterscheidung zwischen »müssen« und »sollen« wird in der Moralphilosophie nicht gezogen: Wenn man etwas tun soll, dann ist man dazu verpflichtet. Besteht keine Pflicht und die Handlung ist dennoch gut, so formuliert man dies genau auf diese Weise: Es besteht keine Pflicht, diese Handlung zu tun, aber es ist gut, sie zu tun.

Dass Anne ihr Zimmer aufräumen soll, kann ein moralisches Gebot sein. Es kann aber auch ganz einfach ein Gebot sein, das ihre Mutter oder ihr Vater aufgrund ihrer elterlichen Autorität aussprechen. Das muss also gar nichts mit Moral zu tun haben. Man muss immer darauf achten, durch welche *Instanz* das Gebot in Kraft ist. Die Instanz können die Eltern sein, es kann aber auch das Recht sein oder die Moral. Die logische Form eines Normsatzes lässt sich somit wie folgt darstellen.

Logische Form eines Normsatzes
Gemäß der Instanz z ist es für die Person(en) x geboten (verboten, erlaubt), die Handlung y zu tun.

Beachtet man die Norminstanz nicht, so kann es zu Äquivokationen kommen. Schauen wir uns das folgende Argument an: Anne darf im Spiel den Trick nicht einsetzen, um durch diesen Betrug das Spiel zu gewinnen, denn der Trick ist nicht erlaubt. In diesem Argument steckt ein Fehlschluss: Der Trick ist *gemäß den Spielregeln* nicht erlaubt; strittig ist aber, ob er *gemäß der Moral* erlaubt ist. In dem Argument wird so getan, als würde es beide Male dasselbe bedeuten. Das ist aber nicht so. Im einen Fall ist die Instanz der Norm die Spielregel, im anderen Fall aber die Moral. Der Fehlschluss basiert also auf einer Gleichsetzung von Aussagen, die Unterschiedliches bedeuten.

Es gibt Dinge, die man tun soll, und es gibt auch Dinge, die man nicht tun soll, die man nicht tun darf, die verboten sind. Schließlich gibt es aber auch Dinge, die nicht verboten sind. Was nicht verboten ist, ist erlaubt. Und es gibt Dinge, die weder verboten noch geboten sind; man kann sie »freigestellt« nennen. Wir können somit folgende vier Urteile unterscheiden.

Gebot
Es ist geboten, dass p, das heißt, es ist gesollt, dass p.

Verbot
Es ist verboten, dass p, das heißt, es ist geboten, dass nicht p.

Erlaubnis
Es ist erlaubt, dass p, das heißt, es ist nicht verboten, dass p.

Freistellung
Es ist freigestellt, dass p, das heißt, es ist nicht verboten, dass p, und nicht geboten, dass p.

Das Verhältnis dieser Urteile lässt sich graphisch wie folgt (oder als logisches Quadrat, s. S. 158) veranschaulichen:[53]

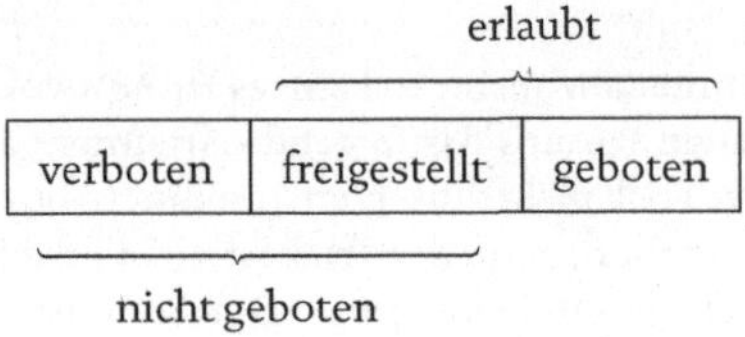

Was nicht verboten ist, ist erlaubt. Was nicht geboten ist, ist entweder freigestellt oder verboten. Jedes Gebot kann man auch als Verbot formulieren und umgekehrt: Wenn man x tun soll, dann ist es verboten, nicht x zu tun, und wenn es verboten ist, x zu tun, dann ist es geboten, nicht x zu tun.

4.3. Fehlschlüsse

Auch in ethischen Argumentationen können natürlich Fehlschlüsse jeglicher Art vorkommen. Einige der Fehlschlüsse sind für normative Argumente spezifisch.

Sein-Sollens-Fehlschluss
Betrachten wir folgendes Argument:

1. Homosexualität entspricht nicht der Natur des Menschen. (Denn die menschliche Fortpflanzung ist heterosexuell.)
2. Homosexualität ist nicht erlaubt.

Dies ist kein gültiger Schluss. Dies sieht man an folgendem Gegenbeispiel:

1. Friedlich zu sein, entspricht nicht der Natur des Menschen. (Denn der Mensch versucht unter allen Umständen zu überleben, notfalls auch mit Gewalt.)

---

2. Friedlich zu sein ist nicht erlaubt.

Aus einer deskriptiven Aussage kann man nicht ohne weiteres auf eine normative Aussage schließen. Diese Einsicht geht auf den schottischen Philosophen David Hume (1711–1776) zurück und wird deshalb auch »Humes Gesetz« genannt.[54]

Humes Gesetz
Aus einer deskriptiven Aussage kann man nicht ohne weiteres auf eine normative Aussage schließen.

Wer von einer deskriptiven Aussage ohne weiteres auf eine normative Aussage schließt, begeht einen sogenannten *Sein-Sollens-Fehlschluss.*

Ein Argument, das eine normative Aussage als Konklusion enthält, kann durchaus gültig sein, muss jedoch mindestens eine normative Aussage als Prämisse enthalten. Es ist oftmals schwierig zu beurteilen, ob eine Aussage rein deskriptiv oder nicht bereits normativ ist, weil wertende Ausdrücke in unserer Alltagssprache vielfach zugleich einen wichtigen beschreibenden Anteil haben. Darauf hat vor allem der britische Philosoph Bernard Williams (1929–2003) aufmerksam gemacht. Man betrachte zum Beispiel das folgende Argument.

1. Das Zusammensein mit anderen Menschen entspricht der Natur des Menschen. (Denn der Mensch ist ein soziales Lebewesen.)

---

2. In der Gesellschaft sollte das Zusammensein mit anderen Menschen ermöglicht und gefördert werden.

Das Argument scheint auf den ersten Blick gültig. Dies hängt aber damit zusammen, dass wir den Begriff der »Natur des Menschen« bereits wertend verstehen als etwas, was für den Menschen erstrebenswert ist. Somit lässt sich dann auch (mit weiteren Prämissen) auf die Konklusion schließen.

Tu-quoque-Argument

Das Tu-quoque-Argument (lat. für »du auch«) ist der Versuch, die These eines Gegners dadurch zu entkräften, dass man darauf verweist, dass dessen eigenes Verhalten der These nicht entspricht. Diesen Fehlschluss begeht zum Beispiel derjenige, der im Kartenspiel das eigene Falschspielen damit begründet, dass andere auch falsch gespielt hätten, oder derjenige, der dem ärztlichen Urteil, dass Rauchen der Gesundheit schade, mit dem Hinweis widerspricht, dass der Arzt selbst Raucher sei. Aus der Tatsache, dass das Verhalten von jemandem, der eine These vertritt, dieser These nicht entspricht, folgt nicht, dass die These falsch ist, und sie liefert in den meisten Fällen auch keinen guten Grund dafür. Das Tu-quoque-Argument kann also als eine Variante des *argumentum ad hominem* verstanden werden (s. S. 40).

Das Argument wird vielfach verwendet, um das eigene Verhalten zu rechtfertigen. Ein Beispiel: Ein Schüler kommt zu spät zur Schule, und als der Lehrer ihn darauf hinweist, verteidigt er sich damit, dass ein anderer Schüler (oder der Lehrer selbst) auch zu spät gekommen sei. Das rechtfertigt das Verhalten des Schülers freilich nicht, denn nur deshalb, weil andere es auch tun, wird die Tat nicht besser.

Andererseits kann sich hinter einer derartigen Rechtfertigung auch noch ein anderes Argument verbergen: Weshalb soll ich der Regel folgen, wenn man die Regel brechen kann, ohne dafür bestraft zu werden? Diese Frage kann man sich auch in dem Fall stellen, dass eine Regel nicht von einer Autorität vorgegeben wurde, sondern auf einer stillschweigenden oder expliziten Abmachung basiert. Ich folge der Regel, weil alle damit einverstanden sind, der Regel zu folgen. Bricht nun jemand sein Versprechen und folgt der Regel nicht: Welchen Grund habe ich dann noch, der Regel zu folgen? Der Grund, nach dem gefragt wird, ist einer der Rationalität im Sinne der Maximierung des Eigennutzens. Auch wenn die Handlung nicht im eigenen Interesse ist, kann es einen moralischen Grund dafür geben. Dann stellt sich allerdings auch die Frage der Motivation: Weshalb soll ich moralisch handeln? Zu beachten ist, dass es längerfristig im eigenen Nutzen sein kann, der Regel zu folgen, auch wenn andere die Regel einmal brechen.

Argument der goldenen Mitte

Mit dem Argument der goldenen Mitte (lat. *argumentum ad temperantiam*) wird für die eigene Position argumentiert, indem man behauptet, dass sie gemäßigt sei und nicht die Mängel der Extrempositionen aufweise. Derjenige würde diesen Fehlschluss begehen, der eine Diskriminierung von Ausländern damit rechtfertigte, dass seine Position nicht rassistisch sei. Man kann den Fehlschluss parodieren, zum Beispiel mit folgendem Argument: Die einen sagen, man solle ein Auto kaufen, die anderen, man solle keines kaufen, also soll man ein halbes Auto kaufen. Es kann in bestimmten Situationen richtig sein, die goldene Mitte zu wählen. In diesem Fall muss es jedoch unabhängige Gründe für diese Wahl geben.

Argument der schiefen Ebene

Folgt man einem Argument der schiefen Ebene (engl. *slippery slope argument*, auch »Dammbruchargument« genannt), so wird man dazu gebracht, weitere Schritte zwangsläufig zu akzeptieren, sobald man erst einmal den ersten Schritt gemacht hat. Man befindet sich also bildlich gesprochen auf einer schiefen Ebene, auf der man immer weiter hinunterrutscht. Man gelangt am Ende aber von einer These, die man akzeptiert, zu einer, die man nicht vertreten möchte:

1. Eine befruchtete Eizelle ist bereits eine Form von Leben.
2. Eine befruchtete Eizelle unterscheidet sich nicht wesentlich von einem Fötus.
3. Ein Fötus unterscheidet sich nicht wesentlich von einem Embryo.
4. Ein Embryo unterscheidet sich nicht wesentlich von einem Neugeborenen.

---

5. Es gibt keinen wesentlichen Unterschied zwischen einer befruchteten Eizelle und einem Neugeborenen.

Manchmal wird behauptet, um einem Argument der schiefen Ebene zu entgehen, dürfe man nicht einmal den ersten Schritt zugestehen. Das mag in einigen Fällen stimmen. Im Zusammenhang mit dem obigen Beispiel scheint dieser Vorschlag wenig überzeugend: Eine befruchtete Eizelle unterscheidet sich tatsächlich nur unwesentlich von einem Fötus in einem sehr frühen Stadium. (Wer nicht überzeugt ist: Man kann die Abstände weiter verkleinern.)

Der Fehler in dem Argument scheint an anderer Stelle zu liegen. Es setzt folgendes Prinzip voraus: »Wenn a nicht wesentlich verschieden von b ist und b nicht wesentlich verschieden von c, dann ist a auch nicht wesentlich verschieden von c.« Dieses Prinzip selbst ist jedoch falsch: Viele kleine Unterschiede können zu einem großen Unterschied führen.

Oft werden Argumente der schiefen Ebene in Diskussionen über moralische Fragen vorgebracht. Zum Beispiel könnte man das Argument wie folgt weiterführen:

5. Es gibt keinen wesentlichen Unterschied zwischen einer befruchteten Eizelle und einem Neugeborenen.
6. Zwei Wesen, die sich nicht wesentlich voneinander unterscheiden, sollten gleich behandelt werden.

---

7. Eine befruchtete Eizelle und ein Neugeborenes sollten gleich behandelt werden. (Zum Beispiel: Falls es verboten ist, ein Neugeborenes zu töten, so ist es auch verboten, eine befruchtete Eizelle zu töten.)

Hier kann man überlegen, ob nicht eine Äquivokation im Spiel ist. In Prämisse 5 ist mit »wesentlicher Unterschied« das gemeint, was man sinnlich wahrnehmen kann. In Prämisse 6 ist jedoch gemeint, dass sie sich in moralischer Hinsicht nicht unterscheiden. Zu beachten ist, dass das Argument der schiefen Ebene – wie das Beispiel auf S. 128 zeigt – keine normativen Aussagen als Prämissen enthalten muss.

4.4. Argumentationsmuster

Einige häufig auftretende Argumentationsmuster sind die Unterordnung unter eine Norm, der Analogieschluss und das Argumentieren mit guten und schlechten Folgen.

Unterordnung unter eine Norm
Will man dafür argumentieren, dass in einer bestimmten Situation ein bestimmtes Verhalten geboten, verboten oder erlaubt ist, so liegt es nahe, auf eine Norm zurückzugreifen, unter die das bestimmte Verhalten in der Situation fällt. Man könnte wie folgt argumentieren[55]:

1. Es ist moralisch verboten, ein unschuldiges menschliches Wesen zu töten.

2. Der menschliche Fötus ist ein unschuldiges menschliches Wesen.

---

3. Es ist moralisch verboten, einen menschlichen Fötus zu töten.

Auf diese Weise begeht man keinen Sein-Sollens-Fehlschluss, da man sich auf einen Satz stützt (die erste Prämisse), der bereits normativ ist. Allerdings kann es sein, dass man mit einem solchen Argument in einer Diskussion den Fehlschluss einer *Petitio* begeht (s. S. 41), weil man in der ersten Prämisse bereits das voraussetzt, was der Diskussionspartner gerade anzweifelt.

Analogieschluss

Eine wichtige Argumentform in der Ethik ist der Analogieschluss (s. S. 99). Betrachten wir das folgende Argument:

1. Wir sollen einem ertrinkenden Kind helfen.
2. In Bezug auf das ertrinkende Kind befinden wir uns in einer ähnlichen Situation wie in Bezug auf diesen Bettler hier.

---

3. Wir sollen diesem Bettler helfen.

Der erste Satz ist eine normative Aussage. Der zweite stellt zwischen der ersten Situation und einer zweiten Situation eine Analogie her. Daraus wird geschlossen, dass auch in dieser anderen Situation eine entsprechende normative Aussage gilt.

Nicht jede Analogie ist stark. In diesem Fall könnten wir sagen, dass wir uns zwar insofern in einer ähnlichen Situation befinden, als jemand Hilfe braucht, aber die Analogie gilt insofern nicht, als zwischen beiden Situationen auch ein moralisch relevanter Unterschied besteht: Das Kind kann vermutlich nichts dafür, dass es ertrinkt, der Bettler ist vermutlich zumindest zum Teil dafür verantwortlich, dass er in dieser Lage ist. Oder man könnte auch sagen, dass das Leben des Kindes, nicht aber das Leben des Bettlers unmittelbar bedroht ist. Also liefern die Prämissen keinen starken Grund für die Konklusion. Nun könnte man jedoch dagegen einwenden, dass diese Unterschiede moralisch gar nicht relevant sind, da das Gebot besteht, Menschen in Not zu helfen, unabhängig davon, wie sie in diese Not geraten sind und wie groß oder klein die Not ist. Allerdings ist es umstritten, ob ein solches Gebot überhaupt besteht.

Gute und schlechte Folgen

Die jeweiligen Folgen spielen eine wichtige Rolle in der Beurteilung von bestimmten Handlungen. Dies gilt unabhängig davon, ob man eine deontologische oder eine konsequentialistische Ethik vertritt. Denn auch ein Vertreter einer deontologischen Ethik wird von zwei Handlungen, die moralisch erlaubt sind, unter sonst gleichen Bedingungen diejenige vorziehen, welche die besseren Folgen hat. Schwieriger wird es, wenn man aus der Tatsache, dass etwas gute Folgen hat, darauf schließt, dass man dies tun darf oder tun soll. Betrachten wir folgendes Argument:

1. Das Spenden von Geld für arme Menschen führt dazu, dass es den armen Menschen besser geht.
2. Es ist gut, wenn es den armen Menschen besser geht.
3. Wir sollen Gutes herbeiführen.

---

4. Wir sollen Geld für arme Menschen spenden.

Die erste Prämisse ist eine deskriptive Aussage darüber, welche Folgen eine bestimmte Handlung hat. In der zweiten Prämisse wird das Werturteil ausgedrückt, dass diese Folgen gut sind. Die dritte Prämisse verbindet das Werturteil mit einem Gebot: Dasjenige, das gut ist, soll herbeigeführt werden. Wir können dies das »Gebot der guten Folgen« nennen. Und aus diesem wird geschlossen, dass diese Handlung ausgeführt werden soll. Die allgemeine Form des Arguments kann man etwa so darstellen.

1. Die Handlung H1 hat die Folgen F1.
2. Die Folgen F1 sind gut.
3. Wir sollen Gutes herbeiführen.
4. Wir sollen H1 tun.

Ein ähnliches Argument lässt sich mit einem Verbot der schlechten Folgen formulieren.

1. Die Handlung H2 hat die Folgen F2.
2. Die Folgen F2 sind schlecht.
3. Wir sollen Schlechtes verhindern.
4. Wir sollen H2 nicht tun.

Diese Argumente, so plausibel sie auf den ersten Blick zu sein scheinen, haben ihre Tücken. Betrachten wir zunächst die erste Prämisse. Sie besagt, dass eine Handlung bestimmte gute oder schlechte Folgen hat. Schon hier ergeben sich Probleme.

Eine Handlung hat meistens nicht nur gute oder nur schlechte Folgen. Eine gute Folge einer Geldspende ist, dass jemandem geholfen wird, eine schlechte Folge davon ist, dass der Spender weniger Geld hat. Somit kann es sein, dass die guten und schlechten Folgen einander aufheben. Positiv gewendet bedeutet dies, dass wir das tun sollen, was nach Abwägung aller Folgen besser ist. Zum Beispiel: Hat jemand nach der Befriedigung der Grundbedürfnisse Geld übrig, dann hat dieses Geld, so kann man sagen, mehr gute Folgen, wenn die Person es den ärmsten Menschen zur Befriedigung ihrer Grundbedürfnisse spendet, statt es für Luxusgüter auszugeben.

Wir können diesen Punkt als grundsätzlich handlungsleitendes Prinzip in die Argumente aufnehmen.

Gebot der guten Folgen
Man soll das tun, was moralisch gute Folgen hat, sofern man dadurch nichts von vergleichbarem moralischen Wert aufgeben muss.

Verbot der schlechten Folgen
Man soll das nicht tun, was moralisch schlechte Folgen hat, sofern man dadurch nichts von vergleichbarem moralischen Wert aufgeben muss.

Außerdem droht das Problem der moralischen Überforderung. Es ist immer möglich, noch mehr Gutes für andere zu tun. Wo bleibt aber das eigene Interesse? Und haben wir nicht auch ein moralisches Recht darauf, mit unserer Arbeit Wohlstand zu erlangen, der es uns ermöglicht, Dinge zu tun, die über unsere Grundbedürfnisse hinausgehen, etwa Musik zu machen, zu malen, zu lesen, zu schreiben oder zu diskutieren? Sicherlich kann es moralisch nicht falsch sein, das zu tun. Schließlich können verschiedene Handlungen, die alle jeweils möglich sind, ähnliche Folgen haben. Man kann armen Menschen zum Beispiel auch dadurch helfen, dass man ihnen eine Möglichkeit gibt, zu arbeiten und Geld zu verdienen. Oder indem man seine eigene Zeit und Energie direkt in ihren Dienst stellt. Oder indem man sie bildet und ihnen zum Beispiel Möglichkeiten aufzeigt, wie sie bisher ungenutzte Ressourcen nutzen können. Gesetzt den Fall, dass es diese Optionen tatsächlich gibt und jede davon gut ist, sollten wir alle zugleich umzusetzen versuchen. Das aber scheint nicht möglich zu sein. Man kann nicht zugleich in einem System arbeiten, um Geld für Spenden zu verdienen, und seine gesamte Zeit und Energie direkt in den Dienst armer Menschen stellen.

4.5. Verallgemeinerbarkeit

Betrachten wir folgenden Fall: Ben behauptet, Anne dürfe ihn nicht belügen, er dürfe sie jedoch durchaus belügen. Wir würden Ben wohl zu Recht mit Unverständnis begegnen. Wie kann er sein Verhalten an anderen Maßstäben messen als das Verhalten anderer? Umgangssprachlich nennt man dies eine »Doppelmoral«. Ein moralisches Urteil muss verallgemeinerbar sein in dem Sinne, dass es in allen in moralischer Hinsicht ähnlichen Situationen das gleiche Urteil ist. Zwischen Ben und Anne besteht kein moralisch relevanter Unterschied, also muss auch für beide dasselbe gelten. Wir können dieses Prinzip der Verallgemeinerbarkeit wie folgt formulieren[56]:

> **Prinzip der Verallgemeinerbarkeit**
> Wenn ein moralisches Urteil in einer bestimmten Situation wahr ist, dann ist das Urteil auch in jeder Situation wahr, die in moralisch relevanter Hinsicht gleich ist.

Wer dieses Prinzip nicht beachtet, der ist in seinen Urteilen *inkonsistent*. Man würde dann nämlich zugleich behaupten, dass ein bestimmtes Urteil wahr ist und dass es nicht wahr ist. Dieses Prinzip der Verallgemeinerbarkeit ist also ein Prinzip der Konsistenz.

Einige Philosophen sind der Auffassung, dass sich aus diesem Prinzip der Verallgemeinerbarkeit bestimmte ethische Prinzipien ableiten lassen. Bin ich der Auffassung, dass andere mir helfen sollen, wenn ich in Not bin, dann muss ich auch der

Auffassung sein, dass ich ihnen helfen soll, wenn sie in Not sind. Daraus wird weiter geschlossen, dass nur solche moralischen Urteile akzeptabel sind, die den Interessen anderer gleiches Gewicht beimessen wie den eigenen.

Der Egoist könnte jedoch sagen: »Ich soll nur meine eigenen Interessen verfolgen.« Und er könnte weiter argumentieren: Das Prinzip der Verallgemeinerbarkeit verlangt ja auch lediglich, dass jeder seine eigenen Interessen verfolgen soll. Somit scheint aus dem Prinzip der Verallgemeinerbarkeit nicht zu folgen, dass meine Interessen gleiches moralisches Gewicht wie die Interessen anderer haben. Mithin scheint das zuvor genannte Argument nicht gültig zu sein.

Das bedeutet jedoch nicht, dass das Prinzip falsch ist. Eine Formulierung dieses Prinzips geht auf den deutschen Philosophen Leonard Nelson (1882–1927) zurück. Er nennt es *Abwägungsgesetz*.

Abwägungsgesetz
Handle nie so, dass du nicht auch in deine Handlungsweise einwilligen könntest, wenn die Interessen der von ihr Betroffenen deine eigenen wären.

Doch zurück zum Prinzip der Verallgemeinerbarkeit: Die Vorgehensweise zur Befolgung des Prinzips kann man mit dem von John Rawls (1921–2002) entwickelten Konzept des »Überlegungsgleichgewichts« (engl. *reflective equilibrium*) beschreiben.[57] Das Überlegungsgleichgewicht zielt darauf ab, dass wir unsere moralischen Einzelurteile in ein Gleichgewicht mit unseren moralischen Prinzipien bringen, das heißt, dass diese ein konsistentes System von normativen Sätzen bilden.

Moralisches Überlegungsgleichgewicht
Unsere moralischen Urteile stehen mit unseren moralischen Prinzipien dann in einem Gleichgewicht, wenn sie zusammen ein konsistentes System von normativen Sätzen bilden.

Wir gehen zunächst von bestimmten Einzelurteilen aus, etwa: Wir sollen das ertrinkende Mädchen retten. Oder: Anne soll beim Kartenspiel fair spielen. Dann versuchen wir, unsere Urteile zu verallgemeinern, um zu Prinzipien zu gelangen. Etwa: Man soll Menschen in Not helfen. Oder: Jeder soll fair spielen. Entspricht ein Urteil einem Prinzip nicht, so können wir auf zweierlei Art reagieren. Wir können entweder das Prinzip ändern, oder wir können unser Urteil revidieren. Es ist in jedem einzelnen Fall neu zu beurteilen, was wir tun sollen. Das Ziel ist jeweils, dass unsere moralischen Urteile mit unseren moralischen Prinzipien in Einklang stehen. Dabei können wir mit unserer Einschätzung falsch liegen. Das ist grundsätzlich nicht auszuschließen. Die Methode ermöglicht es jedoch, dass wir von unseren moralischen Intuitionen ausgehen und somit nicht bei einer Ethik enden, die nichts mit uns zu tun hat.

4.6. Mittel und Zweck

In einer Entscheidungssituation überlegen wir, welchen Zweck wir erreichen wollen und mit welchen Mitteln wir diesen Zweck erreichen können. Dieses *Zweck-Mittel-Denken* (*instrumentelles Denken*) ist ein wichtiger Aspekt unserer praktischen Rationalität, das heißt jenes Denkens, das auf Entscheidungen und Handlungen ausgerichtet ist. Wir können dieses Denken als logischen Schluss darstellen. Diese Idee hat als erster Aristoteles ausgearbeitet. Er nannte das Argument, dessen Konklusion eine Handlung oder die Entscheidung zu einer Handlung ist, einen *praktischen Syllogismus*. Aristoteles gibt unter anderem folgendes Beispiel: Wenn man alles Süße kosten soll und dieses hier süß ist, dann wird man dieses hier kosten. Dabei wird jedoch nicht klar, wie die allgemeine Prämisse zu verstehen ist, damit sie nicht trivial falsch ist. Des weiteren ist nicht klar, weshalb die Konklusion aus den Prämissen folgen sollte. Eine andere Möglichkeit eines praktischen Schlusses besteht darin, von einem Wunsch und einem notwendigen Mittel zur Erfüllung dieses Wunsches auszugehen.

Praktischer Syllogismus
1. Ich möchte y herbeiführen.
2. x ist ein notwendiges Mittel zum Erreichen von y.
3. Ich möchte x tun.

Die Konklusion folgt nicht logisch aus den Prämissen, ist jedoch aufgrund der Prämissen *vernünftig*. Immanuel Kant formuliert den Zusammenhang zwischen Mittel und Zweck in der *Grundlegung zur Metaphysik der Sitten* wie folgt:

> Wer den Zweck will, will (sofern die Vernunft auf seine Handlungen entscheidenden Einfluß hat) auch das dazu unentbehrlich notwendige Mittel, das in seiner Gewalt ist.[58]

Kant erachtet diese Aussage aufgrund der Bedeutung des Begriffs »Wollen« als notwendigerweise wahr. Wir können dies aber auch einfach als ein Prinzip der instrumentellen Rationalität formulieren.

Prinzip der instrumentellen Rationalität
Wer den Zweck will, der will auch das dafür notwendige Mittel.

Es kann der Fall sein, dass jemand den Zweck will, aber nicht die dafür notwendigen Mittel. Dies ist möglich, es ist jedoch nicht vernünftig, nicht rational. Wir könnten nun den praktischen Syllogismus um das Prinzip der instrumentellen Rationalität und die Prämisse erweitern, dass die Person rational ist. Damit können wir ein deduktives Argument bilden. Es stellt sich aber die Frage, wie wir überprüfen können, ob die Person auch tatsächlich rational ist. Darauf könnte man erwidern, dass man dies gar nicht können muss, da wir bis auf weiteres *unterstellen*, dass die Person rational ist. Hier treffen wir auf grundsätzliche Probleme, auf die in diesem Buch nicht näher eingegangen werden kann.

Ersetzt man den Begriff des Willens durch den des Sollens, so gelangt man zu einem Prinzip, das umstritten ist: »Wenn es geboten ist, x zu tun, und y ist ein notwendiges Mittel für x, dann ist es auch geboten, y zu tun.« Das Prinzip ist unter anderem deshalb umstritten, weil es zu implizieren scheint, dass der *Zweck die Mittel heiligen* könne, das heißt, dass ein bestimmter Zweck ein Mittel rechtfertigen kann, das eigentlich verboten ist. Unter der Voraussetzung, dass es verboten ist, y zu tun, und y ein notwendiges Mittel für x ist, kann es nicht geboten sein, x zu tun. Zumindest ist dies die Auffassung derjenigen, die behaupten, dass der Zweck nicht die Mittel heiligen kann. Entsprechend müsste das oben genannte Prinzip eingeschränkt werden.

Der Zweck heiligt nicht die Mittel
Wenn es verboten ist, y zu tun, und y ein notwendiges Mittel für x ist, dann kann es nicht geboten sein, x zu tun.

Ein weiteres umstrittenes Prinzip ist unter dem Namen »*Sollen impliziert Können*« bekannt:

Sollen impliziert Können
Wenn es für A geboten ist, x zu tun, dann kann A x tun.

Da die Aussage »Wenn p, dann q« gleichbedeutend mit der Aussage ist »Wenn nicht q, dann nicht p«, lässt sich das Prinzip auch so formulieren: Wenn jemand eine Handlung nicht ausführen kann, dann ist es nicht geboten, dass er die Handlung ausführt. Zum Beispiel: Falls jemand nicht schwimmen kann, kann man von ihm nicht verlangen, dass er ein Kind rettet, das in einem tiefen Gewässer zu ertrinken droht.

Mit dem Prinzip *Sollen impliziert Können* lässt sich nun folgendes Argument aufstellen:

1. A kann x nicht tun.
2. Wenn es für A geboten ist, x zu tun, dann kann A x tun.
3. Es ist nicht so, dass A x tun soll.

Nun könnte man ein solches Argument als Ausrede verwenden: Ich kann aus diesen und jenen Gründen x nicht tun, also ist es auch nicht geboten, dass ich x tue. Nur ist mit »können« hier nicht gemeint, dass man Gründe hat, die Handlung nicht auszuführen, sondern dass man nicht in der Lage ist, sie auszuführen. Unser Handlungsspielraum ist nämlich oftmals deutlich größer, als wir uns eingestehen wollen. Der französische Philosoph Jean-Paul Sartre (1905–1980) hat dafür den Ausdruck der Unaufrichtigkeit (franz. *mauvaise foi*) geprägt: Wer sich nicht eingesteht, dass er tatsächlich die Wahlmöglichkeit hat, dieses oder jenes zu tun, der ist sich selbst gegenüber unaufrichtig. Nur dann, wenn die betreffende Person nicht in der Lage ist, die Handlung auszuführen, lässt sich das genannte Argument anwenden.

4.7. Moralisches Dilemma

Falls wir das Prinzip anerkennen, dass Sollen Können impliziert, ergibt sich damit ein Problem. Es ist möglich, dass zwei unterschiedliche Handlungen geboten sind, die jedoch einander ausschließen. Wir sollen x tun und wir sollen y tun, wir können aber nicht beides tun. Damit stehen wir vor einem *moralischen Dilemma*: Wenn wir x tun, dann tun wir nicht, was wir tun sollen, nämlich y; wenn wir y tun, dann tun wir auch nicht, was wir tun sollen, nämlich x.

Moralisches Dilemma
Wir sollen x tun, und wir sollen y tun, aber wir können nicht sowohl x tun als auch y tun.

Da Sollen Können impliziert, lässt sich aus dem moralischen Dilemma schließen, dass wir x und y gar nicht tun sollen. Damit ergibt sich ein Widerspruch: Wir sollen x und y tun, und zugleich sollen wir x und y nicht tun. Das Argument lautet wie folgt:

1. Wir sollen x tun.
2. Wir sollen y tun.
---
3. Wir sollen x und y tun.
4. Wir können nicht sowohl x als auch y tun.
5. Wenn es für A geboten ist, x zu tun, dann kann A x tun.
---
6. Es ist nicht so, dass wir sowohl x als auch y tun sollen.

Die Aussagen 3 und 6 stehen im Widerspruch zueinander. Aussage 3 besagt, dass wir sowohl x als auch y tun sollen, Aussage 5 besagt, dass dies gerade nicht so ist.

Nun könnte man argumentieren, dass es nicht erlaubt ist, von 1 und 2 auf 3 zu schließen, dass also die in der klassischen

Aussagenlogik gültige Schlussregel der Konjunktionseinführung (s. S. 152) für normative Aussagen nicht gilt. Das Prinzip, das hinter der Tatsache steht, dass wir aus 1 und 2 auf 3 schließen dürfen, nennt Bernard Williams das *Agglomerationsprinzip*. Williams ist der Ansicht, dass das Agglomerationsprinzip nicht gilt, dass also zwei einander widersprechende Gebote bestehen bleiben, auch wenn es nicht möglich ist, beiden Folge zu leisten. Ob Williams hier recht hat, ist umstritten.[59]

4.8. Rechte

Viele der Pflichten, die wir haben, sind solche, die wir *gegenüber anderen* haben.

Pflicht gegenüber anderen
A hat gegenüber B die Pflicht, x zu tun.

Solchen Pflichten auf der einen Seite entsprechen *Rechte* auf der anderen Seite: B hat gegenüber A das Recht, dass A x tut. Man nennt dies ein *Anspruchsrecht* oder kurz *Anspruch* (engl. *claim rights*, *claims*). Mit Hilfe des Begriffs der Pflicht lässt sich angeben, was ein Anspruch ist.

Anspruch gegenüber anderen
B hat gegenüber A den Anspruch darauf, dass A x tut, genau dann, wenn A gegenüber B die Pflicht hat, x zu tun.

Ein Schüler hat beispielsweise gegenüber dem Lehrer (in unserem Schulsystem) den Anspruch darauf, dass er für seine Leistung eine Note erhält, was gleichbedeutend damit ist, dass der Lehrer die Pflicht gegenüber dem Schüler hat, seine Leistung zu benoten.

Oft wird nicht gesagt, gegenüber wem jemand ein Recht hat.

So sagt man zum Beispiel, jemand habe »ein Recht auf Leben«. Damit ist gemeint, dass diese Person den Anspruch gegenüber allen hat, dass niemand ihr das Leben nimmt. Und das bedeutet: Alle haben die Pflicht, dieser Person das Leben nicht zu nehmen. Oder anders gesagt: Niemand darf dieser Person das Leben nehmen.

Nicht alle Rechte sind Ansprüche. So sagen wir zum Beispiel, jemand habe ein »Recht auf Notwehr«, das heißt das Recht darauf, sich wenn nötig mit Gewalt gegen einen Angriff zu verteidigen. Damit ist aber nicht gemeint, dass andere Pflichten gegenüber dieser Person haben. Insbesondere ist damit nicht gemeint, dass andere die Pflicht hätten, die Person nicht anzugreifen. Es kann sein, dass sie eine Pflicht dazu haben, und das Opfer ein Recht darauf, sich zu verteidigen. Man nennt diese Art von Rechten *Freiheitsrechte* oder kurz *Freiheiten* (engl. *liberty rights*, *liberties*, *privileges*).

Freiheitsrecht gegenüber anderen
A hat gegenüber B das Freiheitsrecht, x zu tun, genau dann, wenn A gegenüber B nicht die Pflicht hat, nicht x zu tun.

Notwehr ist ein gutes Beispiel, oder das Recht von Schülern, sich mündlich am Unterricht zu beteiligen. Sie haben die Freiheit dazu, das heißt, sie haben nicht die Pflicht, sich nicht zu beteiligen.

Die Unterscheidung zwischen Anspruchsrechten und Freiheitsrechten wurde vom amerikanischen Juristen Wesley Newcomb Hohfeld (1879–1918) eingeführt.[60] Hohfeld spricht weiter von Rechten, die wiederum Rechte betreffen, also auf einer höheren Ebene liegen. Die eine Gruppe von Rechten dieser Art nennt Hohfeld *Befugnisse* (engl. *powers*), die anderen *Immunitäten* (engl. *immunities*). Er definiert sie wie folgt:

Befugnis
A hat in Bezug auf die Rechte R die Befugnis gegenüber B genau dann, wenn A etwas tun kann, was die Rechte R von B verändert.

Ein Lehrer etwa hat die Befugnis, einen Schüler aus dem Klassenraum zu weisen, das heißt, der Lehrer kann den Anspruch des Schülers aufheben, im Klassenraum sein zu dürfen.

Immunität
A hat in Bezug auf die Rechte R Immunität gegenüber B genau dann, wenn B nichts tun kann, was die Rechte R von A verändert.

Der Lehrer genießt gegenüber den Schülern Immunität, denn diese haben ihm gegenüber allein aufgrund der schulischen Situation keine Befugnisse. Sie können die Rechte des Lehrers nicht verändern. Sie haben jedoch das Recht, indirekt die Rechte des Lehrers zu verändern, nämlich indem sie sich an die Schulleitung wenden; diese hat gegenüber der Lehrperson gewisse Befugnisse, etwa Weisungsrecht.

Übungsaufgaben

1. Welche der folgenden Aussagen sind normative Aussagen?
   a) Es regnet in Berlin.
   b) Fleisch zu essen ist moralisch erlaubt.
   c) Alle haben pünktlich zu erscheinen.
   d) Menschen in Not soll man helfen.
   e) Der Mensch ist ein Lebewesen.
   f) Wer schwarzfährt, muss eine Buße bezahlen.

2. Welche der folgenden Aussagen sind wahr?
   a) Wenn es verboten ist, zu essen, dann ist es geboten, nicht zu essen.
   b) Wenn es nicht geboten ist, zu essen, dann ist es freigestellt, zu essen.
   c) Wenn es nicht verboten ist, zu essen, dann ist es erlaubt, zu essen.

3. Sind die folgenden Aussagen wahr?
   a) Alles moralisch Gute ist moralisch geboten.
   b) Alles moralisch Gebotene ist moralisch gut.

4. Sind die folgenden Argumente gut?
   a) Es ist gut, Fleisch zu essen, denn das haben wir schon immer so gemacht.
   b) Krieg ist ein Teil des Lebens. Also darf man Krieg führen.

5. Welchen Fehlschluss begeht derjenige, der wie folgt argumentiert? (Sein-Sollens-Fehlschluss, Tu-quoque-Argument, Argument der goldenen Mitte, Argument der schiefen Ebene)

a) Wenn ich jetzt für dich eine Ausnahme mache, dann muss ich für alle eine Ausnahme machen.
b) Seit es Menschen gibt, haben Menschen Fleisch gegessen, also ist es moralisch erlaubt, Fleisch zu essen.
c) Es gibt Leute, die sagen, man sollte täglich ein Aspirin nehmen, aber das ist zu extrem, also ist es wohl nicht schlecht, wenn man eines nimmt, wenn man leichte Kopfschmerzen hat.
d) Ich bin nicht schuldig, denn er hat auch mitgemacht.
e) Das ist nicht erlaubt, denn das haben wir noch nie so gemacht.

6. Kann man die folgenden Aussagen behaupten?
a) In der Situation A darf man lügen, und in der Situation B, die in moralisch relevanter Hinsicht der Situation A gleich ist, darf man nicht lügen.
b) Anne darf in einem bestimmten Spiel falschspielen, aber Ben darf im Spiel nicht falschspielen.
c) Ich darf im Spiel falschspielen, aber alle anderen dürfen dies nicht.

7. Wenn ich die Prüfung bestehen will und es ein notwendiges Mittel dafür ist, dass ich für die Prüfung lerne, muss ich dann auch für die Prüfung lernen wollen?

8. Ist in den folgenden Aussagen mit »Recht« ein Anspruch oder ein Freiheitsrecht gemeint?
a) Ich habe das Recht darauf, so zu schreiben, wie ich will.
b) Der Lehrer hat ein Recht darauf, dass die Schüler die Aufgaben abgeben.
c) Anne hat ein Recht darauf, am Nachmittag zu spielen.
d) Der Schüler hat ein Recht darauf, dass der Lehrer ihn unterrichtet.

9. Anne hat gegenüber Ben die Pflicht, pünktlich bei Ben zu erscheinen. Welches Recht folgt daraus?

10. Ben und Anne haben eine Liebesbeziehung. Ben sagt Anne, dass er das Recht habe, mit anderen Frauen Beziehungen einzugehen, und sie deshalb nicht das Recht habe, ihn zu bitten, es nicht zu tun. Ist diese Schlussfolgerung korrekt?

Diskussionsfragen

1. *Fleisch essen.* Das Essen von Fleisch setzt voraus, dass Tiere getötet werden. Das Töten von Tieren zu Nahrungszwecken verursacht unnötiges Leid. Unnötiges Leid zu verursachen, ist moralisch falsch. Also ist es moralisch falsch, Fleisch zu essen.

2. *Tierrechte.* Viele Tiere (zumindest die Tiere, die wir gewöhnlich zu Nahrungszwecken schlachten) sind Subjekte ihres Lebens. Wer Subjekt seines Lebens ist, hat ein Recht auf Leben. Also haben auch Tiere ein Recht auf Leben.

3. *Lügen.* Darf man jemanden belügen, um ihn vor seelischem Leid zu bewahren?

4. *Spenden.* Haben wir reichen Menschen in industrialisierten Ländern, die mehr Geld zur Verfügung haben, als zur Befriedigung unserer Grundbedürfnisse nötig ist, die Pflicht, den ärmsten Menschen dieser Welt, die am Verhungern sind, zu helfen, indem wir einen Teil unseres Geldes nicht für uns ausgeben, sondern an Organisationen spenden, die diesen Menschen helfen?

5. *Der angeschlossene Geiger.* In der ethischen Debatte zur Abtreibung argumentiert Judith Jarvis Thomson wie folgt: Stellen wir uns vor, wir wären in einem Krankenhaus irrtümlicherweise an einen berühmten Geiger angeschlossen worden. Nun müssen wir entweder neun Monate an den Geiger ange-

schlossen bleiben, oder der Geiger stirbt. In dieser Situation wäre es vielleicht lobenswert von uns, an den Geiger angeschlossen zu bleiben, aber wir sind dazu moralisch nicht verpflichtet. Die Situation ist mit der einer ungewollt schwangeren Frau vergleichbar (jedoch nicht unbedingt vergleichbar mit einer Frau, die aufgrund einer Vergewaltigung schwanger wurde, die genauen Ursachen der Schwangerschaft sind hier jedoch nicht relevant, sondern nur, dass diese nicht dem Willen der Frau entspricht). Die ungewollt schwangere Frau ist nicht dazu verpflichtet, den Fötus auszutragen.

6. Abgeändertes Trolley-Problem. Eine Straßenbahn ist außer Kontrolle geraten und droht fünf Personen zu überrollen. Durch Herabstoßen eines unbeteiligten fetten Mannes von einer Brücke vor die Straßenbahn kann diese zum Stehen gebracht werden. Darf (durch Stoßen des Mannes) eine Person getötet werden, um das Leben von fünf Personen zu retten?[61]

7. Medizinischer Fall I. Sechs schwerverletzte Personen sind im Krankenhaus. Fünf von diesen könnte man zeitgleich behandeln, die sechste würde die ganze Aufmerksamkeit erfordern. Behandelt man die fünf Personen, so stirbt die eine Person. Behandelt man die eine Person, so sterben die fünf anderen Personen. Was soll man tun?

8. Medizinischer Fall II. Fünf Person benötigen je ein Organ, um zu überleben. Der erste ein Herz, zwei weitere eine Niere, der vierte eine Leber und der fünfte eine Bauchspeicheldrüse. In dem Krankenhaus, in dem sich alle fünf Personen befinden, ist zufällig auch ein gesunder Besucher, dessen Organe genau den erforderlichen Organen entsprechen. Darf man diese eine Person töten, um mit den entnommenen Organen das Leben von fünf Personen zu retten?

5. Logik

In diesem Kapitel werden einige grundlegende logische Begriffe und Schlussregeln übersichtlich zusammengefasst, formalisiert oder neu vorgestellt.

5.1. Aussagenlogische Operatoren

Aussagen sind entweder wahr oder falsch. Es gibt genau zwei Wahrheitswerte, wahr und falsch. Bei zwei Aussagen ergeben sich vier mögliche Kombinationen: p wahr, q wahr; p wahr, q falsch; p falsch, q wahr; p falsch, q falsch. Wir können dies im Anschluss an Ludwig Wittgenstein in einer sogenannten Wahrheitswerttabelle darstellen. »w« steht für »wahr«, »f« für »falsch«.

p	q
w	w
w	f
f	w
f	f

Einfache Aussagen können durch *logische Operatoren* erweitert werden. Zum Beispiel kann man zwei Aussagen mit »und« verknüpfen: »p und q«. Zu den wichtigsten aussagenlogischen Operatoren zählen die Negation (»nicht«), die Konjunktion (»und«), die Disjunktion (»oder«), das Konditional (»wenn …, dann …«) und das Bikonditional (»genau dann, wenn«). Mit Ausnahme der Negation dienen die Operatoren der Verknüpfung von Aussagen. Diese werden deshalb auch *aussagenlogische Junktoren* (oder *wahrheitsfunktionale Verknüpfungen*) genannt. Die erwähnten Operatoren können mit Wahrheitswerttabellen dargestellt werden.

Negation

Die Negation (¬) ist das, was wir in der Umgangssprache mit »nicht« ausdrücken. Wenn ein Satz wahr ist, dann ist seine Negation falsch, und umgekehrt.

p	¬p
w	f
f	w

Konjunktion

Die Konjunktion (∧) ist das, was wir in der Umgangssprache mit »und« ausdrücken. Man nennt auch die Verbindung von zwei Aussagen mit diesem Zeichen eine Konjunktion. Eine Konjunktion ist genau dann wahr, wenn beide Aussagen wahr sind. In allen anderen Fällen ist sie falsch.

p	q	p ∧ q
w	w	w
w	f	f
f	w	f
f	f	f

Disjunktion

Die Disjunktion (∨) ist das, was wir in der Umgangssprache manchmal mit »oder« ausdrücken. Zu beachten ist, dass man das »oder« *ausschließend* verwenden kann (zum Beispiel »Ich gehe entweder ins Kino, oder ich bleibe zu Hause«) und auch *nicht ausschließend* (zum Beispiel »Ich trinke Wasser oder Wein [oder beides]«). In der Logik ist mit der Disjunktion die nicht ausschließende Verwendung gemeint. Die Disjunktion ist also genau dann falsch, wenn beide Aussagen falsch sind. In allen anderen Fällen ist die Aussage wahr.

p	q	p ∨ q
w	w	w
w	f	w
f	w	w
f	f	f

Konditional / materiale Implikation

Das Konditional (→), auch »materiale Implikation« oder »Subjunktion« genannt, wird in der Umgangssprache manchmal mit »Wenn …, dann …« ausgedrückt. Die umgangssprachliche Wendung »Wenn …, dann …« entspricht jedoch nicht genau dem Konditional in der Logik. In der Alltagssprache würden wir den Satz »Wenn der Eiffelturm in Bern steht, dann liegt Sankt Petersburg in Kroatien« nicht als wahr ansehen, denn Vordersatz und Nachsatz sind beide falsch und der Vordersatz hat mit dem Nachsatz nichts zu tun. Interpretiert man die Wendung »Wenn …, dann …« aber als Konditional im logischen Sinn, so ist der Satz wahr. Denn immer dann, wenn der Vordersatz falsch ist, dann ist die Aussage wahr. Das Konditional ist nur dann falsch, wenn der Vordersatz wahr und der Nachsatz falsch sind. In allen anderen Fällen ist das Konditional wahr. Wie man die Bedeutung der Wendung »Wenn …, dann …« der Alltagssprache genau erfassen soll, ist Gegenstand anhaltender philosophischer Diskussionen.

p	q	p → q
w	w	w
w	f	f
f	w	w
f	f	w

Bikonditional/Äquivalenz

Das Bikonditional (↔) ist genau dann wahr, wenn beide Teilaussagen wahr sind oder wenn beide Teilaussagen falsch sind. Man nennt das Bikonditional auch »(materiale) Äquivalenz«. Man kann statt »p ist genau dann wahr, wenn q« auch sagen: »p und q sind äquivalent«.

p	q	p ↔ q
w	w	w
w	f	f
f	w	f
f	f	w

5.2. Aussagenlogische Schlussregeln

Nun werden einige Formen von gültigen Argumenten vorgestellt, das heißt Argumentformen, in denen die Konklusion logisch aus den Prämissen folgt. Man kann diese Formen auch als *aussagenlogische Schlussregeln* verstehen. (Einige der Formen werden dem Leser der früheren Kapitel bekannt vorkommen; diesmal werden sie mit den logischen Zeichen der Satzoperatoren notiert.)

Modus ponens 1. $p \rightarrow q$ 2. p 3. q	**Modus tollens** 1. $p \rightarrow q$ 2. $\neg q$ 3. $\neg p$
Disjunktiver Syllogismus 1. $p \vee q$ 2. $\neg q$ 3. p	**Hypothetischer Syllogismus** 1. $p \rightarrow q$ 2. $q \rightarrow r$ 3. $p \rightarrow r$
Konjunktionsbeseitigung 1. $p \wedge q$ 2. p	**Disjunktionseinführung** 1. p 2. $p \vee q$
Konjunktionseinführung 1. p 2. q 3. $p \wedge q$	**Dilemma** 1. $p \vee q$ 2. $p \rightarrow r$ 3. $q \rightarrow r$ 4. r

5.3. Widerspruch und Tautologie

Widerspruch

Betrachten wir das Aussagenschema: »p und nicht p«. Zum Beispiel: Aristoteles ist ein Philosoph, und Aristoteles ist kein Philosoph. Man sagt dann zugleich, dass etwas so ist und dass es nicht so ist. Man erhält eine Aussage, die ohne Ausnahme falsch ist, was auch immer man für »p« einsetzt. Dies ist eine *Kontradiktion*, ein *kontradiktorischer Widerspruch* oder auch kurz ein *Widerspruch*.

p	¬ p	p ∧ ¬ p
w	f	f
f	w	f

Eine Kontradiktion verstößt gegen den *Satz des ausgeschlossenen Widerspruchs*. Dieser Satz besagt, dass eine Aussage und deren Negation nicht zugleich wahr sein können. Man kann ihn wie folgt formulieren:

Satz des ausgeschlossenen Widerspruchs
Nicht (p und nicht p)
¬ (p ∧ ¬ p)

Der Satz des ausgeschlossenen Widerspruchs gehört zu den Grundlagen der klassischen Logik. Er ist eng verwandt mit dem *Prinzip der Zweiwertigkeit* (oder *Prinzip der Bivalenz*). Dieses besagt, dass eine Aussage genau einen von zwei Werten hat, nämlich wahr oder falsch. (Darauf ist übrigens auch der Computer aufgebaut: Es gibt genau zwei Zustände, »Strom ein« und »Strom aus«.) Man kann das Bivalenzprinzip auch als *Satz des ausgeschlossenen Dritten* (lat. *tertium non datur*) formulieren:

Satz des ausgeschlossenen Dritten / Bivalenzprinzip
p oder nicht p
$p \vee \neg p$

Der Satz des ausgeschlossenen Widerspruchs und der Satz des ausgeschlossenen Dritten sind eng verwandt, aber nicht gleichbedeutend. Es gibt nämlich zum Beispiel Logiken, die mehr als zwei Werte zulassen, sogenannte mehrwertige Logiken, die also den Satz des ausgeschlossenen Dritten nicht akzeptieren. Das bedeutet aber nicht, dass eine Aussage zugleich wahr und falsch sein kann.

Tautologie
Betrachten wir nun das Aussagenschema: »p oder nicht p«. Zum Beispiel: Aristoteles ist ein Philosoph, oder er ist kein Philosoph. Diese Aussage ist immer wahr; egal, was man für »p« einsetzt. Sie ist eine *Tautologie*.

p	¬p	p ∨ ¬p
w	f	w
f	w	w

Eine Tautologie sagt nichts über die Welt aus. (Man kann dennoch damit etwas meinen, s. S. 193.) Tautologien können eine wichtige Rolle in Argumenten spielen (s. S. 91).

5.4. Gültigkeit

Was bedeutet es, dass ein Argument gültig ist? Ein Argument ist genau dann gültig, wenn die Konklusion logisch aus den Prämissen folgt, das heißt: Wenn die Prämissen wahr sind, dann ist auch die Konklusion wahr. Es ist also ausgeschlossen, dass die Prämissen alle wahr sind, die Konklusion jedoch falsch ist.

Wir können dies informell prüfen, indem wir die Wahrheitswerttabelle heranziehen: Ist in allen möglichen Fällen, in denen die Prämissen wahr sind, auch die Konklusion wahr, so ist das Argument gültig. Betrachten wir das Beispiel des *Modus ponens*:

1. $p \rightarrow q$
2. p
3. q

Betrachten wir die Wahrheitswerttabelle dieser Aussagen. Die Tabelle zeigt, dass es genau einen Fall gibt, in dem die Prämissen wahr sind, und in diesem Fall ist auch die Konklusion wahr. Es gibt also keinen Fall, in dem alle Prämissen wahr sind und die Konklusion falsch ist. Also ist das Argument gültig.

p	q	$p \rightarrow q$
w	**w**	**w**
w	f	f
f	w	w
f	f	w

Das folgende Argument ist ungültig:

1. $p \rightarrow q$
2. $\underline{q}$
3. p

Auch dies lässt sich an der Tabelle zeigen. Wir haben nun zwei Fälle, in denen beide Prämissen wahr sind, und in einem davon ist die Konklusion falsch, also ist das Argument ungültig.

p	q	p → q
w	**w**	**w**
w	f	f
f	**w**	**w**
f	f	w

5.5. Urteile und Gegensätze

Die Beantwortung der Frage, welche Argumente jeweils warum gültig sind, beschäftigt die Philosophen seit der Antike. Besonders Aristoteles widmete sich ihr und entwickelte eine Systematik, die über Jahrtausende Bestand hatte. Man unterscheidet traditionell folgende drei Arten von Urteilen:

- *Singuläre (einzelne) Urteile*, in denen etwas über einen bestimmten einzelnen Gegenstand ausgesagt wird (zum Beispiel »Sokrates ist weise«)
- *Partikuläre (besondere) Urteile*, in denen über *einige* Gegenstände etwas ausgesagt wird (zum Beispiel »Einige Griechen sind Philosophen«)

– *Universale (allgemeine) Urteile*, in denen von *allen* Gegenständen (aus einem bestimmten Bereich) etwas ausgesagt wird (zum Beispiel »Alle Griechen sind Menschen«)[62]

In diesen Urteilen werden Begriffe miteinander in Verbindung gebracht, das heißt Ausdrücke, die dazu verwendet werden können, von einem Gegenstand etwas auszusagen; in der modernen Logik bezeichnet man Begriffe auch als »*Prädikate*«. Diese haben eine bestimmte logische Form (s. S. 57). In der weiteren Darstellung werden Prädikate mit Großbuchstaben, beginnend mit F, abgekürzt. Betrachtet man nur die partikulären und die universalen Urteile und nimmt man die Verneinungen hinzu, so erhält man die vier Urteilsformen, die traditionell als besonders wichtig angesehen wurden. Sie wurden zum Zweck der Memorierung mit den Buchstaben A, E, I und O bezeichnet (***A**ff**I**rmo*, lat. für »ich bejahe«, *n**E**g**O***, lat. für »ich verneine«).

Vier traditionell wichtige Urteilsformen
1. Universal bejahendes Urteil (A):
   Alle F sind G.
2. Universal verneinendes Urteil (E):
   Kein F ist G.
3. Partikulär bejahendes Urteil (I):
   Einige F sind G.
4. Partikulär verneinendes Urteil (O):
   Einige F sind nicht G.

Die Urteile lassen sich mit Kreisen anschaulich darstellen. Bekannt ist die Darstellung von Leonhard Euler (s. S. 24). Der englische Mathematiker John Venn (1834–1923) hat sie weiterentwickelt; sie werden deshalb auch *Venn-Diagramme* genannt.

Die vier Urteile stehen in verschiedenen Beziehungen zueinander, die sich in einem sogenannten logischen Quadrat der Gegensätze darstellen lassen.

Logisches Quadrat der Gegensätze

(A): Alle F sind G. (E): Kein F ist G.

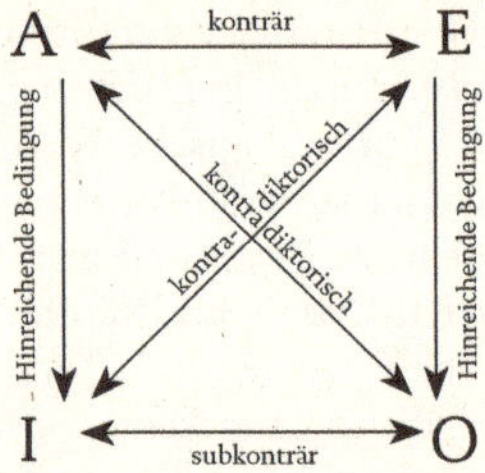

(I): Einige F sind G. (O): Einige F sind nicht G

1. Die Aussagenpaare A–O und E–I bilden je einen *kontradiktorischen* Gegensatz. Ein kontradiktorischer Gegensatz zwischen zwei Aussagen besteht genau dann, wenn beide Aussagen weder zugleich wahr noch zugleich falsch sein können.

2. Das Aussagenpaar A–E steht in einem *konträren* Gegensatz. Ein konträrer Gegensatz zwischen zwei Aussagen besteht genau dann, wenn sie beide nicht zugleich wahr sein können. Es können aber beide zugleich falsch sein.

3. Das Aussagenpaar I–O steht in einem *subkonträren* Gegensatz. Zwei Aussagen stehen genau dann in einem subkonträren Gegensatz zueinander, wenn nicht beide zugleich falsch sein können. Es können aber beide zugleich wahr sein.

Diese Beziehungen setzen voraus, dass die Menge der Gegenstände, die F sind, nicht leer ist, das heißt, dass es also überhaupt ein Ding gibt, das F ist.

5.6. Quantoren und Identität

Quantoren

In der modernen Logik werden generelle Urteile mit Hilfe von Quantoren ausgedrückt. Quantoren bringen zum Ausdruck, dass das Prädikat auf eine bestimmte Menge von Gegenständen aus einem bestimmten Bereich zutrifft oder nicht zutrifft. Die verschiedenen Möglichkeiten der Quantifikation können mit zwei Quantoren ausgedrückt werden, dem *Existenzquantor* und dem *Allquantor*:

Existenzquantor
Es gibt (mindestens) ein x, so dass …
$(\exists x)$ (… x …)

Allquantor
Für alle x gilt, …
$(\forall x)$ (… x …)

Wir können die ungebundene Variable in »x ist ein Philosoph« zum Beispiel dadurch binden, dass wir sagen, dass alle x Philosophen sind. Wir schreiben dies wie folgt:

Für alle x gilt: x ist ein Philosoph.
$(\forall x)$ (x ist ein Philosoph)

Oder abgekürzt:

Für alle x gilt: F von x.
$(\forall x)\ (Fx)$

Zu beachten ist, dass das x immer aus einem bestimmten Gegenstandsbereich stammen muss. Im Englischen nennt man dies auch *universe of discourse*. Man könnte in diesem Fall zum Beispiel sagen, dass alle Wesen aus dem Bereich der Menschen Philosophen sind.

Die vier kategorialen Urteile A, E, I und O lassen sich quantorenlogisch notieren:

1. Universal bejahendes Urteil (A):
   Alle F sind G.
   Für alle x gilt: Wenn x F ist, dann ist x G.
   $(\forall x)\ (Fx \rightarrow Gx)$
2. Universal verneinendes Urteil (E):
   Kein F ist G.
   Für alle x gilt: Wenn x F ist, dann ist x nicht G.
   $(\forall x)\ (Fx \rightarrow \neg Gx)$
3. Partikulär bejahendes Urteil (I):
   Einige F sind G.
   Es gibt ein x, so dass x F ist und x G ist.
   $(\exists x)\ (Fx \wedge Gx)$
4. Partikulär verneinendes Urteil (O):
   Einige F sind nicht G.
   Es gibt ein x, so dass x F ist und x nicht G ist.
   $(\exists x)\ (Fx \wedge \neg Gx)$

Identität

Mit den bisher eingeführten Zeichen kann eine wichtige Beziehung nicht dargestellt werden, nämlich die *Identität* (=). Die Identität ist eine logische Beziehung, die durch die folgenden formalen Eigenschaften definiert ist:

Identität

1. Reflexivität: $(\forall x)\ (x=x)$. (Jeder Gegenstand ist mit sich selbst identisch.)

2. Symmetrie: $(\forall x)(\forall y)((x=y) \rightarrow (y=x))$. (Wenn der Gegenstand x mit dem Gegenstand y identisch ist, dann ist auch der Gegenstand y mit dem Gegenstand x identisch.)
3. Transitivität: $(\forall x)(\forall y)(\forall z)(((x=y) \,\&\, (y=z)) \rightarrow (x=z))$. (Wenn x mit y identisch ist und y mit z, dann ist auch x mit z identisch.)

Meist wird hinzugefügt:

4. Leibniz' Gesetz:
   Identität des Ununterscheidbaren: $(\forall x)(\forall y)(\forall F)((Fx \leftrightarrow Fy) \rightarrow (x=y))$. (Wenn x und y alle Eigenschaften teilen, dann sind sie identisch.)
   Ununterscheidbarkeit des Identischen: $(\forall x)(\forall y)(\forall F)((x=y) \rightarrow (Fx \leftrightarrow Fy))$. (Wenn x und y identisch sind, dann teilen x und y alle Eigenschaften.)

5.7. Prädikatenlogische Schlussregeln

Zu den aussagenlogischen Schlussregeln lassen sich prädikatenlogische Schlussregeln hinzufügen.

1. Allbeseitigung (universelle Instantiierung)
Wenn alle Dinge (in einem bestimmten Bereich) eine bestimmte Eigenschaft haben, dann hat auch dieses bestimmte Ding (in dem Bereich) diese Eigenschaft.

$$\frac{(\forall x)\,(Fx)}{Fa}$$

Zum Beispiel: Wenn alle Menschen sterblich sind, dann ist auch der Mensch Sokrates sterblich.

2. *Existenzeinführung (existentielle Generalisierung)*
Wenn ein bestimmtes Ding eine bestimmte Eigenschaft hat, dann gibt es ein Ding, das diese Eigenschaft hat.

$$\frac{Fa}{(\exists x)(Fx)}$$

Zum Beispiel: Sokrates ist ein Philosoph. Also gibt es jemanden, der Philosoph ist.

Diese Regeln können immer angewandt werden. Für die Anwendung von zwei weiteren Regeln, nämlich die Regel der Alleinführung (der universellen Generalisierung) und der Existenzbeseitigung (der existentiellen Instantiierung) müssen spezielle Bedingungen beachtet werden, die im Rahmen einer Einführung in das prädikatenlogische Schließen erläutert werden sollten, hier aber den Rahmen sprengen.

5.8. Operatoren der modalen Logik

Die modale Logik untersucht Schlüsse, deren Gültigkeit auf den Modalitäten *Möglichkeit* und *Notwendigkeit* beruht. Zur modalen Logik im engeren Sinn zählen nur diese Modalitäten (*alethische Logik*). Es gibt aber auch weitere Modalitäten, zum Beispiel Wissen (*epistemische Logik*) und Gebote und Verbote (*deontische Logik*). Die modale Logik ist ein technisch anspruchsvolles Gebiet, und es sollen deshalb hier nur die wichtigsten Operatoren genannt werden.

Modale Logik im engeren Sinn (alethische Logik)
Die alethische Logik enthält zusätzlich zu den Zeichen der klassischen Logik die folgenden zwei Operatoren:

Möglichkeitsoperator
»Es ist möglich, dass …«
◇ p

Notwendigkeitsoperator
»Es ist notwendig, dass …«
□ p

Die beiden Operatoren lassen sich gegenseitig definieren.

Es ist notwendig, dass p, genau dann, wenn es nicht möglich ist, dass nicht p.
Es ist möglich, dass p, genau dann, wenn es nicht notwendig ist, dass nicht p.

Man könnte also mit einem einzigen Operator auskommen und den anderen Operator definitorisch einführen. Was die Begriffe »Möglichkeit« und »Notwendigkeit« bedeuten, kann man mit dem Begriff der »möglichen Welt« explizieren (s. S. 184–186).

Deontische Logik
Die deontische Logik (gr. *deon*, Pflicht) enthält zusätzlich Operatoren für Gebote, Verbote und Erlaubnisse. Der grundlegende Operator ist derjenige des Gebots. Als Zeichen verwendet man oft »O« (engl. *obligatory* oder *ought*).

Gebot
Es ist geboten, dass p.
Op

Die Operatoren des Verbots und der Erlaubnis lassen sich mit Hilfe des Gebotsoperators definieren.

Verbot
Es ist verboten, dass p, genau dann, wenn es geboten ist, dass nicht p.

Erlaubnis
Es ist erlaubt, dass p, genau dann, wenn es nicht verboten ist, dass p.

Diese Begriffe spielen für Argumentationen in der Ethik eine wichtige Rolle (vgl. hier S. 123). Es hat sich als ausgesprochen schwierig erwiesen, ein System der deontischen Logik zu entwickeln, das zugleich konsistent ist und unsere Intuitionen bezüglich gültiger Schlüsse berücksichtigt.

Epistemische Logik
Die epistemische Logik (griech. *episteme*, Wissen) enthält zusätzlich Operatoren für doxastische Zustände (griech. *doxa*, Meinung), insbesondere den Wissensoperator. In der englischsprachigen Philosophie besteht die Konvention, der wir hier folgen, das Zeichen »K« (für »know«) zu verwenden, im Deutschen wird dafür oft »W« (für »weiß«) verwendet.

Wissensoperator
»A weiß, dass p«
Kp

Übungsaufgaben

1. Ersetzen Sie die Teilaussagen durch Buchstaben und die Junktoren durch logische Zeichen.
   a) Genau dann, wenn es regnet, regnet es.
   b) Thomas trinkt Orangensaft, und Caroline isst Schokoladenkuchen.
   c) Wenn Philomena schläft, dann ist Paul ruhig.
   d) Wenn Philomena schläft, dann ist Paul nicht aufgeregt.
   e) Rom ist groß oder schön (oder beides).

2. Was ist die Form der folgenden Argumente?
   a) Wenn Sokrates ein Grieche ist, dann ist er ein Mensch. Sokrates ist kein Mensch. Also ist er kein Grieche.
   b) Aspasia ist eine Griechin. Wenn Aspasia eine Griechin ist, dann ist sie Philosophin. Also ist Aspasia Philosophin.
   c) Paris ist die Hauptstadt Frankreichs. Also: Paris ist die Hauptstadt Frankreichs oder Paraguay liegt in Asien.
   d) Wenn Theano eine Pythagoreerin ist, dann ist sie eine Philosophin. Wenn sie eine Philosophin ist, dann ist sie weise. Wenn Theano eine Pythagoreerin ist, dann ist sie weise.
   e) Es gibt Menschen oder Tiere. Wenn es Menschen gibt, dann gibt es Lebewesen. Wenn es Tiere gibt, dann gibt es Lebewesen. Es gibt Lebewesen.

3. Von welcher Art ist der folgende Satz?
   Kräht der Hahn auf dem Mist, so ändert sich das Wetter, oder es bleibt, wie es ist.

4. Zeigen Sie, dass der *Modus tollens* eine gültige Argumentform ist.

5. Welche Form des Urteils (A, E, I, O) haben die folgenden Aussagen?
   a) Keine Katze ist ein Philosoph.
   b) Wer anderen eine Grube gräbt, fällt selbst hinein.
   c) Es ist nicht alles Gold, was glänzt.
   d) Einiges von dem, was ich suche, gibt es.

6. Formulieren Sie die folgenden Aussagen mit Hilfe von Quantoren.
   a) Jemand ist Polizist.
   b) Keiner ist Bildhauer.
   c) Alle Menschen sind Musiker.
   d) Einige Menschen sind Tänzer.

7. Was lässt sich aus einer Allaussage durch Allbeseitigung schließen?

8. Was lässt sich aus einer partikulären Aussage durch Existenz-Einführung schließen?

9. Ein Mann steht vor einem Porträt. Eine Frau fragt ihn: »Wer ist das auf dem Bild, das Sie sich ansehen?« Er antwortet: »Brüder und Schwestern habe ich nicht, aber der Vater dieses Mannes auf dem Bild ist der Sohn meines Vaters.« Wessen Porträt betrachtet der Mann?[63]

10. Auf einer Insel gibt es genau zwei Arten von Einwohner, nämlich die sogenannten Ritter, die immer die Wahrheit sagen, und die sogenannten Schurken, die immer lügen. Einmal standen drei Einwohner, A, B und C beieinander. Ein Fremder kam vorbei und fragte A: »Bist du ein Ritter oder ein Schurke?« A antwortete so undeutlich, dass der Fremde nicht verstehen konnte, was er gesagt hatte. Dann

fragte der Fremde B: »Was hat A gesagt?« B antwortete: »A hat gesagt, dass er ein Schurke ist.« In dem Augenblick sagte C: »Dem B darfst du nicht glauben, er lügt.« Was sind B und C?[64]

Diskussionsfragen

1. *Chrysipps Hund.* Logisch zu denken bedeutet, einen Schluss ziehen zu können. Chrysipps Hund kommt an eine Kreuzung mit drei Wegen, schnüffelt an zwei Wegen und geht dann, ohne zu schnüffeln, den dritten Weg. Also kann der Hund einen Schluss ziehen und also auch logisch denken.

2. *Paradoxie des Haufens (Sorites-Argument).* Nehmen wir an, dass vor uns ein Haufen Reiskörner liegt. Entferne ich nur ein Reiskorn, ist es immer noch ein Haufen. Entferne ich noch ein Reiskorn, ist es auch immer noch ein Haufen. Dies kann ich so weiterführen, bis nur noch ein Reiskorn übrig ist, und dieses eine Reiskorn ist also auch immer noch ein Haufen.

3. *Paradox der unerwarteten Prüfung.* Eine Lehrerin kündigt ihrer Klasse an: Nächste Woche wird es eine Prüfung geben, und sie wird unerwartet sein, das heißt, ihr werdet an dem Tag nicht wissen, dass sie stattfindet. Nun überlegen die Schüler: Am Freitag kann die Prüfung nicht stattfinden, denn wenn sie bis Donnerstagabend nicht stattgefunden hat, werden wir wissen, dass sie am Freitag stattfindet. Wenn sie aber nicht am Freitag stattfinden kann, dann kann sie auch nicht am Donnerstag stattfinden, denn wenn sie bis am Mittwochabend nicht stattgefunden hat, werden wir wissen, dass sie am Donnerstag stattfinden wird. Dasselbe gilt dann von Mittwoch, Dienstag und Montag. Also kann die Prüfung gar nicht stattfinden!

4. *Was die Schildkröte zu Achilles sagte.* 1. Zwei Dinge, welche gleich zu einem dritten sind, sind gleich. 2. Diese zwei Sei-

ten sind gleich der Länge L. Also sind die zwei Seiten gleich lang. Doch weshalb? 3. Wenn das erste und zweite wahr sind, dann ist auch wahr, dass die zwei Seiten gleich lang sind. Doch weshalb? 4. Wenn das erste, das zweite und das dritte wahr sind, dann ist auch wahr, dass die zwei Seiten gleich lang sind. Doch weshalb? Die Frage kann ad infinitum weiter gestellt werden.[65]

5. *Ein Problem für Leibniz' Gesetz?* Ich glaube von diesem verhüllten Mann (der mein Vater ist) nicht, dass er mein Vater ist. Von diesem unverhüllten Mann glaube ich, dass er mein Vater ist. Also haben der verhüllte und der unverhüllte Mann eine Eigenschaft, die sie nicht teilen. Also ist der verhüllte Mann nicht derselbe wie der unverhüllte Mann. (Dies ist eine Variation des *Fehlschlusses des Verhüllten*, s. S. 114.)

6. *Hempels Rabenparadox.* Eine allgemeine Aussage wird mit sogenannten positiven Einzelfällen bestätigt. Zum Beispiel bestätigt der Einzelfall, dass dieser Rabe schwarz ist, die allgemeine Aussage, dass alle Raben schwarz sind. Nun ist aber die Aussage »Alle Raben sind schwarz« logisch äquivalent zu »Kein nicht schwarzes Ding ist ein Rabe«. Alles, was die zweite Aussage bestätigt, bestätigt also auch die erste Aussage. Die zweite Aussage wird zum Beispiel damit bestätigt, dass dieser rote Tisch kein Rabe ist. Also bestätigt dieser rote Tisch auch die Aussage, dass alle Raben schwarz sind.[66]

7. *Lügner-Paradox.* Eine klassische Version lautet, dass ein Kreter sagt: Alle Kreter lügen. Damit stellt sich jedoch die Frage, was mit der Aussage genau gemeint ist. Das eigentliche Paradox besteht darin, dass man folgendes sagen kann: »Was ich jetzt sage, ist falsch.« Oder: »(1) Die Aussage (1) ist falsch.« Mit »falsch« ist gemeint, dass die Aussage nicht wahr ist. Wenn der Satz falsch ist, dann wird mit dem Satz genau etwas Wahres gesagt. Wenn der Satz wahr ist, dann behauptet der Satz etwas Wahres, nämlich dass der Satz falsch ist, also ist der

Satz falsch. In beiden Fällen ist der Satz zugleich wahr und falsch.

8. Russells Paradox. Sokrates ist ein Element der Klasse der Menschen. Eine Klasse kann auch selbst wiederum ein Element sein. Zum Beispiel ist die Klasse der Menschen ein Element der Klasse der Klassen mit mehr als einem Element. Die meisten Klassen sind nicht Elemente ihrer selbst. Die Klasse der Menschen ist kein Mensch, also ist sie nicht Element der Klasse der Menschen. Einige Klassen sind Elemente ihrer selbst, zum Beispiel die Klassen aller Klassen. Man betrachte nun die Klasse aller Klassen, die nicht Elemente ihrer selbst sind. Nennen wir diese Klasse »R«. Nun stellt sich die Frage: Ist die Klasse R ein Element ihrer selbst? Angenommen, sie ist ein Element ihrer selbst. Dann muss sie die Bedingung erfüllen, dass sie nicht Element ihrer selbst ist. Also ist sie nicht Element ihrer selbst. Angenommen, sie ist nicht ein Element ihrer selbst. Dann erfüllt sie die Bedingung, dass sie nicht Element ihrer selbst ist, und gehört zu R. Also ist sie Element ihrer selbst. In beiden Fällen ist R also zugleich Element ihrer selbst und nicht Element ihrer selbst.

6. Logische Analyse eines Satzes

In Kapitel 2 wurde erläutert, wie man Begriffe analysieren kann. In diesem Kapitel geht es nun um die Frage, wie man Werkzeuge der Logik (Kap. 5) anwenden kann, um Sätze zu analysieren.

6.1. Was ist logische Analyse?

Was bedeutet es, einen Satz logisch zu analysieren? Betrachten wir zunächst ein Beispiel, das nicht im engeren Sinn philosophisch ist. Das Beispiel stammt aus der *Odyssee* von Homer. Als der Kyklop Polyphemos den schlauen Odysseus nach dessen Namen fragt, gibt dieser vor, »Niemand« zu heißen. Als dann Odysseus den Kyklopen angreift, ruft dieser mit folgendem Satz um Hilfe: »Niemand würgt mich.«

Keiner der anderen Kyklopen eilt Polyphemos zu Hilfe, da sie nicht verstehen, dass er den Ausdruck »niemand« als Namen verwendet. Was ist »niemand«, wenn es kein Name ist? Um diese Frage zu beantworten, muss man den Satz logisch analysieren. Ihn logisch zu analysieren bedeutet, dass man die Struktur des Satzes herausarbeitet, die für die Wahrheit des Satzes relevant ist.

Die Methode der logischen Analyse ist historisch eng mit der Begründung der modernen Logik durch Gottlob Frege (1848–1925) verbunden. Frege verfolgte mit der logischen Analyse das Projekt, die Alltagssprache, die ungenau und vieldeutig ist, für die Zwecke der Wissenschaft durch eine klare und eindeutige Sprache zu ersetzen, durch eine ideale Sprache. Dies wird in dem programmatischen Titel eines seiner Werke deutlich: *Begriffsschrift, eine der arithmetischen nachgebildete Formelsprache des reinen Denkens* (1879). Im Vorwort dazu schreibt er:

> Wenn es eine Aufgabe der Philosophie ist, die Herrschaft des Wortes über den menschlichen Geist zu brechen, indem sie die Täuschungen aufdeckt, die durch den Sprachgebrauch über die Beziehungen der Begriffe oft fast unvermeidlich entstehen, [...] so wird meine Begriffsschrift, für diese Zwecke weiter ausgebildet, den Philosophen ein brauchbares Werkzeug werden können.

Frege nennt hier einen wichtigen Zweck der philosophischen Analyse: Die logische Analyse dient dazu, begriffliche Verwirrungen aufzudecken, um uns vor Täuschungen zu schützen. Der von Frege beeinflusste Ludwig Wittgenstein erklärt im *Tractatus logico-philosophicus* (1921) die »logische Klärung der Gedanken« zum Zweck der Philosophie schlechthin. Während Frege der Ansicht war, die Alltagssprache sei für die Zwecke der Wissenschaft durch eine logisch korrekte Sprache zu ersetzen, meinte Wittgenstein: »Alle Sätze unserer Umgangssprache sind tatsächlich, so wie sie sind, logisch vollkommen geordnet.«[67] Die Aufgabe der Philosophie besteht dementsprechend darin, diese Ordnung zu entdecken und eine korrekte Notation für diese Ordnung zu entwickeln. Von dieser Ansicht distanzierte sich Wittgenstein allerdings in seinen späteren Werken, insbesondere in den *Philosophischen Untersuchungen*. Die Überzeugung, dass sich philosophische Probleme durch die Analyse von Sprache auflösen ließen, behielt er jedoch bei. So schreibt er: »Denn die philosophischen Probleme entstehen, wenn die Sprache feiert«[68], das heißt, wenn die Begriffe nicht in ihrer alltäglichen Verwendungsweise gebraucht werden. Es ist eine Aufgabe der Philosophie, philosophische Probleme zu lösen, und zwar dadurch, dass man sich darauf besinnt, wie die Sprache gewöhnlich verwendet wird. Oder wie Wittgenstein schreibt: »Die Philosophie ist ein Kampf gegen die Verhexung unseres Verstandes durch die Mittel unserer Sprache.«[69] Die Philosophie löst das Problem, oder besser: *löst es auf*, indem sie aufzeigt, dass es auf falschen oder konfusen Voraussetzungen beruhte.[70] Während Frege die Methode einer ersetzenden oder umformenden Analyse anwendete, setzte Wittgenstein auf Beschreibung (s. S. 82–85).

Näher an dem Projekt von Frege blieb Rudolf Carnap (1891–1970). Auf die Frage, ob es in der Philosophie einen Fortschritt so wie in den Wissenschaften gebe, antwortet er in einem Interview von 1964, dass die Philosophie in seinem Sinne einen wissenschaftlichen Charakter habe. Damit unterscheidet sie sich, so Carnap, von monologischen Philosophien, in denen jeder Philosoph seine eigene Terminologie entwickelt. In der Sprache der Logik sieht Carnap die Möglichkeit der Zusammenarbeit zwischen Philosophen:

> Und so glauben wir, auch in der Philosophie muß es dadurch vorangehen, daß Zusammenarbeit möglich wird, indem eine präzisere Ausbildung im Umgang mit dem Werkzeug geschieht. Die Logik, so glauben wir, ist das wichtigste Werkzeug der philosophischen Analyse. Damit ist aber nicht die alte, traditionelle Logik gemeint, die von Aristoteles stammt und im Mittelalter praktisch unverändert geblieben ist, sondern die moderne Logik, die mit Symbolen arbeitet. Da haben wir ein Instrument für exakte Analysen von Begriffen oder Aussagen, oder von Beziehungen zwischen Aussagen, etwa in einer wissenschaftlichen Theorie. Und dieses gemeinsame Werkzeug der Logik führt zur Möglichkeit der Zusammenarbeit zwischen Philosophen.[71]

Man muss nicht Freges Projekt einer idealen Sprache oder Carnaps Projekt einer wissenschaftlichen Philosophie verfolgen, um die logische Analyse als Werkzeug wertzuschätzen, etwa als Werkzeug, um den Satz »Niemand würgt mich« zu analysieren, wenn »niemand« kein Name ist. Was ist »niemand«? Es ist kein Name. Was könnte es sein, ein Prädikat, ein logischer Operator oder ein Quantor (s. Kap. 5.6)? Ein Prädikat ist es nicht, denn man kann nicht sagen, jemand sei ein Niemand (es sei denn, man spielt mit der Doppeldeutigkeit des Namens, wie es Odysseus tat). Ein logischer Operator ist es auch nicht. Es ist ein Quantor, genauer ist es ein Existenzquantor (»Es gibt ein x, so dass ...«), der mit einer Negation verbunden wird, also: »Es gibt kein x, so dass ...« Damit ist dieses Problem gelöst. Doch wie ist der restliche Teil des Satzes zu analysieren? Der Ausdruck »mich« ist eine flektierte Form von »ich«. Dies ist kein Eigenname, denn verwende ich den Ausdruck, so ist damit jemand anderes gemeint, als wenn ein anderer, zum Beispiel Polyphemos, den Satz verwendet. Der Ausdruck »ich« ist ein sogenannter *indexikalischer* oder *deiktischer* Ausdruck, das heißt ein Ausdruck, der je nach Äußerungskontext etwas anderes bezeichnet. Es ist jedoch umstritten, wie indexikalische Ausdrücke zu analysieren sind. Die Analyse des scheinbar einfachen Satzes erweist sich damit als schwieriger als vielleicht ursprünglich gedacht.

6.2. Einige Analysen

Nun sollen einige weitere Beispiele für Analysen von Sätzen vorgestellt werden, die dazu dienen können, uns vor begrifflichen Verwirrungen und Fehlschlüssen zu schützen.

Das Verb »sein«

Das Verb »sein« dient entsprechend einer traditionellen Auffassung dazu, den Subjektbegriff mit dem Prädikat zu verbinden, etwa in dem folgenden Satz:

(1) Sokrates ist ein Philosoph.

In der modernen Logik analysiert man das Verb aber als Teil des Prädikats: »x ist ein Philosoph.« Man kann die logische Form des Satzes wie folgt darstellen: *Fa* (lies: F von a). Betrachten wir nun einige weitere Sätze, in denen das Verb »sein« verwendet wird:

(2) Cicero ist Marcus Tullius.
(3) Der Mensch ist ein vernunftbegabtes Lebewesen.
(4) Die Philosophin Hannah Arendt ist nicht mehr.

In allen drei Sätzen kommt »ist« vor, so dass es den Anschein machen könnte, als hätten sie alle die Form *Fa*. Das ist jedoch nicht der Fall. Am deutlichsten ist dies wohl bei Satz (4). Damit wird Hannah Arendt nicht eine Eigenschaft zugeschrieben, die sie nicht mehr hat, sondern es wird damit gesagt, dass es Hannah Arendt nicht mehr gibt. Der Satz lässt sich mit Negation und Existenzquantor analysieren. Die Berücksichtigung der Tatsache, dass es Arendt zu einer bestimmten Zeit einmal gegeben hat, erfordert eine Analyse mit Zeitindizes.

Satz (3) ist keine Aussage über einen bestimmten Menschen und auch nicht über alle Menschen, denn die Aussage bleibt auch dann wahr, wenn es einzelne Menschen gibt, die nicht vernunftbegabt sind. Es wird also vielmehr eine Aussage über die Gattung Mensch gemacht. Oder man könnte auch sagen, dass der Satz ein Merkmal des Begriffs »Mensch« nennt. Vielleicht handelt es sich dabei sogar um eine Definition des Begriffs »Mensch«. Dann hat der Satz die Form einer Äquivalenz (s. S. 151).

Satz (2) behauptet nicht, dass Cicero *ein* Marcus Tullius ist, sondern dass er genau dieselbe Person ist, dass er also *identisch* ist mit Marcus Tullius, das heißt, es ist eine Identitätsaussage.

Um dies anzuzeigen, benötigen wir ein Zeichen für Identität (s. S. 160). Wir können ein solches aus der Mathematik beziehen und die logische Struktur des Satzes wie folgt darstellen: »a = b«.

Allaussagen
Allaussagen, das heißt Aussagen, in denen von allen Dingen etwas ausgesagt wird, können zuweilen zu Mehrdeutigkeiten führen. Betrachten wir den folgenden Satz:

(5) Es hat alles eine Ursache.

Die logische Struktur des Satzes scheint auf den ersten Blick nicht klar. Mit dem Satz könnte zweierlei gemeint sein:

(5a) Jedes Ereignis hat eine (andere) Ursache.
(5b) Es gibt eine Ursache für alle Ereignisse.

Dies sind zwei völlig verschiedene Aussagen. Die erste, die dem Prinzip des zureichenden Grundes entspricht (s. S. 109), ist wahr, die zweite Aussage ist es vermutlich nicht. (Der Unterschied lässt sich mit Hilfe von Quantoren, s. S. 159, darstellen.)

Kennzeichnungen
Eine Kennzeichnung ist eine Beschreibung, die auf genau einen Gegenstand zutrifft, etwa: »die bekannteste französische Chemikerin des 20. Jahrhunderts«. Dies ist eine Kennzeichnung für Marie Curie. Als welche Art von Zeichen kann man eine Kennzeichnung analysieren? Man könnte denken, dass es sich dabei um einen Ausdruck handelt, der genau einen Gegenstand bezeichnet. Betrachten wir aber folgende Aussage:

(6) Der gegenwärtige König von Frankreich ist kahlköpfig.

Es gibt keinen gegenwärtigen König von Frankreich, und wenn die Bedeutung einer Kennzeichnung darin bestünde, einen Gegenstand zu bezeichnen, so hätte dieser Teil (»der gegenwärtige König von Frankreich«) keine Bedeutung und somit auch der ganze Satz nicht. Vielleicht würden wir sagen, dass der Satz weder wahr noch falsch ist, weil die Voraussetzung gar nicht erfüllt ist, dass es nämlich den Gegenstand gibt, über den wir reden (s. S. 189). Aber auch der folgende Satz, den wir für wahr halten, hätte dann keine Bedeutung:

(7) Der gegenwärtige König von Frankreich existiert nicht.

Entsprechend der sogenannten Kennzeichnungstheorie des Philosophen Bertrand Russell sind nun aber Kennzeichnungen wie »der gegenwärtige König von Frankreich« keine Namen, sondern eine Verknüpfung dreier quantifizierter Aussagen, nämlich: »Es gibt mindestens ein Ding, und es gibt höchstens ein Ding, und dieses Ding ist F«. Dies erscheint insofern intuitiv unplausibel, als wir nicht sagen würden, dass wir eben so etwas meinen, wenn wir einen Satz behaupten, der eine Kennzeichnung enthält. Russells Theorie der Kennzeichnungen liefert jedoch keine Analyse von Behauptungen, sondern eine Analyse von Sätzen. Sie hat den großen Vorteil, dass mit ihr erklärt werden kann, weshalb Sätze wie (6) und (7) Bedeutung haben.

6.3. Scheinsätze und Kategorienfehler

Betrachten wir die folgenden zwei Sätze:

(1) Cäsar ist und.
(2) Cäsar ist eine Primzahl.

Der erste Satz ist grammatikalisch nicht korrekt. Wir würden zögern, hier überhaupt von einem Satz zu sprechen. Der zweite ist jedoch ein grammatikalisch korrekt geformter Satz. Dennoch stellt sich die Frage, ob er überhaupt sinnvoll ist. Was könnte es bedeuten, dass Cäsar eine Primzahl ist? Eine Primzahl zu sein, ist eine Eigenschaft von Zahlen, nicht aber eine Eigenschaft von Personen. Rudolf Carnap nennt deshalb Sätze wie (2) »Scheinsätze«: Es handelt sich um eine Wortfolge, die nur den Anschein macht, ein Satz zu sein, tatsächlich aber weder wahr noch falsch, sondern sinnlos ist. Carnap bezeichnet den Fehler, der zu diesem Scheinsatz führt, als »Sphärenvermengung«.[72] Was damit gemeint ist, lässt sich an einem Beispiel veranschaulichen. Personennamen (zum Beispiel »Cäsar«) und Zahlwörter (zum Beispiel »1«) gehören verschiedenen logischen Sphären an, ebenso Personenprädikate (zum Beispiel »Feldherr«) und Zahlenprädikate (zum Beispiel »Primzahl«). Im Satz (2) wird aber ein Zahlenprädikat als Personenprädikat verwendet, das heißt als ein Prädikat einer anderen logischen Sphäre. Deshalb ist der Satz sinnlos.

Der von Wittgenstein beeinflusste Philosoph Gilbert Ryle nannte den Fehler der Sphärenvermengung später »Kategorienfehler«.[73] Hier ein paar weitere Beispiele: Jemand besucht zum ersten Mal Oxford, schaut die verschiedenen *Colleges* an und stellt dann die Frage, wo denn nun die Universität sei. Einer Person wird erläutert, welche Funktion die verschiedenen Spieler beim Kricket haben, und dann stellt diese fest, dass niemand mehr übrig sei, um für den Teamgeist zu sorgen. Jemand behauptet, er sei mit dem Durchschnittsbürger befreundet, der 1,8 Kinder habe. In all diesen Beispielen werden Begriffe aus einer Kategorie mit Begriffen aus einer anderen Kategorie verbunden. Ryle erläutert jedoch nicht, was eine »Kategorie« genau ist.

Carnap und Ryle versuchten zu zeigen, dass gewisse philosophische Thesen bloße Scheinsätze sind bzw. einen Kategorienfehler enthalten. Ryle wendete sich insbesondere gegen die These, dass es ein »Ich« gibt, das sich »in« uns befindet und unseren Körper steuert. Er nennt dies »Descartes' Mythos«. Carnap wendete sich unter anderem gegen Sätze, in denen der Ausdruck »das Nichts« vorkommt, etwa in Sätzen wie »Das Nichts nichtet« von Martin Heidegger (1889–1976). Gibt zum Beispiel jemand auf die Frage, ob da draußen etwas sei, die Antwort, dass da nichts sei, so könnte man weiter die Frage stellen: »Was ist das Nichts?« Und dann könnte man zum Beispiel antworten, nachdem man im *Deutschen Universalwörterbuch* nachgeschaut hat:

(3) Das Nichts ist das absolute Nichtsein.

Doch was bedeutet dieser Satz? In ihm wird der Ausdruck der Negation »nicht« zu einem Substantiv gemacht und an die Stelle des Subjekts gesetzt, so dass es den Anschein macht, als sei es ein Eigenname. Was aber könnte der Gegenstand sein, der damit bezeichnet wird? Andererseits ist auch nicht klar, welche Eigenschaft damit gemeint sein könnte, wenn man den Ausdruck als Prädikat interpretierte. Etwa die Abwesenheit von Eigenschaften? Was ist die Abwesenheit? Satz (3) scheint gar keine sinnvolle Analyse zuzulassen. Es ist ein sinnloser Satz, ein Scheinsatz. Das bedeutet nicht, dass der Ausdruck »das Nichts« nicht auch sinnvoll verwendet werden kann, etwa in übertragener Bedeutung, als Metapher (zum Beispiel »Nach dem Verlust des Arbeitsplatzes stand sie vor dem Nichts«, vgl. hier auch zu »Niemand«, S. 173).

6.4. Analytische und synthetische Aussagen

Wenden wir uns nun wieder sinnvollen Sätzen zu. Diese können auf unterschiedliche Weisen in verschiedene Arten unterteilt werden. Für die Philosophie ist eine Unterteilung von besonderem Interesse, nämlich diejenige in »analytische« und »synthetische« Aussagen. Diese Bezeichnungen stammen von Immanuel Kant (1724–1804). Betrachten wir zunächst den folgenden Satz:

(1) Dieser Schimmel ist weiß.

Dieser Satz ist immer wahr, denn ein Schimmel ist nichts anderes als ein weißes Pferd. Immanuel Kant schreibt in der Einleitung der ersten Auflage der *Kritik der reinen Vernunft*:

> In allen Urteilen, worinnen das Verhältnis eines Subjekts zum Prädikat gedacht wird (wenn ich nur die bejahende erwäge, denn auf die verneinende ist nachher die Anwendung leicht), ist dieses Verhältnis auf zweierlei Art möglich. Entweder das Prädikat B gehört zum Subjekt A als etwas, was in diesem Begriffe A (versteckter Weise) enthalten ist; oder B liegt ganz außer dem Begriff, ob es zwar mit demselben in Verknüpfung steht. Im ersten Fall nenne ich das Urteil analytisch, in dem andern synthetisch.[74]

In dem Beispiel ist im Subjekt »Schimmel« das Prädikat »weiß« bereits enthalten. Es ist also eine analytische Aussage. Eine synthetische Aussage ist ganz einfach eine Aussage, die nicht analytisch ist. Die vorgeschlagene Definition weist jedoch einige Mängel auf: Es gibt Sätze, die nicht die Form Subjekt–Prädikat haben, und dass das Prädikat im Subjekt »enthalten« sei, ist eine metaphorische Ausdrucksweise. Bereits zuvor hat

Gottfried Wilhelm Leibniz (1646–1716) die Unterscheidung wie folgt formuliert:

> Es gibt ferner zwei Arten von Wahrheiten: Vernunftwahrheiten [*vérités de raisonnement*] und Tatsachenwahrheiten [*vérités de fait*]. Die Vernunftwahrheiten sind notwendig und ihr Gegenteil unmöglich; die Tatsachenwahrheiten sind zufällig [*contingentes*] und ihr Gegenteil ist möglich. Ist eine Wahrheit notwendig, so kann man den Grund durch Analyse finden, indem man sie in einfachere Ideen und Wahrheiten auflöst, bis man zu den ursprünglichen kommt. […] Man gelangt hierbei zuletzt […] zu den ursprünglichen Prinzipien […], das sind die identischen Aussagen, deren Gegenteil einen ausdrücklichen Widerspruch enthält.[75]

Die Vernunftwahrheiten sind analytische Aussagen, und von diesen kann man durch »Analyse« den »Grund finden«. Dies entspricht der Formulierung von Kant, dass das Prädikat im Subjekt »enthalten« sei, und ist ebenfalls metaphorisch. Leibniz erklärt weiter, dass sich eine analytische Aussage durch Analyse derart »auflösen« lasse – eine weitere Metapher –, dass man zu Aussagen gelange, deren Gegenteil einen ausdrücklichen Widerspruch enthalte. Kant sagt an einer späteren Stelle etwas ähnliches:

> Denn, wenn das Urteil analytisch ist, es mag nun verneinend oder bejahend sein, so muß dessen Wahrheit jederzeit nach dem Satze des Widerspruchs hinreichend können erkannt werden.[76]

Man kann dies auch so formulieren: Die Verneinung einer analytischen Aussage führt zu einem Widerspruch. Kehren wir zu dem Beispielsatz zurück. Wir können den Begriff des »Schimmels« analysieren als »weißes Pferd«. Diese beiden Begriffe sind synonym, das heißt gleichbedeutend. Ersetzen wir im Satz den ersten durch den zweiten, so erhalten wir:

(1a) Dieses weiße Pferd ist weiß.

Die Verneinung von diesem Satz ist ein Widerspruch:

(2) Dieses weiße Pferd ist nicht weiß.

Ersetzt man im Satz (1a) den Begriff »weiß« durch irgendeinen anderen, der mit »Pferd« zusammengesetzt sinnvoll ist, so bleibt der Satz wahr. Zum Beispiel könnte man dafür »berühmt« oder »schnell« einsetzen. Was auch immer man einsetzt, der Satz bleibt wahr. Das bedeutet: Der Satz ist eine Tautologie. Der Satz (1) konnte also durch Ersetzung eines Begriffs durch einen synonymen Begriff in eine Tautologie übersetzt werden. Somit kann man den Begriff der »analytischen Aussage« wie folgt definieren:

Analytisch und synthetisch
Eine Aussage ist analytisch wahr, wenn sie eine Tautologie ist oder sich durch die Ersetzung von Ausdrücken durch Synonyme in eine Tautologie übersetzen lässt. Eine Aussage ist synthetisch, wenn sie nicht analytisch ist.

Diese Definition ist denjenigen von Kant und Leibniz insofern überlegen, als sie nicht metaphorisch ist und sich auch nicht wie die Kantische Definition auf Sätze der Form Subjekt–Prädikat beschränkt. Es ist nicht sicher, ob Kant dieser Definition zustimmen würde. Denn er hielt die Aussage »7+5=12« für synthetisch. Kant begründete dies damit, dass die 12 in der Addition von 7 und 5 noch nicht enthalten sei. Da man die Aussage »7+5=12« durch die Ersetzung eines Ausdrucks durch ein Synonym in die Tautologie »12=12« übersetzen kann und deren Negation zu einem Widerspruch führt, ist sie gemäß der genannten Definition jedoch analytisch.

Leibniz setzt die Klasse der analytisch wahren Sätze mit derjenigen der notwendig wahren Sätze gleich. Kant ist dagegen der Ansicht, dass es notwendige Wahrheiten gibt, die nicht analytisch sind. Für das bessere Verständnis sei eine weitere Unterscheidung von Kant eingeführt, nämlich diejenige in Erkenntnisse *a priori* und *a posteriori*. Er schreibt in der Einleitung der ersten Auflage der *Kritik der reinen Vernunft*:

> [Erfahrung] sagt uns zwar, was da sei, aber nicht, daß es notwendiger Weise, so und nicht anders, sein müsse. [...] Eben darum gibt sie uns auch keine wahre Allgemeinheit [...]. Solche allgemeine Erkenntnisse nun, die zugleich den Charakter der innern Notwendigkeit haben, müssen, von der Erfahrung unabhängig, vor sich selbst klar und gewiß sein; man nennt sie daher Erkenntnisse a priori.[77]

Erkenntnisse a priori sind also solche, die notwendig und unabhängig von der Erfahrung sind. Erkenntnisse, die abhängig von der Erfahrung sind, sind a posteriori. Dies ist eine erkenntnistheoretische Unterscheidung. Sie betrifft das Wissen. Die Unterscheidung in »analytisch« und »synthetisch« betrifft Aussagen und deren Bedeutung. Sie ist semantisch.

Leibniz sowie Vertreter des logischen Empirismus wie Carnap sind der Ansicht, dass die Klassen der notwendigen Wahrheiten, der Erkenntnisse a priori und der analytischen Aussagen die gleichen sind. Kant ist der Ansicht, dass alle analytischen Aussagen notwendig sind und eine Erkenntnis a priori ausdrücken, er glaubt jedoch, dass es notwendige Wahrheiten gibt, die Erkenntnisse a priori ausdrücken, aber keine analytischen Aussagen sind. Als ein Beispiel nennt Kant den Satz: »Alles, was geschieht, hat eine Ursache.«[78] Dieser Satz entspricht dem Prinzip des zureichenden Grundes (s. S. 109). Laut Kant ist dieser Satz eine notwendige Wahrheit. Was kann damit gemeint sein? Es kann nicht gemeint sein, dass sich der Satz in eine Tautologie übersetzen lässt, denn der Begriff des »Geschehens« oder des »Ereignisses« ist nicht gleichbedeutend mit »Verursachtes«. Es kann auch nicht gemeint sein, dass es notwendig in dem Sinne ist, dass wir bislang nichts anderes erfahren haben als verursachte Ereignisse, denn dies hätte nicht die Gewissheit einer Erkenntnis a priori. Es muss damit gemeint sein, dass wir nicht einmal *denken* können, dass es anders wäre. Wir Menschen können nicht denken, dass etwas geschehen kann, ohne dass es eine Ursache hätte. Damit zeigt sich, dass Kant den Begriff der »analytischen Aussage« letztlich als etwas *Subjektives* interpretiert: *Wir* können nicht anders denken.

Der amerikanische Philosoph Willard Van Orman Quine (1908–2000) kritisiert in seinem Aufsatz »Zwei Dogmen des Empirismus« (»Two Dogmas of Empiricism«) aus dem Jahr 1951 die Unterscheidung in analytische und synthetische Aussagen. Quine argumentiert dafür, dass es nicht möglich sei, den Begriff der analytischen Aussage nicht zirkulär zu definieren. In der oben genannten Definition kommt der Ausdruck »übersetzt« vor, doch was bedeutet er? Wohl dass die beiden ineinander übersetzten Sätze dieselbe Bedeutung haben. Doch was ist Bedeutung? Man könnte es so versuchen: Ein Satz hat dieselbe Bedeutung wie ein anderer Satz, wenn er in diesen übersetzt werden kann. Damit machen wir aber bereits wieder von dem Ausdruck »übersetzt« Gebrauch. Somit kann man, so Quine, keine strikte Trennung zwischen analytischen und synthetischen Aussagen vornehmen. Über diese These von Quine wurde heftig debattiert, denn sie hat grundlegende

Auswirkungen auf das Selbstverständnis der Philosophie: Wenn es keine analytischen Aussagen gibt, dann gibt es auch keine Methode der Begriffsanalyse im klassischen Sinn, wie sie hier vorgestellt wurde.

6.5. Möglichkeit, Notwendigkeit und Kontingenz

Das Verb »können« wird in ganz unterschiedlichen Bedeutungen verwendet. Behaupten wir zum Beispiel »Ben kann schwimmen«, so meinen wir damit, dass Ben eine bestimmte Fähigkeit hat. Sagen wir aber »Man kann hier nicht parken«, so meinen wir damit, dass es nicht erlaubt ist, hier zu parken. Sagen wir »Ein Schimmel kann nicht schwarz sein«, so meinen wir damit, dass es begrifflich nicht möglich ist, dass ein Schimmel schwarz ist. Es ist diese dritte Bedeutung, das heißt »können« im Sinne einer begrifflichen Möglichkeit, die hier untersucht werden soll.

Die begriffliche oder logische Möglichkeit wird in der Logik als Modalität von Aussagen angesehen (Kap. 5.8.). Man unterscheidet den Möglichkeitsoperator (»Es ist möglich, dass p«) von dem Notwendigkeitsoperator (»Es ist notwendig, dass p«). Die beiden Operatoren lassen sich gegenseitig wie folgt definieren:

Notwendigkeits- und Möglichkeitsoperator
Es ist notwendig, dass p, genau dann, wenn es nicht möglich ist, dass nicht p.
Es ist möglich, dass p, genau dann, wenn es nicht notwendig ist, dass nicht p.

Ein Beispiel: »Es ist notwendig, dass ein Schimmel weiß ist« lässt sich umformen in »Es ist nicht möglich, dass ein Schimmel nicht weiß ist«. Und: »Es ist möglich, dass ein Schimmel weiß ist« lässt sich umformen in »Es ist nicht notwendig, dass ein Schimmel nicht weiß ist«. Dieser letzte Satz klingt verwirrend, weil wir in einem Gespräch in der Regel nicht eine schwächere Aussage machen würden, wenn wir eine stärkere machen können (vgl. hier die Konversationsmaximen S. 192): Es ist nicht nur nicht notwendig, dass ein Schimmel nicht weiß ist, sondern es ist notwendig, dass er weiß ist.

Eine Aussage kann möglich, aber dennoch nicht notwendig sein, etwa die Aussage, dass der Schimmel von Anne vier Jahre alt ist. Man nennt eine solche Aussage *kontingent* (vgl. das Zitat von Leibniz S. 180). Dass der Schimmel von Anne vier Jahre alt ist, ist eine kontingente Wahrheit. Aber dass der Schimmel von Anne weiß ist, ist keine kontingente, sondern eine notwendige Wahrheit. Man kann die Beziehung der Begriffe graphisch wie folgt (oder als logisches Quadrat, s. S. 158) darstellen[79]:

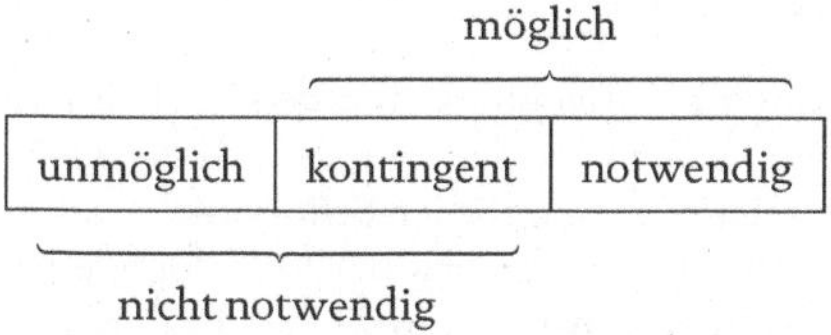

Es fällt auf: Die Beziehung der Begriffe »unmöglich«, »notwendig« und »möglich« ist parallel zu der Beziehung der Begriffe »verboten«, »geboten« und »erlaubt« (Kap. 4.5), das heißt der sogenannten deontischen Modalitäten (Kap. 5.8).

Eine notwendige Aussage ist immer wahr oder immer falsch. Eine kontingente Aussage kann wahr oder falsch sein. Man kann dies präziser fassen mit dem von Leibniz eingeführten Begriff der »*möglichen Welt*«. Eine mögliche Welt ist eine Möglichkeit, wie die Welt sein könnte. Zum Beispiel gibt es in einer möglichen Welt die Chemikerin Marie Curie. In einer anderen möglichen Welt wurde sie aber nie geboren. Und noch in einer anderen gibt es zwar Marie Curie, aber sie wurde nicht Chemikerin. Mit dem Begriff der möglichen Welt kann man die Begriffe der Möglichkeit und der Notwendigkeit definieren.

Möglichkeit
Ein von einer Aussage beschriebener Sachverhalt ist möglich, wenn es eine mögliche Welt gibt, in der die Aussage wahr ist.

Notwendigkeit
Ein von einer Aussage beschriebener Sachverhalt ist notwendig, wenn die Aussage in allen möglichen Welten wahr ist.

6.6. De re und de dicto

Die Unterscheidung in Notwendigkeiten *de re* (lat. für »von der Sache her«) und *de dicto* (lat. für »von dem Gesagten her«) ist mindestens seit der mittelalterlichen Scholastik bekannt. In einer Konstruktion *de re* bezieht sich der Modaloperator auf den Gegenstand, in einer Konstruktion *de dicto* bezieht er sich auf den ganzen Satz. Der mittelalterliche Philosoph Thomas von Aquin schreibt:

> Was von Gott gewußt wird, muß notwendig sein nach der Art und Weise, in der es dem göttlichen Willen unterliegt; freilich nicht schlechthin, sondern sofern es in den eigenen Ursachen betrachtet wird. Darum wird der Satz »Alles von Gott Gewußte muß notwendig sein« gewöhnlich unterschieden. Er kann auf die Sache (de re) oder die Aussage (de dicto) gehen. Wird er von der Sache verstanden, so ist er ge-

trennt und falsch, und dann ist der Sinn: Jede Sache, die Gott weiß, ist notwendig. Oder er kann verstanden werden von der Aussage. Und so ist er zusammengesetzt und wahr. Dann ist der Sinn: Diese Aussage: Das von Gott Gewußte, ist notwendig.[80]

Das bedeutet, dass der Satz (1) zwei Interpretationen hat:

(1) Alles von Gott Gewusste muss notwendig sein.
(1a) Jede Sache, die Gott weiß, ist notwendigerweise. (De re)
(1b) Es ist notwendig: Jede Sache, die Gott weiß, ist. (De dicto)

Die Interpretation (1a) ist eine falsche Aussage, denn wir können zum Beispiel annehmen, dass Gott weiß, dass Marie Curie eine Chemikerin ist, doch ist Marie Curie nicht notwendigerweise eine Chemikerin, denn sie hätte auch Mathematikerin werden können.

Die Unterscheidung in Notwendigkeiten *de re* und *de dicto* lässt sich auch auf konditionale Sätze übertragen. Betrachten wir den folgenden Satz:

(2) Wenn Gott weiß, dass Stuttgart gegen München im Fußball gewinnt, dann muss Stuttgart gegen München gewinnen.

Dieser Satz hat zwei Interpretationen, von denen wiederum die erste wahr und die zweite falsch ist:

(2a) Wenn Gott weiß, dass Stuttgart gegen München im Fußball gewinnt, dann ist es notwendig, dass Stuttgart gegen München gewinnt. (De re)

(2b) Es ist notwendig: Wenn Gott weiß, dass Stuttgart gegen München im Fußball gewinnt, dann gewinnt Stuttgart gegen München. (De dicto)

Die Unterscheidung lässt sich auch auf Sätze über Einstellungen wie Überzeugungen oder Wünsche übertragen. Betrachten wir den folgenden Satz:

(3) Ich will ein Fahrrad besitzen.

Damit kann zweierlei gemeint sein:

(3a) Es gibt ein bestimmtes Fahrrad, das ich besitzen will. Anders gesagt: Es gibt ein x, so dass x ein Fahrrad ist und ich x besitzen will. (De re)
(3b) Ich will irgendein Fahrrad besitzen. Anders gesagt: Ich will, dass es ein x gibt, so dass x ein Fahrrad ist und ich x besitze. (De dicto)

Je nachdem, was ich meine, ist (3a) oder (3b) wahr. Hier ist noch ein zweites Beispiel (mit einer Kennzeichnung, s. S. 175):

(4) Ich weiß, dass der gegenwärtige Präsident der USA zwei Kinder hat.

Das kann zweierlei bedeuten:

(4a) Ich weiß von diesem Mann dort, dass er zwei Kinder hat. (De re)
(4b) Ich weiß, dass der gegenwärtige Präsident der USA (wer auch immer es sei) zwei Kinder hat. (De dicto)

6.7. Präsupposition

Sätze sind nicht nur abstrakte Gegenstände, die man isoliert von jeglicher Situation und Handlung betrachten kann. Sätze sind auch das, was Sprecher äußern und behaupten. Aufgrund dessen, dass ein Sprecher einen Satz äußert, muss er gewisse Dinge voraussetzen. Betrachten wir das berühmte Beispiel von Gottlob Frege:

> Wenn man also behauptet, »Kepler starb im Elend«, so ist dabei vorausgesetzt, daß der Name »Kepler« etwas bezeichne; aber darum ist doch im Sinne des Satzes »Kepler starb im Elend« der Gedanke, daß der Name »Kepler« etwas bezeichne, nicht enthalten. Wenn das der Fall wäre, müßte die Verneinung nicht lauten
>
> »Kepler starb nicht im Elend«,
>
> sondern
>
> »Kepler starb nicht im Elend, oder der Name ›Kepler‹ ist bedeutungslos«.
>
> Daß der Name »Kepler« etwas bezeichne, ist vielmehr Voraussetzung ebenso für die Behauptung
>
> »Kepler starb im Elend«
>
> wie für die entgegengesetzte.[81]

Wer den Satz äußert, der behauptet nicht, dass es Kepler gibt, aber er setzt es voraus, er *präsupponiert* es. Eine Präsupposition ist das, was ein Sprecher aufgrund der Äußerung des Satzes voraussetzen muss.

Eine Präsupposition kann auch durch andere Ausdrücke als Namen hervorgerufen werden. Man betrachte den folgenden Satz:

(1) Ich habe aufgehört, Fußball zu spielen.

Damit setze ich voraus, dass ich einmal Fußball gespielt habe. Wenn ich nicht zuvor Fußball gespielt hätte, könnte ich auch nicht damit aufhören.

Die Verneinung derartiger Aussagen lässt die Frage aufkommen, ob es Sätze gibt, die weder wahr noch falsch sind. Angenommen, ich habe nie Fußball gespielt, und jemand sagt von mir, ich hätte aufgehört, und nun verneine ich das, und sage:

(2) Ich habe nicht aufgehört, Fußball zu spielen.

Ist dieser Satz wahr oder falsch? Wahr ist, dass ich nie Fußball gespielt habe. Also ist auch wahr, dass ich nicht aufgehört habe, denn das würde ja voraussetzen, dass ich Fußball gespielt habe. Andererseits ist es falsch zu sagen, dass ich nicht aufgehört habe, denn das würde ja bedeuten, dass ich immer noch Fußball spiele, was aber eben nicht stimmt. Bedeutet das, dass der Satz zugleich wahr und falsch ist? Das kann nicht sein, denn das ist ein Widerspruch. Man könnte jedoch sagen, dass der Satz weder wahr noch falsch ist. Diese These vertritt der britische Philosoph Peter Strawson (1919–2006).

6.8. Implikatur

Eine *Implikatur* (engl. *implicature*) nennt man in der Philosophie den Teil der Äußerungsbedeutung, der gemeint, aber nicht gesagt, sondern nur angedeutet ist. Der Begriff wurde vom britischen Philosophen Paul Grice (1913–1988) eingeführt. Betrachten wir den folgenden Dialog:

A: Kommst du heute zum Essen?
B: Ich muss arbeiten.

Was B sagt, beantwortet die Frage nicht. Dennoch hat er eine Antwort auf die Frage gegeben, nämlich dadurch, dass er diese Antwort zumindest angedeutet hat. Er meint mit seiner Äußerung, dass er nicht kommen wird. Er sagt dies nicht, und es folgt dies auch nicht logisch aus der Aussage, es ist durch die Aussage nicht impliziert. Dennoch teilt der Sprecher dies mit. Um zu beschreiben, was der Sprecher genau tut, führt Grice den Begriff der »Implikatur« ein: B implikiert mit dem, was er sagt, dass er heute nicht zum Essen kommt. Eine Implikatur kann zugleich das Implikieren wie auch das Resultat davon sein.[82]

Die Implikatur kann vom Sprecher aufgehoben werden. Zum Beispiel könnte B sagen:

B: Ich muss arbeiten, aber ich komme dennoch.

Dies ergibt keinen Widerspruch. Ein Widerspruch würde bestehen, wenn man sagen würde: »Ich muss arbeiten, und ich muss nicht arbeiten.« Dass man eine Implikatur ohne Widerspruch aufheben kann, zeigt noch einmal, dass die Implikatur von dem Gesagten verschieden ist. Die Implikatur ist auch keine Präsupposition (s. S. 189), denn derjenige, der den Satz äußert, er müsse arbeiten, setzt damit nicht voraus, dass er heute nicht zum Essen kommt.

Grice unterscheidet verschiedene Arten von Implikaturen. Die wichtigste davon ist die *konversationale Implikatur*. Diese erklärt Grice mit dem sogenannten Kooperationsprinzip (*cooperative principle*) und einer Reihe von diesem untergeordneten Konversationsmaximen (*conversational maxims*).

Kooperationsprinzip
Mache deinen Gesprächsbeitrag jeweils so, wie es von dem akzeptierten Zweck oder der akzeptierten Richtung des Gesprächs, an dem du teilnimmst, gerade verlangt wird.

Konversationsmaximen
I. Quantität
1. Mache deinen Beitrag so informativ wie (für die gegebenen Gesprächszwecke) nötig.
2. Mache deinen Beitrag nicht informativer als nötig.

II. Qualität
1. Sage nichts, was du für falsch hältst.
2. Sage nichts, wofür dir angemessene Gründe fehlen.

III. Relation
Sei relevant.

IV. Modalität
1. Vermeide Dunkelheit des Ausdrucks.
2. Vermeide Mehrdeutigkeit.
3. Sei kurz (vermeide unnötige Weitschweifigkeit).
4. Immer der Reihe nach! (Engl. *Be orderly.*)

Das Kooperationsprinzip ist keine allgemeine Beschreibung davon, wie Menschen tatsächlich kommunizieren, und es ist auch kein moralisches Gebot. Vielmehr ist es ein grundlegendes Prinzip der Rationalität in der Kommunikation, ein Prinzip, das konstitutiv dafür ist, wie die Art von Gespräch aussieht, bei dem die Gesprächspartner das gemeinsame Ziel verfolgen, einander gegenseitig zu verstehen. Ein Sprecher kann mit seiner Äußerung etwas implikieren, weil er davon ausgehen kann, dass der Hörer aufgrund der Äußerung und der Umstände ohne Probleme herausarbeiten kann, was gemeint ist. Dabei stützt sich der Hörer auch auf das Kooperationsprinzip, und zwar in dem folgenden Sinne: Er *unterstellt* dem Sprecher, dass dieser das Kooperationsprinzip befolgt. Sagt dieser etwas, was für den gegebenen Gesprächszweck nicht informativ ist, so muss er noch etwas anderes meinen als das, was er sagt. In dem oben genannten Beispiel ist die Aussage, dass man arbeiten muss, keine informative Antwort auf die Frage, ob man zum Essen komme. Da der Hörer aber davon ausgehen kann, dass der Sprecher dem Kooperationsprinzip folgt, das heißt, eine informative Äußerung macht, gelangt er zu dem Resultat, dass der Sprecher gemeint haben muss, dass er aufgrund der Arbeit nicht zum Essen kommt. Und genau darauf stützt sich der Sprecher: Er weiß, dass der Hörer diese Überlegung machen wird, und kann deshalb mit dem Satz »Ich muss arbeiten« meinen, dass er nicht zum Essen kommt.

Aus diesem Grund kann man mit einem Satz, der trivialerweise und immer wahr ist, etwas meinen, etwa mit dem Satz »Krieg ist Krieg«. Damit könnte jemand meinen, dass gewisse Verhaltensweisen, die sich nicht aus dem Begriff »Krieg« selbst ergeben, in allen Kriegen vorkommen. Oder man denke an den Busfahrer, der sagt »Entweder ihr seid da, oder ihr seid nicht da«, und damit meint, dass er um eine bestimmte Uhrzeit losfahren wird, unabhängig davon, wer im Bus ist.

Übungsaufgaben

1. Welchen Fehler begeht derjenige, der den folgenden Satz wörtlich meint?
   Die Farbe Blau ist süß.

2. Auf welche zwei Arten kann man den Satz »Es hat alles keinen Sinn« analysieren?

3. Was ist das Problem mit dem Satz »Ich suche das Nichts«, wenn man ihn wörtlich meint?

4. Was ist die logische Form der folgenden Sätze?
   a) Theaitetos fliegt.
   b) Der Abendstern ist der Morgenstern.
   c) Es gibt einen Weg.

5. Welche der folgenden Aussagen sind analytisch, welche synthetisch?
   a) Alle Elefanten sind grau.
   b) Alle Junggesellen sind Männer.
   c) 2 + 2 = 4.
   d) Anne ist die Freundin von Ben.
   e) Jede Wirkung hat eine Ursache.
   f) 2 + 2 = 5.

6. Welche der folgenden Behauptungen sind wahr?
   a) Alles, was möglich ist, ist nicht notwendig.
   b) Was unmöglich ist, kann nicht sein.
   c) Alles, was notwendig ist, ist möglich.
   d) Das Kontingente ist weder notwendig noch unmöglich.
   e) Was nicht unmöglich ist, ist notwendig.

7. Wie lauten die *De-re-* und die *De-dicto-*Interpretation der folgenden Sätze?
   a) Sokrates ist notwendigerweise ein Mensch.
   b) Ben glaubt, dass der Freund von Anne in Wien wohnt.

8. Was wird in den folgenden Aussagen präsupponiert?
   a) Der gegenwärtige König von Frankreich ist kahlköpfig.
   b) Er hat begonnen, seine Frau zu schlagen.
   c) Bevor sie ihn verließ, schrieb sie ihm einen Abschiedsbrief.

9. Was ist in den folgenden Aussagen von B die Implikatur?
   a) A: Wo kann ich hier tanken? B: Um die Ecke ist eine Tankstelle.
   b) A: Wo ist C? Ich möchte C besuchen. B: Irgendwo in Südfrankreich.

10. Weshalb ist das folgende Argument ein Fehlschluss?
    Dieser Mann hat seine Frau nie betrogen. Also hat er nicht aufgehört, sie zu betrügen. Also betrügt er sie immer noch.

Diskussionsfragen

1. *Analytisch/synthetisch und a priori / a posteriori.* Sind die folgenden Aussagen analytisch oder synthetisch? Und drücken sie eine Erkenntnis a priori oder a posteriori aus?
   a) Jedes Ereignis hat eine Ursache.
   b) Jedes Objekt, das wir anschauen können, ist in einem Raum mit drei Dimensionen.
   c) Ich denke.

2. *Descartes' Traumargument.* Ich kann nicht ausschließen, dass ich jetzt träume. Wenn ich nicht ausschließen kann, dass

ich jetzt träume, dann weiß ich auch nicht, ob das, was ich jetzt wahrnehme, existiert. Also weiß ich nicht, ob das existiert, was ich jetzt wahrnehme.[83]

3. *Descartes' Betrügerargument.* Es ist möglich, dass mich ein böser Dämon in allem, was ich denke, betrügt, sogar in Bezug darauf, dass es überhaupt etwas gibt und dass mathematische Sätze wahr sind. Wir können nicht ausschließen, dass uns jetzt ein böser Dämon betrügt. Also können wir nicht wissen, ob es überhaupt etwas gibt und ob mathematische Sätze wahr sind.[84]

4. *Humes Induktionsproblem.* Wie kann man von der bisherigen Erfahrung auf eine allgemeine Aussage schließen, zum Beispiel von der Erfahrung, dass alle bisher beobachteten Schwäne weiß waren, darauf, dass alle Schwäne weiß sind? Eine Folgerung kann entweder aus Gründen der Vernunft oder aus Gründen der Erfahrung gerechtfertigt sein. Die Vernunft rechtfertigt die Folgerung von der bisherigen Erfahrung auf eine allgemeine Aussage nicht, denn es handelt sich dabei nicht um einen deduktiven Schluss. Die Erfahrung rechtfertigt die Folgerung ebenfalls nicht, denn diese setzt voraus, dass sich die Natur auch in Zukunft gleich verhält, und dies können wir nicht bloß durch Erfahrung wissen. Also ist die Folgerung von der bisherigen Erfahrung auf eine allgemeine Aussage nicht gerechtfertigt.[85]

5. *Moores Paradox.* »Es regnet, aber ich glaube nicht, dass es regnet.« – Warum kann ich diesen Satz nicht behaupten?

6. *Die Existenz von Pegasus.* Das, worauf ich mich beziehe, wenn ich ein Wort verwende, existiert. Ich beziehe mich mit dem Wort »Pegasus« auf Pegasus, das geflügelte Pferd. Also gibt es das geflügelte Pferd.

7. *Verifikationistische Bedeutungstheorie.* Gibt es sinnvolle Sätze, die weder analytisch noch im Prinzip empirisch überprüfbar sind?

8. Bedeutung ethischer Urteile. »Wir beginnen mit dem Eingeständnis, dass die ethischen Grundbegriffe nicht analysierbar sind, da es kein Kriterium gibt, mittels dessen man die Gültigkeit der sie enthaltenden Urteile prüfen kann.«[86]

7. Lesen

Wer tiefer in die Philosophie vordringen will, muss klassische philosophische Texte lesen, das heißt Texte, die für die Philosophiegeschichte wichtig sind, unabhängig davon, wann sie geschrieben wurden. Der erste Grund liegt darin, dass solche Texte Philosophen eine gemeinsame Fachterminologie und viele Musterbeispiele für Argumente liefern. Der zweite Grund liegt darin, dass philosophischer Fortschritt in der Regel auf der Auseinandersetzung mit den Positionen und Argumenten anderer aufbaut. Was es bedeutet, einen Text genau zu lesen, und wie man dabei vorgehen kann, wird in diesem Kapitel gezeigt.

7.1. Sechs Stufen des Lesens

Lesen ist eine Tätigkeit, die ganz unterschiedlichen Zwecken dienen kann. Lesen wir einen philosophischen Text, so geht es in erster Linie um zweierlei, nämlich (1) um den Inhalt, um Thesen, Positionen und Argumente. Wir wollen wissen, was der Autor behauptet, und wir wollen wissen, wie er dafür argumentiert. Es geht (2) um die Beurteilung des Inhalts. Wir wollen auch wissen, ob die Thesen wahr und die Argumente gut sind. Der amerikanische Philosoph Jay F. Rosenberg (1942–2008) schlägt in seinem hervorragenden Einführungsbuch *Philosophieren. Ein Handbuch für Anfänger* sechs Möglichkeiten vor, wie man einen philosophischen Text lesen kann.[87] Dementsprechend lassen sich sechs Stufen des Lesens voneinander unterscheiden[88]:

1. Thesen: Welche Thesen vertritt der Autor?
2. Argumente: Mit welchen Argumenten begründet der Autor seine Thesen?

3. Dialektischer Zusammenhang: In welchem externen Diskussionszusammenhang stehen diese Thesen und Argumente? Von welchen Fragen und welchen bestehenden Antworten geht der Autor aus? Wie formuliert er die Fragen? Welche neuen Fragen formuliert er?
4. Beurteilung: Sind die Thesen wahr oder zumindest plausibel? Sind die Argumente gut?
5. Entscheidung: Wie ist die vom Autor vorgeschlagene Lösung eines Problems im Diskussionszusammenhang zu beurteilen?
6. Kreative Entwicklung: Wie kann man das Problem zu seinem eigenen machen und eine Lösung formulieren, die über das Bestehende hinausgeht?

Die letzten Stufen können sehr anspruchsvoll werden. Zunächst muss man sich sicherlich auf die ersten zwei Stufen konzentrieren, auf denen die anderen vier Stufen dann aber aufbauen. Wie kann man dabei vorgehen?

Es gibt nicht nur eine mögliche Vorgehensweise, es gibt jedoch solche, die geeigneter als andere sind. Aus der Psychologie ist bekannt, das unter anderem die folgenden zwei Faktoren die Lesekompetenz beeinflussen, nämlich das Hintergrundwissen und der Einsatz von sogenannten metakognitiven Lesestrategien, das heißt Reflexion des Lesens während des Lesens.

Es ist sinnvoll, das Lesen in drei Phasen einzuteilen: Lesevorbereitung, schnelles Lesen und genaues Lesen.[89]

1. Lesevorbereitung

Ziel: Eine Grundidee davon zu bekommen, worum es im Text geht.

Vorgehen: Man sollte den Titel, die Zwischentitel, die Fußnoten, die Bibliographie anschauen und das Abstract, die

Einleitung oder den Schluss lesen sowie die folgenden Fragen beantworten: Wer ist der Autor? Wann und wo ist der Text erschienen? Was ist die Textsorte (handelt es sich zum Beispiel um ein Einführungsbuch oder einen Forschungsartikel)? Wozu dienen die Fußnoten, der Quellenangabe oder der Argumentation? (Je nach Antwort muss man sie während des Lesens des Textes beachten oder nicht.) Was ist das Thema? Und eventuell bereits auch die Frage: Wie lauten die Hauptthesen?

2. Schnelles Lesen
Ziel: Ein Grundverständnis des Textes zu entwickeln.
Vorgehen: Man sollte den ganzen Text einmal schnell lesen und sich dabei folgende Fragen beantworten: Was sind die Hauptthesen des Textes? (Es kann sein, dass die Beantwortung dieser Frage beim ersten schnellen Lesen noch nicht möglich ist; dann kann man zumindest einmal Stellen anstreichen, in denen eine These formuliert sein könnte.) Was ist die Struktur des Textes? Dabei sollte man Notizen am Rand zu Funktion und Inhalt von Abschnitten machen (s. Kap. 7.2.). Welche Stellen sind für die Argumentation wichtig? Versteht man die Bedeutung eines Wortes nicht, so kann man es in einem Konversationslexikon, einem Fremdwörterbuch oder einem Fachwörterbuch nachschlagen. Dabei ist jedoch zu beachten: Die Bedeutung, die in einem Lexikon angegeben ist, muss nicht der Bedeutung des Wortes im Text entsprechen. Je nach Kontext kann das Wort eine andere Bedeutung haben. Wichtig beim schnellen Lesen ist, sich nicht durch eine Unklarheit aufhalten zu lassen, sondern den ganzen Text von vorne bis hinten ganz zu lesen.

3. Genaues Lesen
Ziel: Ein vertieftes Verständnis des Textes zu entwickeln, das heißt, die Argumentation in eigenen Worten wiedergeben zu können.
Vorgehen: Man sollte den gesamten Text sehr genau lesen und dabei die eigenen Notizen auf der Seite korrigieren und ergänzen sowie sich auf einem eigenen Blatt Notizen machen. Im Anschluss sollte man eine Gliederung erstellen, ein Abstract schreiben und die einzelnen Argumente rekonstruieren.

Das Verstehen eines Textes ist ein spiralförmiger Prozess, der auch als »hermeneutischer Zirkel« bezeichnet wird. Man erfasst zunächst etwas vom Ganzen, untersucht dann die einzelnen Teile, fügt diese wieder zu einem Ganzen zusammen, geht dann wieder zu einzelnen Teilen und analysiert diese, um von diesen wieder zu einem besseren Verständnis des Ganzen zu gelangen. Auf diese Weise arbeitet man sich in die Tiefe eines Textes hinein.

7.2. Den Text gliedern

Das Ziel der Gliederung ist es, sich einen Überblick über die Struktur des Textes zu verschaffen. Dabei ist es sinnvoll, zunächst größere Texteinheiten (Kapitel, Unterkapitel) und erst dann kleinere Texteinheiten (Abschnitte) zu bearbeiten. Grundsätzlich gesehen besteht die Aufgabe in zwei Schritten: die Struktur herauszuarbeiten und als Gliederung darzustellen. Dabei kann man wie folgt vorgehen[90]:

Vorgehen zum Gliedern eines Textes
1. Struktur herausarbeiten
   a) Den Text in sinnvolle gedankliche Einheiten (Abschnitte) einteilen

b) Für jede Einheit klären:
   - Was ist der Inhalt, worum geht es?
   - Welche Funktion (zum Beispiel These, Argument, Beispiel, Exkurs) erfüllt diese Einheit?
   - In welchem Bezug steht sie zu anderen Einheiten?

c) Jede Einheit am Rand mit Stichworten versehen, die Inhalt und/oder Funktion angeben

2. Gliederung darstellen
   Auf einem separaten Blatt die Gliederung mit Stichworten zu Inhalt und Funktion darstellen. Sinnvoll ist meistens eine hierarchische Darstellung mit Dezimalnummerierung (»1.1.«, »1.2.« usw.).

Ein Beispiel für eine Gliederung könnte so aussehen:

1. Einleitung (Zeile 1–5)
   These 1: Der Wille des Menschen ist frei.
2. Hauptteil (Zeile 6–25)
   2.1. Erstes Argument: Der Wille des Menschen ist frei, denn … (Zeile 6–13)
   2.2. Exkurs: Determinismus in der Antike (Zeile 14–17)
   2.3. Zweites Argument: Der Wille des Menschen ist frei, denn … (Zeile 17–22)
   2.4. Einwand gegen das erste Argument: Das Prinzip des zureichenden Grundes verlangt … (Zeile 22–25)
3. Schluss (Zeile 26–28)

7.3. Das Wesentliche erfassen

Nachdem man sich mit Hilfe einer Gliederung einen Überblick erarbeitet hat, ist es nun einfacher, die wesentlichen Aussagen des Textes herauszuarbeiten. Die Frage lautet: Was ist die Hauptthese des Textes? Um diese Frage zu beantworten, kann man zunächst nach der expliziten Formulierung dieses Ziels durch den Autor Ausschau zu halten, insbesondere in der Einleitung und im Schlussteil. Das explizite Ziel liefert in der Regel eine gute Orientierung für die Suche nach weiteren wesentlichen Aussagen des Textes. Gibt es kein explizites Ziel, so muss man nach Zielen suchen, die implizit im Text vorhanden sind. Dabei lohnt es sich, wiederum Einleitung und Schlussteil zu lesen, den Titel und die Zwischentitel genauer anzuschauen und sich zu überlegen, in welchem Zusammenhang sie zum Text stehen, sowie nach zentralen Textstellen zu suchen und diese genau zu lesen. Es kann dabei für die weitere Arbeit am Text nützlich sein, das Ziel des Textes als Hauptthese in eigenen Worten in einem oder mehreren Sätzen zu formulieren. Ausgehend von dieser Hauptthese kann man sich überlegen, mit welchen Argumenten die These im Text gestützt wird, oder zumindest, auf welche Weise sie mit anderen wichtigen Aussagen des Textes zusammenhängt.

Nachdem man auf diese Weise den wesentlichen Inhalt erfasst hat, kann man nun dazu übergehen, diesen Inhalt genauer darzustellen. Die klassische Form zur Darstellung des wesentlichen Inhalts ist die *Zusammenfassung* oder *Inhaltsangabe*. Eine kurze Zusammenfassung, die in der Regel nicht länger als 100 bis 300 Wörter ist, nennt man *Abstract*. Zu einem Abstract gehören in der Regel der Autor und der Titel des Werkes, eventuell ergänzt um bibliographische Angaben. Das Abstract stellt den Inhalt zusammenfassend direkt dar, ohne den Autor einzuführen, das heißt, man schreibt nicht »Der Autor X schreibt in dem Text Y, dass Z der Fall ist«, sondern ganz einfach »Z ist der Fall«; wer dies sagt, ergibt sich aus dem Titel. Beispiele für Abstracts als Orientierung für das eigene Schreiben findet man in wissenschaftlichen Fachzeitschriften (vielfach sind sie den Aufsätzen vorangestellt) oder in entsprechenden Datenbanken. Als Leitideen können folgende Regeln dienen:

Regeln für eine Inhaltsangabe

1. Nur das Wesentliche, keine Details
2. Direkte Formulierung, ohne Einführung des Autors
3. Eigenständiger Text, das heißt, die Inhaltsangabe soll ohne Kenntnis des Originaltextes verständlich sein
4. Nüchtern, ohne Spannungsaufbau oder rhetorische Tricks
5. Sachlich, ohne Wertung
6. In eigenen Worten, das heißt in der Regel ohne wörtliche Zitate
7. Der Einfachheit halber in der Zeitform der Gegenwart (Präsens), nicht der Vergangenheit

Wie kann man ein Abstract schreiben? Georg Brun und Gertrude Hirsch Hadorn schlagen folgendes Vorgehen vor.[91]

Vorgehen beim Schreiben eines Abstracts

1. Kernaussage formulieren: Versuchen Sie, den Inhalt des gesamten Textes in einem Satz auf den Punkt zu bringen.
2. Unterstützende Sätze formulieren: Formulieren Sie in eigenen Worten weitere Sätze, die dazu dienen, die Kernaussage zu stützen. Die Reihenfolge spielt dabei vorerst keine Rolle. Entstehen längere Passagen, so sind diese in einem nächsten Schritt zu kürzen.
3. Unterstützende Sätze anordnen: Ordnen Sie die Sätze so an, dass die inhaltlichen und logischen Verbindungen deutlich werden.
4. Revidieren: Lesen Sie das Abstract durch, und fragen Sie sich immer wieder: Wird klar, worum es im Text geht? Erhält man einen Überblick über die Argumentation? Ist das Abstract ohne Kenntnis des Originaltexts verständlich? Gegebenenfalls sollten Sie entsprechende Änderungen vornehmen.

Ist man sich unsicher darüber, ob das Abstract verständlich ist, so kann man es jemandem zu lesen geben, der den Originaltext nicht kennt, und um ein Feedback bitten: Versteht der andere, worum es geht? Welche Stellen sind klar, welche sind es nicht?

Eine Alternative zum Abstract ist das Thesenpapier. In einem zusammenfassenden Thesenpapier formuliert man die wichtigsten Thesen in eigenen Worten, um sich einen Überblick zu verschaffen. Ein Thesenpapier eignet sich als Gedächtnisstütze und als Diskussionsgrundlage.

7.4. Genauer lesen und interpretieren

Hat man den wesentlichen Inhalt erfasst, so kann man dazu übergehen, den Text genauer zu analysieren. Das bedeutet konkret, dass man untersucht, was genau die Bedeutung, Form und Funktion bestimmter Sätze und Begriffe im Text sind, und dass man versucht, die Argumentation zu rekonstruieren.

Zu den Texteinheiten (Abschnitten) eines Textes kann man, wie bereits erläutert, Fragen nach dem Inhalt, der Funktion und dem Bezug zu anderen Texteinheiten stellen. Entsprechende Fragen lassen sich auch für einzelne Sätze formulieren:

1. Was ist die Bedeutung des Satzes?
2. Welche Funktion (zum Beispiel Frage, These, Prämisse, Konklusion) erfüllt der Satz?
3. In welcher Beziehung steht der Satz zu anderen Sätzen?

Die zweite Frage nach der Funktion des Satzes kann für das Verständnis des Textes entscheidend sein. Handelt es sich bei dem Satz um eine Frage oder um eine Aussage? Wird etwas behauptet oder eine These vorgetragen, die lediglich zu Argumentationszwecken aufgestellt wird? Ist der Satz eine Prämisse oder eine Konklusion eines Arguments? Mit dieser letzten Frage wird auch schon deutlich, wie wichtig es für das Verständnis der Argumentation ist, die dritte Frage beantworten zu können.

Die erste Frage kann man oft bereits damit beantworten, dass man den Satz sorgfältig liest. Es kann aber sein, dass dies nicht ausreicht, und zwar entweder weil *mehrere* Interpretationen sinnvoll erscheinen oder weil *keine* Interpretation sinnvoll erscheint. Im ersten Fall muss man auf das grundlegende Prinzip der Interpretation zurückgreifen, auf das *Prinzip der wohlwollenden Interpretation* (engl. *principle of charity*), das bereits Philosophen des 18. Jahrhunderts bekannt war.[92] Dieses Prinzip besagt, dass man als Leser dem Autor (oder als Hörer dem Sprecher) möglichst wenig falsche Überzeugungen zuschreiben sollte. Das bedeutet freilich nicht, dass es nicht auch sein kann, dass man ihm schließlich eine falsche Überzeugung zuschreiben muss.

Prinzip der wohlwollenden Interpretation
Man sollte in der Interpretation dem Autor möglichst wenige falsche Überzeugungen zuschreiben.

Um überhaupt eine Interpretation zu formulieren, kann es nötig sein, den entsprechenden Satz genauer zu analysieren. Dazu kann man zwei Fragen stellen:

1. Was ist die logische Form des Satzes?
2. Was ist die Bedeutung der Begriffe im Satz?

Wie man bei der Beantwortung der ersten Frage vorgehen kann, wurde hier bereits in einem früheren Kapitel erläutert (s. Kap. 6.). Zu beachten ist, dass die logische Form eines Satzes sehr komplex sein kann, und zwar so komplex, dass die hier vorgestellten Hilfsmittel bei weitem nicht ausreichen. Allerdings kann unter Umständen auch bereits eine Teilanalyse hilfreich sein.

Um zu klären, was die Bedeutung der Begriffe im Satz ist, in welcher Bedeutung der Autor sie also in dem Satz verwendet, kann es hilfreich sein, übliche Bedeutungen in Konversations- oder Fachlexika nachzuschlagen. Die übliche Bedeutung muss aber nicht der Bedeutung entsprechen, die die Begriffe im Satz tatsächlich haben. Ist ein Begriff mehrdeutig, so sollte man versuchen, die Mehrdeutigkeit für den Satz unter Rückgriff auf das Prinzip der wohlwollenden Interpretation aufzulösen. Für die Bestimmung der Bedeutung von sogenannten Schlüsselbegriffen, das heißt von Begriffen, die für das Verständnis des ganzen Textes wichtig sind, kann es dienlich sein, alle wichtigen Vorkommnisse des Begriffs im Text zu untersuchen. Dies können Stellen sein, an denen der Begriff zum ersten Mal vorkommt, an denen er definiert wird, an denen er durch Beispiele erläutert wird oder an denen er von anderen Begriffen unterschieden wird. Man kann das Ergebnis dieser »Verwendungsanalyse« in einer Tabelle darstellen.[93]

Ein Grund dafür, dass die Analyse von Sätzen und Begriffen sich als schwierig herausstellen kann, können sprachliche Unklarheiten sein. Wichtige Arten sprachlicher Unklarheit werden im nächsten Abschnitt erläutert.

7.5. Sprachliche Unklarheiten erkennen

Die Alltagssprache ist in verschiedener Hinsicht unklar. Auf die Vagheit und Porosität empirischer Begriffe wurde bereits an früherer Stelle hingewiesen (s. S. 83–84). Vagheit ist so lange unproblematisch, als wir in der Äußerungssituation sagen können, ob die mit einem vagen Begriff gebildete Aussage wahr ist.

Zwei weitere Arten sprachlicher Unklarheit sollen nun genauer untersucht werden, nämlich Mehrdeutigkeit und Metapher.

Mehrdeutigkeit
Ein einzelner sprachlicher Ausdruck oder ein ganzer Satz kann *mehrdeutig* sein, das heißt, er kann verschiedene Interpretationen zulassen.

> **Mehrdeutigkeit**
> Ein sprachlicher Ausdruck oder ein ganzer Satz ist dann mehrdeutig, wenn er verschiedene Interpretationen zulässt.

Es gibt verschiedene Arten von Mehrdeutigkeit, und zwar (1) lexikalische, (2) syntaktische und (3) pragmatische. Diese werden kurz erläutert.

Lexikalische Mehrdeutigkeit. Betrachten wir folgende Aussage: »Anne hat gut entschieden.« Damit kann zweierlei gemeint sein, nämlich erstens das *Resultat* der Entscheidung. Mit dem Satz könnte dann zum Beispiel gemeint sein, dass es gut ist, dass sich Anne dafür entschieden hat, den Spielregeln zu folgen. Zweitens kann mit dem Satz auch der *Prozess* der Entscheidung selbst gemeint sein, etwa die Tatsache, dass sie sich genug Zeit genommen und alle relevanten Entscheidungsfaktoren berücksichtigt hat. Diese *Prozess-Resultat-Ambiguität* (auch *Akt-Objekt-Ambiguität* genannt) ist in vielen Ausdrücken zu finden, die auf »-ung« enden (zum Beispiel »Entscheidung«, »Erklärung« und »Begründung«). Die Mehrdeutigkeit betrifft in diesem Fall einen einzelnen Ausdruck. Dies ist die sogenannte lexikalische Mehrdeutigkeit.

Syntaktische Mehrdeutigkeit. Betrachten wir nun diese Aussage: »Anne und Ben gingen spazieren.« Auch wenn klar ist, was mit »spazierengehen« gemeint ist, bleibt der Satz mehrdeutig. Denn damit kann zum einen gemeint sein, dass Anne und Ben *zusammen* spazieren gingen, und zum anderen, dass Anne und Ben *jeweils allein oder mit anderen* spazieren gingen. Die Mehrdeutigkeit betrifft in diesem Fall nicht nur einen einzelnen Ausdruck oder eine Formulierung, sondern die logische *Struktur des Satzes*. Dies nennt man syntaktische Mehrdeutigkeit. Eine besonders häufige Form der syntaktischen Mehrdeutigkeit ist der mehrdeutige *Textbezug*, wie zum Beispiel in diesem Satz: »Anne und Ben kamen die Straße hoch, ich sah sie von weitem.« Dieser Satz kann zum einen bedeuten, dass ich sie, Anne und Ben, von weitem sah, und zum anderen, dass ich sie, Anne, von weitem sah.

Pragmatische Mehrdeutigkeit. Betrachten wir nun den folgenden Satz: »Ich wohne hier.« In diesem Fall ist klar, was »ich«, »wohnen« und »hier« bedeuten, und auch die Satzstruktur ist denkbar einfach. Dennoch kann der Satz im Kontext der Äußerung mehrdeutig sein. Je nach Kontext kann man mit dem Satz meinen, dass man in dieser Wohnung, in diesem Haus, in dieser Stadt oder in diesem Land wohnt. Das Wort »hier« ist (hier!) nicht lexikalisch mehrdeutig – es handelt sich dabei um einen indexikalischen Ausdruck (s. S. 173) –, und auch die Satzstruktur ist es nicht. Dennoch kann der Satz in der Äußerungssituation mehrdeutig sein. Dies nennt man kontextuelle oder pragmatische Mehrdeutigkeit.

Trifft man in einem Text auf eine Mehrdeutigkeit, so sollte man untersuchen, ob sie sich leicht auflösen lässt, indem man dem Prinzip der wohlwollenden Interpretation folgt. Ist dies nicht möglich, so sollte man sich überlegen, welche Konsequenzen jede der Interpretationen für die These und die Argumentation hat.

Metapher
Sprachliche Ausdrücke können metaphorisch verwendet werden. Was bedeutet dies? Aristoteles schreibt in der *Poetik*:

> Eine Metapher ist die Übertragung eines Wortes (das somit in uneigentlicher Bedeutung verwendet wird), und zwar entweder von der Gattung auf die Art, oder von der Art auf die Gattung, oder von einer anderen Art auf eine andere, oder nach den Regeln der Analogie.[94]

Doch damit stellt sich die Frage: Was ist mit »Übertragung« gemeint? Wird nicht auch dieses Wort in übertragener Bedeutung verwendet? Und was ist die »uneigentliche Bedeutung« eines Wortes? Eine uneigentliche Bedeutung setzt eine eigentliche Bedeutung voraus, doch welche ist dies, und gibt es eine solche überhaupt? Die allgemeine Bestimmung dessen, was eine Metapher ist, scheint nicht einfach zu sein. Wenden wir uns einem Beispiel zu. Aristoteles schreibt:

> Wenn man nämlich hinsichtlich des Achilles sagt: »Wie ein Löwe stürzte er sich auf ihn«, so ist es ein Gleichnis; sagt man aber: »Ein Löwe stürzte sich auf ihn«, dann ist es eine Metapher, weil beide nämlich tapfer sind, nannte man den Achilles in übertragenem Sinne einen Löwen.[95]

Die beiden Beispielsätze von Aristoteles sind:

(8) Wie ein Löwe stürzte sich [Achilles] auf ihn.
(9) Ein Löwe stürzte sich auf ihn.

Die erste Aussage ist wahr, oder sie kann jedenfalls wahr sein. Die zweite Aussage ist strenggenommen falsch, denn Achilles ist kein Löwe. Dennoch verstehen wir, was mit dem Satz gemeint ist, und würden wohl in der Situation die Aussage als wahr bezeichnen. Es sei denn, wir würden darauf aufmerksam gemacht, dass Achilles doch strenggenommen gar kein Löwe ist. Dann würden wir dem zustimmen und erläutern, dass dieser Ausdruck eben in übertragener, metaphorischer Bedeutung verwendet wird.

Aristoteles erläutert in der zitierten Passage, in welcher Bedeutung der Ausdruck verwendet wird. Achilles wird nämlich aus dem Grund »Löwe« genannt, weil er tapfer ist. Sogleich stellt sich die Frage, ob nicht auch die Aussage, dass ein Löwe tapfer sei, nur metaphorisch gemeint sein kann. Doch lassen wir diese Komplikation beiseite. Wir können also die folgenden zwei Sätze bilden:

(10) Achilles ist ein Löwe.
(11) Achilles ist tapfer.

Die erste dieser beiden Aussagen ist metaphorisch gemeint, denn strenggenommen ist Achilles kein Löwe. Die zweite Aussage ist nicht metaphorisch gemeint.

Auch wenn klar ist, was mit einer Metapher gemeint ist, ist eine metaphorische Aussage in einer bestimmten Hinsicht unklar. Falls wir nämlich einen metaphorisch gemeinten Satz negieren, so kann damit zweierlei gemeint sein, etwa wenn wir sagen:

(12) Achilles ist kein Löwe.

Mit diesem Satz kann gemeint sein:

(13) Achilles ist kein Löwe.
(14) Achilles ist nicht tapfer.

Interpretation (13) ist dann korrekt, wenn »Löwe« in (12) in der wörtlichen Bedeutung gemeint ist. Interpretation (14) ist korrekt, wenn »Löwe« in (12) metaphorisch gemeint ist.

Oftmals besteht eine Vielzahl an möglichen Interpretationen einer Metapher. Falls nicht klar ist, was gemeint ist, so sollte man versuchen, die Metapher durch einen Ausdruck mit wörtlicher Bedeutung zu paraphrasieren. Auf diese Weise kann man eine begriffliche Unklarheit auflösen. Mit einer solchen Paraphrase können jedoch auch Bedeutungsnuancen verloren gehen, die unter Umständen für die Argumentation wichtig sind. Aus diesem Grund muss man vorsichtig vorgehen. In einigen Fällen können wir gar nicht anders, als metaphorisch zu sprechen, etwa in Bezug auf die Seele.[96]

Es ist wichtig, sich der Unklarheiten der Sprache bewusst zu sein. Doch wie soll man nun mit diesen Unklarheiten umgehen? Einige lassen sich im Kontext der Äußerung auflösen. Andere betreffen Nebensächlichkeiten, die für den Gedankengang des Arguments nicht relevant sind. Betrifft die Unklarheit jedoch zentrale Begriffe des Arguments, so muss man sorgfältig vorgehen. Es ist sinnvoll, sich verschiedene Interpretationen zu überlegen und zu prüfen, welche von diesen die beste ist. Dabei ist es wichtig, dass man dem Prinzip der wohlwollenden Interpretation folgt.

7.6. Argumente rekonstruieren

Will man sich eingehend mit einem Argument befassen, so muss man dieses Argument in der Regel zuerst rekonstruieren. Die Rekonstruktion eines Arguments besteht darin, dass man die Konklusion und alle notwendigen Prämissen des Arguments und nur diese darstellt. In einem deduktiven Argument sind dies genau die Prämissen, die notwendig dafür sind, dass die Konklusion logisch aus den Prämissen folgt. Wie kann man bei der Rekonstruktion vorgehen? Im folgenden werden die wichtigsten Schritte erläutert.

1. *Auffinden der Konklusion.* Es ist sinnvoll, mit dem Auffinden der Konklusion zu beginnen. Denn obwohl die Konklusion aus den Prämissen folgt und in diesem Sinne *nach* den Prämissen kommt, ist es die Konklusion, die das Ziel der Argumentation ausmacht, also von vornherein feststeht. Man findet die Konklusion, indem man die Frage beantwortet: Wofür wird argumentiert? Oftmals geht dies nicht eindeutig aus dem Text hervor, und man muss den Text interpretieren, um zu einer Formulierung der Konklusion zu gelangen.

2. *Auffinden der Prämissen.* Nachdem man die Konklusion bestimmt hat, kann man die Prämissen des Arguments suchen. Dabei lohnt es sich, nach Elementen Ausschau zu halten, die bereits in der Konklusion vorkommen. Denn das, was in der Konklusion steht, muss in einem deduktiven Argument in den Prämissen bereits in irgendeiner Form enthalten sein. Man gelangt also zu den Prämissen, indem man die Frage beantwortet: Wie wird die Konklusion begründet?

3. *Prüfung der Gültigkeit und Ergänzung fehlender Prämissen.* Handelt es sich um ein deduktives Argument, so muss man die Gültigkeit des Arguments prüfen: Folgt der Schluss logisch aus den Prämissen? Ist das Argument nicht gültig, weil Prämissen fehlen, so sind die fehlenden Prämissen zu ergänzen. Dabei muss man darauf achten, dass diese Prämissen, auch wenn sie im Text nicht explizit genannt werden, dem Gedankengang des Autors entsprechen. Man muss zugleich die tatsächliche Formulierung des Arguments beachten und ein möglichst korrektes und plausibles Argument aufstellen.

4. *Prüfung der Relevanz der Prämissen und Streichen irrelevanter Prämissen.* Die Frage nach der Relevanz kann man so formulieren: Ist jede der Prämissen für die Schlussfolgerung

notwendig? Alle Prämissen, die für das Argument nicht notwendig sind, können und sollen zum Zweck der Übersichtlichkeit gestrichen werden.

Vorgehen bei einer Argumentrekonstruktion

1. Konklusion finden
2. Prämissen finden
3. Gültigkeit des Arguments überprüfen und fehlende Prämissen ergänzen, wobei man einerseits die tatsächliche Formulierung des Arguments respektieren und andererseits ein möglichst korrektes Argument finden sollte
4. Relevanz der Prämissen überprüfen und irrelevante Prämissen streichen

Es ist durchaus möglich, dass man dasselbe Argument verschieden rekonstruieren kann, da die Rekonstruktion immer auch eine Interpretation des Arguments ist. Damit stellt sich die Frage, welche Interpretation vorzuziehen ist. Dazu kann man sich an folgende Regel halten: Von zwei möglichen Argumentrekonstruktionen ist diejenige zu wählen, die dem Gedankengang des Autors besser entspricht. Ist dies nicht zu entscheiden, so kann es sein, dass beide gleich gut sind und es nicht darauf ankommt, welche man wählt. Es kann aber auch der Fall sein, dass eine klarer und einfacher formuliert ist. Dann ist diese vorzuziehen.

Die Rekonstruktion eines Arguments ist meistens eine anspruchsvolle Aufgabe. Das kann daran liegen, dass die logische Struktur komplex ist. Meistens liegen die Probleme in der Philosophie jedoch darin, dass die Rekonstruktion eine Umformulierung der Prämissen verlangt. Wie man dabei vorgehen kann, wird im nächsten Unterkapitel erläutert.

Philosophische Argumentationen sind häufig komplex und enthalten mehrere miteinander verknüpfte Argumente. Bei der Rekonstruktion einer derartigen Argumentation ist es wichtig, die einzelnen Argumente auseinanderzuhalten und sich Klarheit über die Argumentstruktur zu verschaffen. Es kann auch vorkommen, dass in einem Text mehrere Argumente für dieselbe Aussage gegeben werden. In einem solchen Fall ist es sinnvoll, die verschiedenen Argumente zu rekonstruieren und sich erst im Anschluss zu überlegen, ob die Argumente genau dieselben sind oder ob sie sich voneinander unterscheiden. Wenn es verschiedene sind, so sind diese auch als verschiedene Argumente darzustellen.

In der Rekonstruktion eines Arguments stellt sich zuweilen das folgende grundlegende Problem: Soll man möglichst genau die Argumentation wiedergeben, wie sie der Autor selbst tatsächlich gedacht und verstanden hat? Oder soll man versuchen, ein möglichst gutes Argument zu formulieren? Wer historisch orientiert arbeitet, wird die Interpretation wählen, die eher der vermuteten Absicht des Autors entspricht. Dazu wird es nötig sein, zu untersuchen, welche Bedeutung bestimmte Begriffe zu jener Zeit hatten und in welcher Bedeutung sie der Autor verwendet. Wer jedoch systematisch orientiert arbeitet, der wird die Interpretation wählen, die das Argument zu einem möglichst guten Argument macht. Man kann beide Projekte verfolgen. Will man aber, dass das Argument für die heutige Zeit relevant und die philosophische Diskussion über diese Frage lebendig bleibt, so muss man sich für die zweite Option entscheiden. Dementsprechend sollte man den Text als Lösung zu einem Problem lesen, das nach wie vor aktuell ist.

Bei dem Versuch, das Argument zu einem möglichst guten Argument zu machen, kann es durchaus notwendig sein, dass man sich von dem tatsächlichen Gedankengang des Autors erheblich entfernt. Dies sollte man in einer Rekonstruktion entsprechend kennzeichnen, indem man zum Beispiel beide Interpretationen darstellt und erläutert, aus welchen Gründen das eine Argument dem Gedankengang des Autors eher entspricht, welchen Einwänden dieses Argument ausgesetzt ist und inwiefern das andere Argument dem ersten Argument überlegen ist. Einige Rekonstruktionen sind mit Hilfe der begrifflichen Möglichkeiten des Autors selbst nachzuvollziehen, andere gehen über diese hinaus, das heißt, sie könnten vom Autor gar nicht vertreten worden sein. In diesem zweiten Fall dient der Autor nur noch als Inspirationsquelle für ein eigenes Argument. Auch dies kann sinnvoll sein. Viele zeitgenössische Philosophen sichern sich ab, indem sie explizit sagen, dass es für ihre Zwecke unerheblich ist, ob das Argument, das sie aufstellen und diskutieren, dem tatsächlichen Gedankengang des Autors entspricht oder nicht.

7.7. Gezielt umformulieren

Zur Rekonstruktion eines Arguments reicht es oftmals nicht aus, die relevanten Sätze in ihrer ursprünglichen Form zu übernehmen, denn die Sätze eines Textes sind vielfach anders verbunden, als es für das Argument wichtig ist, und sie enthalten meistens Teile, die logisch nicht relevant sind. Deshalb muss man für die Argumentrekonstruktion eine *gezielte Umformulierung* der Sätze vornehmen. Dazu zählen die folgenden Schritte.

1. *Unvollständige Sätze vervollständigen.* Zur Umformulierung gehört das Vervollständigen unvollständiger Sätze. Dies ist vor allem dann erforderlich, wenn man einen komplexen Satz in einfache Sätze zerlegt. Zerlegt man zum Beispiel den Satz »Der Mensch, der auch ein Lebewesen ist, besteht nur aus Materie« in die beiden einfachen Sätze »Der Mensch besteht nur aus Materie« und »Der Mensch ist auch ein Lebewesen«, so muss man

den Nebensatz durch das Subjekt »Der Mensch« vervollständigen, damit man den zweiten vollständigen Satz erhält.

2. *Fragen als Aussagen formulieren.* Zur gezielten Umformulierung gehört es auch, dass man Fragen, welche eine Prämisse oder die Konklusion einführen, in Aussagen überführt. Platon schreibt in seinem berühmten Dialog *Phaidon*: »Wie aber nun mit dem Erwerb der richtigen Einsicht selbst, ist dabei der Leib im Wege oder nicht, wenn ihn jemand bei dem Streben danach zum Gefährten mit aufnimmt? Ich meine so: Gewähren wohl Gesicht und Gehör den Menschen einige Wahrheit?«[97] Mit diesen Fragen zeigt Platon, was die Konklusion des Arguments sein kann, obwohl er sie nicht als Aussage formuliert: Der Leib hindert den Menschen daran, Erkenntnisse zu erlangen.

3. *Logisch Irrelevantes streichen.* Mit der Vervollständigung und dem Umformulieren von Fragen zu Aussagen ist die gezielte Umformulierung noch nicht an ihr Ende gelangt. Vieles von dem, was in einem Text steht, ist für das Argument nicht relevant, sondern dient einem ästhetischen, rhetorischen oder einem anderen Zweck. Was für das Argument nicht relevant ist, kann in der Rekonstruktion gestrichen werden. Dies gilt nicht nur für ganze Sätze, sondern auch für Satzteile.

Wie kann man nun aber herausfinden, dass ein Satzteil logisch nicht relevant ist? Eine Möglichkeit besteht darin, die Probe mit einer *Satzfrage* durchzuführen.[98] Eine Satzfrage ist eine Frage, auf die man normalerweise mit »ja« oder »nein« antworten kann. Zum Beispiel: »Müssen wir uns vom Leib losmachen?« Mit einer Satzfrage wird nach einer von zwei Möglichkeiten gefragt. Genaugenommen ist also die Form der Satzfrage diese: »Ist es so, dass p, oder ist es so, dass nicht p?« Also zum Beispiel: »Ist es so, dass wir uns vom Leib losmachen müssen, oder ist es nicht so, dass wir uns vom Leib losmachen müssen?«

Zu jeder beliebigen Aussage kann man eine Satzfrage bilden,

deren Antwort die Aussage ist. Formuliert man nun die Satzfrage für einen bestimmten Satz, so kann man erkennen, wenn ein Teil in der Frage fehl am Platze ist; dies ist ein Zeichen dafür, dass der Teil logisch nicht relevant ist. Zum Beispiel: »Wir müssen uns leider vom Leib losmachen.« Die Satzfrage dazu lautet: »Ist es so, dass wir uns leider vom Leib losmachen müssen, oder ist es so, dass wir uns leider nicht vom Leib losmachen müssen?« Der Ausdruck »leider« ist mindestens in einem der zwei Sätze fehl am Platz. Er drückt eine Einstellung aus, die logisch nicht relevant ist. Der Ausdruck kann und soll in der Rekonstruktion also gestrichen werden.

4. *Unklare Ausdrucksweisen behutsam klarer formulieren.* Es gibt verschiedene Arten von sprachlichen Unklarheiten, von denen einige oben erläutert wurden, nämlich Vagheit, Mehrdeutigkeit und die Verwendung von Metaphern. Zunächst einmal ist es wichtig, die begriffliche Unklarheit überhaupt zu erkennen. Eine Argumentrekonstruktion sollte möglichst wenig begriffliche Unklarheiten enthalten. Bei der Aufhebung von Unklarheiten muss man besonders vorsichtig vorgehen. Denn unter Umständen sind diese Unklarheiten Teil des Arguments oder enthalten wichtige Hinweise, die bei einer Umformulierung verloren gehen würden. Gerade bei metaphorischen Redeweisen ist dieser letzte Punkt wichtig. Wenn nötig und möglich, sollte man jedoch Mehrdeutigkeiten auflösen, vage Ausdrücke präzisieren und metaphorische Redeweisen durch wörtliche Formulierungen ersetzen.

5. *Synonyme Ausdrücke durch einen einheitlich verwendeten Ausdruck ersetzen.* Aus stilistischen oder anderen Gründen verwenden Autoren manchmal verschiedene Ausdrücke, deren Bedeutung sich gar nicht oder nur unwesentlich unterscheidet. Synonyme Ausdrücke sollten deshalb zum Zweck der Übersichtlichkeit durch einen einheitlich verwendeten Ausdruck ersetzt werden.

Vorgehen bei gezielter Umformulierung

1. Unvollständige Sätze vervollständigen
2. Fragen als Aussagen formulieren
3. Logisch Irrelevantes streichen
4. Unklare Ausdrucksweisen behutsam klarer formulieren, das heißt, wenn nötig und möglich, Mehrdeutigkeiten auflösen, vage Ausdrücke präzisieren und metaphorische Redeweisen durch wörtliche Formulierungen ersetzen
5. Synonyme Ausdrücke durch einen einheitlich verwendeten Ausdruck ersetzen

7.8. Ein Fallbeispiel

Bis jetzt wurden die verschiedenen Schritte der Textanalyse und Argumentrekonstruktion erläutert. Nun sollen sie an einem Fallbeispiel veranschaulicht werden. Die Passage, die untersucht werden soll, stammt aus einem Werk von Thomas von Aquin und lautet wie folgt:

> Wir sehen, daß manches, was der Erkenntnis ermangelt, nämlich die natürlichen Körper, wegen eines Zieles wirkt, was daraus hervorgeht, daß sie immer oder meistens auf dieselbe Weise wirken, und das erreichen, was das Beste ist. Daraus ist klar, daß sie nicht durch Zufall, sondern auf Grund einer Absicht zum Ziele gelangen. Das aber, was keine Erkenntnis hat, kann nur in einer Weise auf ein Ziel absehen, daß es von einem Erkennenden und Denkenden gerichtet wird, wie der Pfeil von dem Schützen. Also ist ein Denkendes, durch das alle Naturdinge zum Ziele geordnet werden, und das nennen wir Gott.[99]

Wofür wird hier argumentiert? Dass es Gott gibt. Wie wird dafür argumentiert? Zunächst wird gesagt, dass es Körper gibt, die über keine Erkenntnis verfügen und auf ein Ziel hin wirken. Dass wir, wie es einleitend heißt, »sehen«, dass es so ist, fügt der Prämisse inhaltlich nichts Neues hinzu. Weiterhin wird gesagt, dass die Körper das Beste erreichen. Dies scheint für die Argumentation nicht unbedingt notwendig, ebenso wenig wie die Stützung der Prämisse damit, dass die Körper sich immer gleich verhalten. Der nächste Satz wird damit eingeleitet, dass daraus klar sei, dass es nicht durch Zufall geschieht. Dies scheint aber keine Folgerung, sondern vielmehr eine weitere Prämisse zu sein. Sie wird im nächsten Satz noch verstärkt durch die These, dass etwas, was über keine Erkenntnis verfügt, nur durch etwas anderes, was über Erkenntnis verfügt, auf ein Ziel hin ausgerichtet sein könne. Daraus wird geschlossen, dass es ein Wesen geben muss, welches über Erkenntnis verfügt und die Körper auf ein Ziel hin lenkt. Wir können das Argument wie folgt rekonstruieren:

1. Es gibt Körper, die über keine Erkenntnis verfügen und auf ein Ziel hin wirken.
2. Wer über keine Erkenntnis verfügt, kann auf ein Ziel hin nicht zufällig wirken, sondern nur dann, wenn er von einem anderen gelenkt wird, der über Erkenntnis verfügt.

---

3. Es gibt etwas, was über Erkenntnis verfügt, was die Körper lenkt; das nennen wir Gott.

Nicht immer lässt sich ein Argument derart leicht rekonstruieren. Oftmals muss man in einem Text viele Stellen weglassen, die Prämissen klarer formulieren und implizite Prämissen hinzufügen. Das Beispiel zeigt jedoch, wie man im Prinzip vorgehen kann.

Hat man die Hauptthesen des Textes erfasst und die Argumente für diese Hauptthesen rekonstruiert, kann man nun nach und nach zu den nächsten Stufen des Lesens übergehen, etwa den Text in seinen Diskussionszusammenhang zu stellen, die Güte der Argumente zu prüfen, die vorgeschlagene Lösung zu beurteilen und schließlich zu versuchen, eine eigene Lösung zu entwickeln.

Übungsaufgaben

1. Erstellen Sie eine Gliederung von Kapitel 7.1. dieses Buches.

2. Schreiben Sie ein Abstract von Kapitel 1. dieses Buches.

3. Nennen Sie drei wichtige Punkte, die beim Lesen eines philosophischen Textes zu beachten sind.

4. Analysieren Sie den einleitenden Satz von Kants Vorrede zur *Kritik der reinen Vernunft*, indem Sie ihn in Teilsätze zerlegen und diese Teile als vollständige Sätze formulieren. Versuchen Sie dann, die Verknüpfung der Sätze als Argument mit Prämissen und Konklusionen zu formulieren.
   »Die menschliche Vernunft hat das besondere Schicksal in einer Gattung ihrer Erkenntnisse: daß sie durch Fragen belästigt wird, die sie nicht abweisen kann, denn sie sind ihr durch die Natur der Vernunft selbst aufgegeben, die sie aber auch nicht beantworten kann, denn sie übersteigen alles Vermögen der menschlichen Vernunft.«[100]

5. Sind die kursiv gesetzten Begriffe mehrdeutig und/oder vage und/oder metaphorisch?
   a) Ich *denke*.
   b) Ich *habe eine Seele*.

6. Welcher Art ist die Mehrdeutigkeit in diesen Beispielen?
   a) Jack und Jill gehen den Berg hinauf.
   b) Sie sucht nach einer Bank.
   c) Ich existiere.

7. Ermitteln Sie mit Hilfe der Satzfragenprobe die logisch irrelevanten Satzteile.

a) Bekanntlich ist der Mensch ein Egoist.
b) Glücklicherweise gibt es Gott.
c) Es ist dennoch kein Gegenargument.

8. Geben Sie für die folgenden Sätze in metaphorischer Bedeutung einen entsprechenden Satz in wörtlicher Bedeutung.
a) Dieses Argument muss Schiffbruch erleiden.
b) Man begibt sich mit dieser These auf unsicheres Terrain.
c) Wer dies behauptet, muss mit Konsequenzen rechnen.

9. Rekonstruieren Sie das Argument von René Descartes in den *Meditationen* dafür, dass Geist und Körper zwei Substanzen sind:
»Erstens weiß ich, daß alles, was ich klar und deutlich einsehe, von Gott so geschaffen sein könnte, wie es sich mir darstellt; wenn ich daher ein Ding klar und deutlich ohne ein anderes zu erkennen vermag, so genügt dies, um mich zu vergewissern, daß die beiden wirklich verschieden sind, da sie wenigstens jedes für sich von Gott gesetzt werden können. Es kommt nicht darauf an, wodurch die Unterscheidung möglich wird. Ich weiß von meiner Existenz und schreibe gar nichts anderes meiner Natur oder meinem Wesen zu, als daß ich ein denkendes Ding sei; daraus schließe ich mit Recht, daß mein Wesen allein darin besteht, ein denkendes Ding zu sein.
Zwar habe ich vielleicht (bald werde ich sagen können: gewiß) einen Körper, mit dem ich aufs innigste verbunden bin. Denn einerseits habe ich doch eine klare und deutliche Vorstellung meiner selbst, sofern ich lediglich denkendes, nicht ausgedehntes Ding bin; anderseits habe ich eine deutliche Vorstellung vom Körper, sofern er lediglich ausgedehntes, nicht denkendes Ding ist. Somit ist sicher, daß ich

wirklich vom Körper verschieden bin und ohne ihn existieren kann.«[101]

10. Rekonstruieren Sie das Argument von Gottlob Frege zu Beginn von »Über Sinn und Bedeutung«:
»Die Gleichheit fordert das Nachdenken heraus durch Fragen, die sich daran knüpfen und nicht ganz leicht zu beantworten sind. Ist sie eine Beziehung? eine Beziehung zwischen Gegenständen? oder zwischen Namen oder Zeichen für Gegenstände? Das letzte hatte ich in meiner Begriffsschrift angenommen. Die Gründe, die dafür zu sprechen scheinen, sind folgende: a = a und a = b sind offenbar Sätze von verschiedenem Erkenntniswert: a = a gilt *a priori* und ist nach Kant analytisch zu nennen, während Sätze von der Form a = b oft sehr wertvolle Erweiterungen unserer Erkenntnis enthalten und *a priori* nicht immer zu begründen sind. Die Entdeckung, daß nicht jeden Morgen eine neue Sonne aufgeht, sondern immer dieselbe, ist wohl eine der folgenreichsten in der Astronomie gewesen. Noch jetzt ist die Wiedererkennung eines kleinen Planeten oder eines Kometen nicht immer etwas Selbstverständliches. Wenn wir nun in der Gleichheit eine Beziehung zwischen dem sehen wollten, was die Namen ›a‹ und ›b‹ bedeuten, so schiene a = b von a = a nicht verschieden sein zu können, falls nämlich a = b wahr ist. Es wäre hiermit eine Beziehung eines Dinges zu sich selbst ausgedrückt, und zwar eine solche, in der jedes Ding mit sich selbst, aber kein Ding mit einem anderen steht. Was man mit a = b sagen will, scheint zu sein, daß die Zeichen oder Namen ›a‹ und ›b‹ dasselbe bedeuten, und dann wäre eben von jenen Zeichen die Rede; es würde eine Beziehung zwischen ihnen behauptet. Aber diese Beziehung bestände zwischen den Namen oder Zeichen nur, insofern sie et-

was benennen oder bezeichnen. Sie wäre eine vermittelte durch die Verknüpfung jedes der beiden Zeichen mit demselben Bezeichneten. Diese aber ist willkürlich. Man kann keinem verbieten, irgendeinen willkürlich hervorzubringenden Vorgang oder Gegenstand zum Zeichen für irgend etwas anzunehmen. Damit würde dann ein Satz a=b nicht mehr die Sache selbst, sondern nur noch unsere Bezeichnungsweise betreffen; wir würden keine eigentliche Erkenntnis darin ausdrücken. Das wollen wir aber doch gerade in vielen Fällen. Wenn sich das Zeichen ›a‹ von dem Zeichen ›b‹ nur als Gegenstand (hier durch die Gestalt) unterscheidet, nicht als Zeichen; das soll heißen: nicht in der Weise, wie es etwas bezeichnet: so würde der Erkenntniswert von a=a wesentlich gleich dem von a=b sein, falls a=b wahr ist. Eine Verschiedenheit kann nur dadurch zustande kommen, daß der Unterschied des Zeichens einem Unterschiede in der Art des Gegebenseins des Bezeichneten entspricht.«[102]

Diskussionsfragen

1. *Descartes' metaphysisches Argument für den Substanzdualismus.* Ist das Argument der Übungsaufgabe 9 stichhaltig?

2. *Freges Rätsel.* Muss man dem Argument der Übungsaufgabe 10 folgen und zu dem von einem Zeichen Bezeichneten (das Frege »Bedeutung« nennt) zusätzlich einen Sinn annehmen? (Vgl. dazu die Kennzeichnungstheorie von Russell, hier S. 176.)

3. *Philosophenkönige.* Wer sich nur dafür interessiert, durch geschickte rhetorische Mittel andere zu überzeugen, der wird sich nicht für die Güte von Argumenten interessieren und sich nicht von der Vernunft leiten lassen. Genau das ist es aber, was nötig ist, um gut zu regieren, und zugleich ist es das, was Philosophen auszeichnet. Also ist eine Regierung so lange nicht gut,

bis die Könige zu Philosophen oder die Philosophen zu Königen werden.[103]

4. *Verteilungsgerechtigkeit.* Drei Kinder streiten darüber, wer von ihnen eine bestimmte Flöte erhalten soll. Das erste Kind hat Musikunterricht gehabt und kann als einziges Flöte spielen. Das zweite Kind ist arm und besitzt keinerlei anderes Spielzeug. Das dritte Kind hat die Flöte mit viel Ausdauer selbst angefertigt. Welches der drei Kinder soll die Flöte erhalten?[104]

5. *Thomas Nagels Fledermaus.* Angenommen, wir wissen genau, wie sich eine Fledermaus mittels Echolot orientiert. Aufgrund dieses Wissens wissen wir aber dennoch nicht, wie es sich anfühlt, eine Fledermaus zu sein. Stimmen Sie der These zu?[105]

6. *Rechtfertigung der Strafe.* Wir sind alle Produkte von Vererbung und Umwelteinflüssen. Also haben wir als Individuen wenig oder gar keine Kontrolle über das, was wir sind. Damit man aber für das, was man tut, bestraft werden kann, muss das Handeln in der eigenen Kontrolle sein. Also ist es nie gerechtfertigt, jemanden für seine Taten zu bestrafen.

7. *Individuum und Staat.* »Individuen haben Rechte, und es gibt Dinge, die weder ein Mensch noch eine Gruppe ihnen antun darf (ohne deren Rechte zu verletzen). Und so stark und weit reichend sind diese Rechte, dass sie die Frage aufwerfen, was, wenn überhaupt etwas, der Staat und seine Vertreter tun dürfen«.[106]

8. *Gerechter Krieg.* Wann ist, wenn überhaupt, ein Krieg gerecht?

8. Schreiben

Philosophisch zu schreiben ist eine Kunst, die man ebenso erlernen kann wie die Kunst, philosophisch zu lesen und zu diskutieren. Es ist wichtig, früh mit dem eigenen Schreiben zu beginnen, weil man sich damit darin übt, sich einen Gedankengang anzueignen und seine eigenen Gedanken auf den Punkt zu bringen. In diesem Kapitel wird erläutert, was man dabei beachten kann. Viele der Tips gelten nicht nur für das philosophische Schreiben, sondern allgemein für das Schreiben in der Wissenschaft.

8.1. Drei Phasen des Schreibens

Schreiben kann ganz unterschiedlichen Zwecken dienen. Allgemein sind zwei Arten des Schreibens voneinander zu unterscheiden, nämlich das *private* Schreiben, das zu einem Produkt führt, das nur für einen selbst gedacht ist, und das *öffentliche* Schreiben, das zu einem Produkt führt, das auch für andere gedacht ist. Zum privaten Schreiben gehören Notizen, Tagebucheinträge, Exzerpte und dergleichen. Dabei spielt es keine Rolle, wie verständlich der Text für andere ist. Beim öffentlichen Schreiben ist dies anders. Hier muss man an die anvisierte Leserschaft denken.

Eine spezielle Form des öffentlichen Schreibens ist das Schreiben, das der Darstellung und Diskussion von Wissen dient, also das *wissenschaftliche Schreiben.* Auch das philosophische Schreiben kann dazu gezählt werden. Im Prozess des wissenschaftlichen Schreibens kann man verschiedene Phasen voneinander unterscheiden[107]:

Phasen im wissenschaftlichen Schreibprozess

1. *Vorbereiten*
   a) *Planen*: Die Textsorte, das Thema, einen Zeitplan, die Fragestellung, die methodische Vorgehensweise und die erwarteten Ergebnisse festlegen; dazu kann es nötig oder hilfreich sein, ein Brainstorming zu machen, Überblicksartikel zu lesen und Texte zu sichten
   b) *Material sammeln*: Nachdenken, Ideen entwickeln, systematisch lesen, Notizen machen, Exzerpte und Zusammenfassungen schreiben, gegebenenfalls Daten erheben
   c) *Gliederung erstellen*: Ungefähre Titel und Zwischentitel und den Aufbau der Arbeit bestimmen
2. *Schreiben*
3. *Überarbeiten*
   a) *Inhaltliches Überarbeiten:* Überflüssige Textstellen kürzen, unklare Textstellen neu formulieren und gegebenenfalls durch Erläuterungen ergänzen, die Struktur revidieren und die Formulierungen überarbeiten
   b) *Formales Überarbeiten und Abschließen:* Die Länge, das Layout, Zitate, Fußnoten und das Literaturverzeichnis den Anforderungen anpassen, letzte Fehler beseitigen und den Text gegebenenfalls abgeben oder einschicken

Die drei Phasen können unterschiedlich lang sein. Bei kleineren Arbeiten von wenigen Seiten kann die Vorbereitung nur wenig Zeit beanspruchen oder auch ganz wegfallen, bei größeren Arbeiten verlangt die Vorbereitung meist viel Zeit, oftmals mehr Zeit als das Schreiben und Überarbeiten.

Die drei Phasen müssen nicht linear in dieser Reihenfolge zum fertigen Text führen. Erstens kann man statt der Vorbereitung direkt mit dem Schreiben beginnen. Einige schlagen dieses Vorgehen explizit für kürzere Arbeiten vor, damit man sich durch die Vorarbeit nicht vor der Arbeit des Schreibens drücken kann.[108] Andere raten dazu, so viel Vorarbeit zu leisten, dass man eine erste Version des Textes an einem Stück schreiben kann.[109]

Der zweite Grund, weshalb die drei Phasen nicht linear zu einem fertigen Text führen müssen, besteht darin, dass man die verschiedenen Phasen mehrmals durchlaufen kann. Man erstellt zum Beispiel zuerst eine Gesamtplanung der Arbeit, beginnt dann mit der Planung und dem Schreiben eines ersten Kapitels, schließt daran die Planung und das Schreiben der weiteren Kapitel an und überarbeitet erst am Schluss den ganzen Text. In der Praxis kann der ganze Prozess auch deutlich weniger schön aussehen: Man erstellt eine Gliederung, beginnt zu schreiben und merkt erst dann, dass die Gliederung nicht optimal ist. Oder man stellt ein Argument bis ins Detail auf und merkt erst dann, dass es einen grundlegenden Fehler enthält. Oder man schreibt einen Text und stößt erst danach auf einen wichtigen Artikel, der einen Teil des Textes hinfällig oder größere Umstrukturierungen und Neuformulierungen nötig macht. Auch solche Erfahrungen gehören zum wissenschaftlichen Schreiben. Zu beachten ist, dass es nicht nur eine Vorgehensweise gibt, sondern viele, und dass jeder für sich herausfinden muss, welche ihm entspricht.

8.2. Textsorten

Philosophische Textsorten sind vielfältig. Dazu zählen:

- Sprüche, Merksätze und Aphorismen (zum Beispiel von vorsokratischen Philosophen und Schopenhauer, Nietzsche oder auch Wittgenstein)

- Erzählungen und Märchen (zum Beispiel von Platon, Nietzsche und Camus)
- Dialoge (zum Beispiel von Platon, Berkeley, Hume und Leibniz)
- Vorlesungsunterlagen (zum Beispiel von Aristoteles)
- Briefe (zum Beispiel von Epikur, Montesquieu und Leibniz)
- Anreden an Gott (zum Beispiel von Anselm von Canterbury)
- literarisch-philosophische Essays (zum Beispiel von Montaigne)
- Theaterstücke (zum Beispiel von Sartre)
- Abhandlungen und kleinere Forschungsbeiträge (zum Beispiel von Descartes, Locke, Hume, Berkeley, Kant und von fast allen zeitgenössischen Philosophen)

Als wissenschaftlich gilt heutzutage nur die letzte Textsorte. Im Studium gehören dazu auch Produkte der Textarbeit wie:

- Zusammenfassungen und Abstracts
- Argumentrekonstruktionen
- Thesenpapiere
- Handouts
- PowerPoint-Präsentationen

Diese Textsorten können alle insofern philosophisch sein, als sie einen philosophischen *Inhalt* haben. Sie können jedoch auch noch in einem anderen Sinn philosophisch sein, nämlich insofern, als der *Umgang* mit den Inhalten philosophisch ist, das heißt *argumentativ* und *analysierend*. Es ist diese Form des Schreibens, um die es hier geht.

Weitere wissenschaftliche Textsorten sind:

- Kommentar
- Essay
- Seminararbeit (oder Hausarbeit)
- Qualifikationsarbeit (Bachelor-, Master-, Doktorarbeit, Habilitationsschrift)
- Forschungsartikel
- Monographie

Die beiden erstgenannten, der Kommentar und der Essay, eignen sich zum Einstieg. Der *Kommentar* ist keine einheitlich definierte Textsorte. Er stellt in der Regel eine Stellungnahme zu einer These, einer Position oder einem Argument dar. Der Kommentar wirft Probleme, Einwände und Fragen auf. Er setzt einen anderen Text oder eine in anderer Art vorgetragene Ansicht voraus, auf die er sich bezieht. Damit steht er immer schon in einem dialektischen Prozess.

Der *Essay* ist ein Aufsatz, in dem eine These begründet wird. Jay Rosenberg schreibt: Ein Essay ist im wesentlichen »die begründete Verteidigung einer These. Im Essay muß es einen oder mehrere Punkte geben, die zu beweisen sind, und es sollten Überlegungen vorgebracht werden, die sie stützen – und zwar so, daß auch erkennbar ist, daß die Überlegungen sie stützen.«[110] Der Essay muss sich also nicht unbedingt auf andere Texte beziehen. Dies kann (etwa für den Unterricht) explizit ausgeschlossen werden. Wichtig ist dann vor allem die eigene Argumentation. Ein Essay dieser Form ist in der Regel nur wenige Seiten lang.

Die *Seminararbeit* stellt eine Bearbeitung eines eingegrenzten Themas unter Einbezug der dazu relevanten wissenschaftlichen Literatur im Rahmen einer universitären Lehrveranstaltung dar. Dabei geht es in erster Linie darum zu zeigen, dass man wissenschaftlich arbeiten, also eine Frage formulieren, die nicht zu weit und nicht zu eng ist, Material dazu sammeln, Positionen korrekt darstellen, kritisch zu ihnen Stellung beziehen, einem Text eine nachvollziehbare Ordnung geben, Argumente aufstellen und prüfen, zu einem Schluss kommen, Literatur korrekt einarbeiten, richtig zitieren und ein Literaturverzeichnis erstellen kann. In der Regel ist der vorgegebene Umfang einer Seminararbeit zu Beginn des Studiums zwischen 10 und 20 Seiten, später etwas mehr.

Die *Qualifikationsarbeit* (zum Beispiel Bachelor-, Master-, Doktorarbeit oder Habilitationsschrift) ist im Grunde eine umfangreichere Seminararbeit, sowohl hinsichtlich des Themas und der Fragenstellung als auch des Seitenumfangs und des Anspruchs an die eigene Forschungsleistung. Sie dient, wie der Name sagt, der Qualifikation, das heißt dem Erhalt eines Hochschulabschlusses bzw. eines noch weitergehenden Abschlusses. Die Publikation eines Textes, zum Beispiel einer Qualifikationsarbeit, als eigenständiges Buch nennt man eine *Monographie*.

Der *Forschungsartikel* stellt die wichtigste Form des wissenschaftlichen und auch des philosophischen Schreibens dar. Der Forschungsartikel ist eine standardisierte Form der Berichterstattung über die eigene Forschung, in der eigene Ergebnisse vor dem Hintergrund der bereits bestehenden Forschung dargestellt werden. Die Publikation erfolgt in einer Fachzeitschrift oder in einem Sammelband oder inzwischen auch im Internet in den Onlineversionen von Zeitschriften. Vielfach wird der Artikel einem *Peer-Review*-Prozess unterworfen, das heißt, er wird, nachdem man ihn der Zeitschrift eingesandt hat, von Kollegen aus demselben Fachgebiet begutachtet. Die Gutachten dienen zum einen der Beurteilung, ob der Artikel den Anforderungen entspricht, und zum anderen der Verbesserung der Qualität des Artikels. Entspricht der Artikel grundsätzlich den Anforderungen, so erhält der Autor die Möglichkeit, auf der Grundlage der Empfehlungen der Gutachter den eigenen Text zu überarbeiten.

Im folgenden sollen die drei Phasen des philosophischen Schreibens sowie drei Textsorten genauer dargestellt werden. Es geht um den Kommentar, den Essay und die Seminararbeit.

8.3. Vorbereitung

Das Schreiben setzt eine mehr oder weniger bewusste und je nach Umfang und Komplexität der Arbeit eine mehr oder weniger lange Vorarbeit voraus. Am wichtigsten ist die Klärung dessen, was man mit dem Text eigentlich erreichen will: Was ist das Ziel des Textes? Es gibt verschiedene Ziele, die man in einem philosophischen Text verfolgen kann, etwa:

- ein Argument zu kritisieren,
- ein Argument gegen Einwände zu verteidigen,
- ein Argument zu entwickeln,
- Gegenbeispiele zu einer allgemeinen These vorzutragen,
- die Stärken und Schwächen von zwei gegensätzlichen Thesen gegeneinander abzuwägen,
- Beispiele vorzutragen, die eine These erläutern oder plausibel machen,
- die Konsequenzen einer These zu diskutieren,
- eine These aufgrund eines Einwands zu revidieren.[111]

In den allermeisten Fällen verlangt ein solches Ziel, dass man eine *eigene* These vertritt: Kritisiert man ein Argument, so vertritt man damit die These, dass man das Argument auf ebendiese Weise kritisieren kann; verteidigt man ein Argument gegen Einwände, so vertritt man damit die These, dass man das Argument auf ebendiese Weise verteidigen kann. Diese eigene These muss argumentativ gestützt werden. Damit sind wir beim nächsten und wohl schwierigsten Schritt angelangt: Wie kann man die eigene These stützen? Zu diesem Zweck kann man unter anderem ein Brainstorming machen, das heißt, selbst in jede auch nur denkbare Richtung nachdenken, Ideen entwickeln und mit anderen diskutieren. Oder man kann Texte lesen, wie etwa Überblickstexte, Einführungen und klassische Texte der Philosophiegeschichte. Das Lesen kann kursorisch oder sehr genau sein (vgl. hier Kap. 7). Diese beiden Arten von Vorarbeiten schließen einander selbstverständlich nicht aus, sondern ergänzen sich.

Ist man sich darüber im klaren, was man im Text erreichen und wie man dahin gelangen will, so kann man eine erste Gliederung erstellen. Was soll zu Beginn gesagt werden? Welche Teile soll der Text haben? In welcher Reihenfolge sollen die verschiedenen Begriffe, Thesen, Einwände und Argumente eingeführt werden? Eine gute Gliederung des Textes trägt wesentlich zu dessen Verständnis bei. Deshalb ist es wichtig, bereits in der Vorbereitungszeit eine möglichst detaillierte Gliederung zu erstellen, der man beim Schreiben folgt und die man bei Bedarf revidiert.

8.4. Schreiben

Nun kommt der wichtigste Schritt: das Schreiben selbst. Und das Wichtigste dabei ist, dass man überhaupt schreibt. Denn, so banal es klingt: Damit es einen eigenen Text geben kann, muss man ihn schreiben. Am Anfang des Schreibprozesses oder auch in dessen Verlauf kann es immer wieder zu Blockaden und Hemmungen kommen. Die Schreibhemmung ist aber – und das sollte man sich immer wieder in Erinnerung rufen, wenn man nicht weiterkommt – ein notwendiger Bestandteil des Schreibprozesses allgemein und des wissenschaftlichen im besonderen, denn es gibt immer wieder Phasen, in denen man nachdenken muss, um den nächsten Schritt zu planen.[112]

Hilfreich für den Prozess des Schreibens kann unter anderem die Methode der sukzessiven Ausarbeitung sein. Man beginnt damit, die zentrale These, die man vertreten will, in einem Satz zu formulieren, und fügt dann weitere Sätze hinzu, wie etwa Prämissen, welche die These stützen, oder Erläuterungen zu diesen Prämissen, und baut so den Text nach und nach aus.[113]

Ziel eines philosophischen Textes ist in der Regel die Verteidigung einer eigenen These. Das bedeutet, dass man die These mit Argumenten stützen muss. Daraus ergeben sich mehrere Leitideen, an denen man sich beim Schreiben orientieren kann. Dazu gibt es verschiedene Vorschläge.[114] Besonders wichtig sind die folgenden vier Leitideen[115]:

1. Sei klar!
2. Sei inhaltlich korrekt und genau!
3. Stütze deine Thesen mit guten Argumenten!
4. Sei relevant, originell und subtil!

Diese Leitideen kann man durch zusätzliche Tipps noch konkretisieren.

1. Sei klar!

Verwende verständliche Ausdrücke! In Bezug auf jeden verwendeten Ausdruck muss folgendes gelten: Entweder kann man davon ausgehen, dass die Leserschaft den Ausdruck versteht, oder man erläutert ihn, sobald man ihn eingeführt hat. Als Faustregel kann man sich merken: Hat man das Gefühl, dass ein Ausdruck unklar ist, so sollte man ihn durch einen anderen ersetzen oder sogleich erläutern.

Führe begriffliche Unterscheidungen ein! Für die Zwecke, die man in einem philosophischen Text verfolgt, sind die Begriffe vielfach zu wenig präzise. Deshalb sollte man begriffliche Unterscheidungen einführen und Begriffe präzisieren.

Verwende Beispiele! Beispiele schaffen Klarheit. Sie können einen Begriff veranschaulichen, eine These plausibler machen und eine allgemeine These widerlegen.

Mach die Struktur deutlich! Es erleichtert dem Leser das Verständnis, wenn er weiß, was er zu erwarten hat. Es kann sinnvoll sein, in der Einleitung die Struktur des Textes und das Vorgehen deutlich zu machen. Man kann dazu Formulierungen wie die folgenden verwenden: »Ich werde damit beginnen, dass … und dann dafür argumentieren, dass … Nachdem ich gezeigt habe, dass …, werde ich … Am Schluss werde ich …« Die Verwendung dieses sogenannten *Verfasser-Ichs*[116] ist unproblematisch. Ebenfalls unproblematisch ist die Verwendung des sogenannten *Forscher-Ichs*, wie in: »Ich vertrete die These …« und »Ich behaupte, dass …«. Allerdings müssen derartige Behauptungen auch tatsächlich begründet werden! Wer eine These vertritt, der muss sie begründen. In wissenschaftlichem Kontext nicht akzeptabel ist jedoch der Bezug auf persönliche Erfahrungen, wie etwa: »Ich habe das Thema ausgewählt, weil …« und »Ich dachte mir, dass man das Problem irgendwie lösen könnte …«.

Führe den Leser! Es erleichtert dem Leser das Verständnis, wenn er durch die Argumentation geführt wird. Zu diesem Zweck kann man als Autor erklären, was man gerade tut, etwa: »Ich argumentiere dafür, dass …« oder »Damit ist nun gezeigt, dass …«.

Wichtig ist unter anderem, dass man dabei zwischen *Behauptungen* und *Annahmen* unterscheidet. Die einfachste Art, etwas zu behaupten, besteht darin, einen Satz im Indikativ mit behauptender Kraft zu formulieren. Man kann die Sprachhandlung auch explizit machen, zum Beispiel indem man sagt:

»Ich behaupte, dass …«. Man kann die Behauptung als Bejahung oder Verneinung einer bestimmten These explizit machen, etwa als »Ich stimme dieser These zu, denn …« bzw. »Ich halte dieses Argument für nicht stichhaltig, weil …«. Das explizite Formulieren der Behauptung hat meistens eine kommunikative Funktion: Man will entweder anzeigen, dass man sich bewusst ist, dass andere die Ansicht nicht teilen, oder dass man sich nicht sicher ist, ob die Behauptung wahr ist. Nimmt man etwas bloß an, ohne es zu behaupten, so kann man dies zum Beispiel damit formulieren, dass man sagt »Ich nehme an, dass …«, »Nehmen wir einmal an, dass …«, Falls man annimmt, dass …«.

Formuliere einen Gedanken pro Abschnitt! Will man zu viel auf einmal sagen, kann es sein, dass man etwas so sagt, dass der Leser es nicht versteht. Um den Gedankengang möglichst verständlich zu halten, ist es hilfreich, sich an einer Leitidee zu orientieren, dass man also pro Abschnitt nur einen Gedanken formuliert. Dieser Gedanke soll so klar wie möglich gemacht werden. Man sollte sich dabei auch nicht scheuen, das aufzuschreiben, was man als trivial empfindet. Für den Leser ist es das meistens nicht. Deshalb: Es ist sehr wichtig, sich auf einen Gedanken zu konzentrieren und diesen so präzise und klar wie möglich zu formulieren.

Verwende eine einfache Sprache! Eine einfache Sprache kann man erreichen, indem man unter anderem folgendes beachtet:

– Hauptsätze verwenden! Hauptsätze sind das Grundgerüst der Sprache. Um Gedanken miteinander zu verbinden, kann man auch einen neuen Satz beginnen.
– Das Subjekt an den Beginn des Satzes stellen! Das Verb ist das Zentrum des Satzes. Das Subjekt des Verbs kommt im Deutschen meistens an erster Stelle. Selbstverständlich kann es für den Textfluss sinnvoll sein, das Subjekt an eine andere Stelle zu setzen. Sätze, die mit dem Subjekt be-

ginnen, sind in der Regel aber leichter zu verstehen (aus diesem Grunde sollte man auch Passivkonstruktionen vermeiden).

- Mit Nebensätzen sparsam umgehen! Ein Nebensatz reicht meistens aus. Einige Philosophen sind bekannt für ihre verschachtelten und langen Sätze. Dies sollte man nicht nachahmen. In den allermeisten Fällen reicht ein einziger Nebensatz aus. Sobald man einen zweiten Nebensatz einfügt, sollte man sich überlegen, ob es nicht doch besser wäre, einen neuen Satz zu beginnen.
- Verbalstil statt Nominalstil verwenden! Substantivierungen (»ung«-Wörter) führen oftmals zu schwer verständlichen Satzkonstruktionen. Deshalb sollte man sich immer überlegen, ob man etwas nicht besser durch Verben formulieren kann. Manchmal führt eine Substantivierung aber auch zu einer angenehmen Verkürzung des Satzes.
- Adjektive sparsam verwenden! Ein einziges treffendes Adjektiv ist meistens ausreichend und besser als mehrere, die noch einmal durch Adverbien qualifiziert werden. Die Verstärkung »sehr« kann man oft weglassen.

2. *Sei inhaltlich korrekt und genau!*

Sei inhaltlich korrekt! Thesen, Argumente und Positionen von anderen Autoren sind korrekt wiederzugeben. In der Darstellung sollte man sich immer an das Prinzip der wohlwollenden Interpretation halten.

Sei genau! Thesen, Argumente und Positionen von anderen Autoren sind nicht nur korrekt wiederzugeben, sondern auch genau, das heißt, indem man möglichst alle Aspekte berücksichtigt, die relevant für das Verständnis sind. Dabei soll man sich jedoch nur auf das Wesentliche konzentrieren, denn sonst wird der eigene Text schnell zu lang.

Unterscheide zwischen Darstellung und Beurteilung! Dem

Leser sollte immer klar sein, ob es sich bei einem Satz um die Darstellung einer Position eines anderen, um eine Beurteilung dieser Position oder um die Darstellung der eigenen Position handelt. Damit dies klar wird, kann es hilfreich sein, dies explizit zu machen. Eine Darstellung sollte nämlich niemals wertend sein.

3. *Stütze deine Thesen mit guten Argumenten!*
Die argumentative Stützung der Thesen ist der Kern eines philosophischen Textes. Zugleich stellt sie auch die größte Herausforderung dar. Es ist unproblematisch, einzusehen, dass das Ziel des Schreibens darin besteht, die eigenen Thesen mit guten Argumenten zu stützen. Schwieriger ist es, dieses Ziel auch tatsächlich zu erreichen. Hier ein paar Tipps.

Entwickle eigene Gedanken! Um eigene Gedanken zu entwickeln, kann man sich Fragen wie diese stellen:
- Mit welchem Argument lässt sich die These begründen?
- Was lässt sich gegen dieses Argument einwenden?
- Was lässt sich auf den Einwand erwidern?
- Ist die Prämisse notwendig?
- Welche Prämisse wurde im Argument noch nicht genannt?
- Welche Konsequenzen ergeben sich aus der These? Sind diese wahr, oder sprechen sie gegen die These?
- Was setzt die These voraus? Sind diese Voraussetzungen wahr?

Mach die Argumentstruktur deutlich! Damit ein Argument möglichst einfach nachvollziehbar wird, ist es wichtig, dass man genau aufzeigt, was Prämisse und was Konklusion ist. Man kann dies mit Ausdrücken und Wendungen wie den folgenden tun: deshalb, daher, darum, also, demnach, infolgedessen, folglich, demzufolge, also, somit, daraus folgt, es folgt daraus, dies beweist, dies zeigt.

Man kann eine Begründung auch nachliefern, etwa mit den Ausdrücken »weil« und »denn«. Mit diesen zwei letzten Ausdrücken werden die Aussagen in der Begründung nicht nur angenommen, sondern behauptet, etwa: »Unsere Handlungen sind frei, weil unser Wille frei ist« oder: »Es gibt keine Seele, denn es gibt nur Materie«. Man kann die Begründung auch explizit formulieren, etwa so: »Ich begründe dies damit, dass …«, »Ich schließe daraus, dass …«, »Daraus ist zu schließen, dass …«, »Damit habe ich gezeigt, dass …«, »Damit konnte ich nachweisen, dass …«.

Begründe jede Behauptung! Im Prinzip muss *jede* Behauptung ausreichend begründet werden. Viele Philosophen versuchen, möglichst wenig zu behaupten und lediglich darüber zu reden, was aus einer bestimmten These folgt bzw. nicht folgt. So gelangt man dazu, vor allem in konditionalen Sätzen zu schreiben: Wenn dies, dann das; wenn aber dieses nicht, dann jenes. Auch dies sind Behauptungen, mit denen jedoch weniger behauptet wird, als wenn man jeweils auch den Vorder- und den Nachsatz des Konditionals behaupten würde.

Vermeide persönliche Einschätzungen! Die Tatsache, dass man eine These als wahr empfindet, ist kein Argument dafür, dass sie auch wahr ist. Deshalb sind Formulierungen wie die folgenden zu vermeiden: »Für mich ist es so, dass …«, »Ich empfinde es so, dass …«, » Ich habe das Gefühl, dass …«.

Vermeide Glaubwürdigkeitsappelle! Dass viele eine These für wahr halten, ist kein Argument dafür, dass sie wahr ist. Deshalb sind Formulierungen wie die folgenden zu vermeiden: »Bekanntlich …«, »Es ist klar, dass …«, »Es ist offensichtlich, dass …«, »Es ist unbestreitbar, dass …«, »Jeder wird zustimmen, dass …« Dass etwas klar ist, muss man nicht erwähnen, denn wenn etwas klar ist, dann zeigt es sich.

Vermeide Autoritätsargumente! Formulierungen wie die folgenden sind zu vermeiden: »Wie Aristoteles bereits sagte, …«

oder »Wie Kant bin auch ich der Ansicht, dass ...« Denn zum einen kann das, was Aristoteles, Kant und andere große Philosophen behauptet haben, auch falsch sein. Vor allem aber liefert der Hinweis darauf, dass diese es behauptet haben, zum anderen kein einziges inhaltliches Argument dafür, dass die These wahr ist.

4. Sei relevant, originell und subtil!

Sei relevant! Der Text sollte nur Teile enthalten, die dem Zweck des Textes dienen (zum Beispiel die Frage zu beantworten oder das Problem zu lösen). Die Relevanz von Textbausteinen prüft man am besten mit der Frage: Dient dieser Baustein dem Zweck des Textes, den ich zu erreichen mir vorgenommen habe? Falls dies nicht zutrifft, muss der Baustein gestrichen werden. Allgemeine Reflexionen sollten entsprechend nicht vorkommen. Der Beginn eines Textes mit einem Satz wie dem folgenden ist deshalb zu vermeiden: »Seit es Menschen gibt, stellen sie sich Fragen über den Tod.« Abgesehen davon, dass in diesem Satz nicht klar ist, welche Menschen sich diese Fragen stellen, da wohl nicht alle Menschen gemeint sein können, wird mit dem Satz etwas ausgesagt, was gar nicht der Beantwortung einer philosophischen Frage dient. Es gibt andere Möglichkeiten, die Wichtigkeit einer Frage deutlich zu machen.

Sei originell! Originalität bedeutet nicht, dass man eine möglichst neue und aufsehenerregende These formuliert. Originalität bedeutet, dass man seine eigenen Gedanken formuliert und eine These argumentativ stützt. Es geht nicht darum, das, was andere gesagt haben, lediglich zusammenzufassen, sondern sich kritisch damit auseinanderzusetzen. Die These, für die man argumentiert, kann durchaus einen vergleichsweise kleinen Punkt betreffen.

Sei subtil! In einem guten philosophischen Text zeigt sich das Gespür für begriffliche und argumentative Feinheiten. Spitzfindigkeit ist jedoch kein Wert an sich. Sie muss dem Zweck des Textes dienen.

8.5. Überarbeiten

An das Schreiben der ersten Fassung eines Textes schließt sich die Phase des Überarbeitens und Abschließens an. Im Idealfall lässt man den Text ein paar Tage liegen und kommt erst später auf ihn zurück. Aber manchmal hat man keine andere Möglichkeit, als ohne zeitlichen Abstand direkt zur Überarbeitung überzugehen. Die Phase der Überarbeitung sollte nicht unterschätzt werden. Gute philosophische Texte sind in der Regel Texte, die mehrmals überarbeitet wurden.

Man sollte also den Text durchlesen und sich dabei immer wieder Fragen wie diese stellen: »Ist klar, was mit diesem Satz gemeint ist?«, »Will ich genau dies hier sagen?«, »Was ist die Beziehung zwischen diesen beiden Sätzen?«, »Ist der Satz für das Argument relevant?«, »Ist die These gut begründet?«, »Gibt es Einwände, die noch nicht berücksichtigt wurden?«. Sätze, die unklar sind, müssen so lange umgeschrieben werden, bis sie klar sind. Der Satz sollte möglichst genau das ausdrücken, was man meint, damit der Leser nicht überlegen muss, was damit gemeint sein könnte. Hat man das Gefühl, der Satz sei unklar, oder hat man das Bedürfnis, etwas zu ergänzen, so sollte man entsprechende Umformulierungen und Ergänzungen auch tatsächlich vornehmen. Sätze, die für das Argument und dessen Verständnis nicht relevant sind, müssen entweder entsprechend umformuliert oder gestrichen werden.

Nach dem Durchlesen und Umformulieren sollte man sich noch einmal genau überlegen, ob die Struktur des ganzen Textes klar ist. Erkennt der Leser sogleich, worum es im Text geht, welche Frage beantwortet und welche These verteidigt werden soll? Ist klar, was das Argument ist? Ist die Argumentation derart aufgebaut, dass ein Leser ihr ohne Schwierigkeiten folgen kann?

Ein gutes Hilfsmittel bei der Überarbeitung ist es, sich selbst den Text *laut vorzulesen*. So merkt man schnell, an welcher Stelle der Text noch verbesserungsfähig ist. Im Idealfall gibt man den Text anderen zu lesen und bittet sie um Feedback sowohl zum Verständnis des Textes als auch zur Güte des Arguments. Aber nicht jedes Feedback ist hilfreich: Der Zweck eines Feedbacks besteht in der Verbesserung des Textes. Es sollte auf diesen Zweck hin formuliert sein, also derart, dass dem Autor klarer wird, welche Textstellen gut sind (auch das ist wichtig!) und was genau an anderen Stellen nicht so gut ist. Das Feedback muss noch keinen Verbesserungsvorschlag enthalten. Aber es soll dem Autor die Schwachstellen deutlich machen, so dass dieser selbst die Schwachstellen erkennt und somit an seinem Text weiterarbeiten kann.

8.6. Der Kommentar

Der Kommentar ist in der Regel eine *beurteilende Stellungnahme* zu einer These, einer Position oder einem Argument. Er wirft Probleme oder Fragen auf, ohne diese zu lösen. Der Kommentar hat in diesem Sinne immer etwas Unabgeschlossenes an sich. Da er sich auf etwas bezieht, nämlich in der Regel auf einen Text, steht er immer in einem dialektischen Zusammenhang. Dieser Zusammenhang ist in der Arbeit am Kommentar zu beachten. Der wohl wichtigste Zweck des Kommentars ist die *Weiterführung einer Diskussion*. Die Diskussion kann im privaten Gespräch, im Rahmen einer Ausbildung oder unter Experten auf einer wissenschaftlichen Konferenz oder in wissenschaftlichen Fachzeitschriften stattfinden.

Die Vorbereitung

Bei der Vorbereitung des Kommentars sollte man zuerst versuchen, das, worauf man sich bezieht, möglichst genau zu *verstehen.* Dies ist Voraussetzung für einen guten Kommentar. Im Anschluss ist es wichtig, sich zu überlegen, welches Ziel man mit dem Kommentar verfolgt. Ein Kommentar kann eher *kritischer* Art sein, derart, dass man auf die Stärken und Schwächen einer Argumentation hinweist oder dass man gegen eine Argumentation argumentiert. Er kann aber auch mehr das Feld weiter erkundenden bzw. *explorativen* Charakter haben, indem man zum Beispiel auf noch nicht genannte Konsequenzen hinweist. Oder er kann auch *konstruktiv* sein, indem man etwa aufzeigt, wie man eine Argumentation verbessern könnte.

Der Aufbau

Hat man vorab geklärt, welches Ziel man verfolgen möchte, so ist es hilfreich, eine erste Gliederung des Kommentars vorzunehmen, und zwar auch dann, wenn der Text kurz ist: Was kommt zu Beginn? In welcher Reihenfolge gehe ich vor? Was kommt am Schluss? Grundsätzlich enthält jeder Kommentar zwei Teile, nämlich die Darstellung der Position (Thesen, Argumente) und die Beurteilung der Position (Einwände, Fragen, konstruktive Vorschläge und dergleichen). Diese beiden Teile müssen nicht als solche explizit gekennzeichnet sein, aber es soll dem Leser jederzeit klar sein, ob das, was er gerade liest, zur Darstellung oder zur Beurteilung gehört.

In der Darstellung soll man sich insbesondere an der zweiten Leitidee für das Schreiben orientieren: Sei inhaltlich korrekt und genau! Die Darstellung sollte nicht wertend sein. Verlangt die Darstellung nach Interpretation, so soll man sich dabei an das Prinzip der wohlwollenden Interpretation halten.

Die Begründung von Kritik

Der Kommentar sollte eine Position nicht nur darstellen, sondern diese auch beurteilen. Enthält diese Beurteilung eine Kritik an der Position (den Thesen, Argumenten), so ist diese zu begründen. Der Kommentar, der sich darin erschöpft, dass man sagt: »Ich bin mit dem Argument einverstanden« oder »Ich stimme der These nicht zu«, ist ein schlechter Kommentar. Auf solche Weise hat man keine Begründung geliefert. Genau das Begründen ist jedoch das, was das philosophische Schreiben unter anderem ausmacht. Allerdings geht es in einem Kommentar nicht vorrangig um diese Begründung, sondern um den Inhalt des zu kommentierenden Textes.

Ein Fehler, den Anfänger häufig begehen, besteht darin, dass sie dem Autor vorwerfen, seine Aussagen seien unklar. Das allein ist jedoch keine gute Kritik, denn erstens sind die meisten sprachlichen Ausdrücke in dem Sinne unklar, dass sie vage sind. Zweitens kann es sein, dass es eine offensichtliche Interpretation der Aussage gibt, die gar nicht unklar ist. Drittens sagt der Vorwurf der Unklarheit allein nicht aus, welche Konsequenzen die verschiedenen Interpretationen für die Position des Autors haben. Ist man der Ansicht, dass eine Aussage unklar ist, so muss man sich also folgendes überlegen: (1) Worin besteht die Unklarheit genau? (2) Lässt sich die Unklarheit durch eine naheliegende Interpretation aufheben, die dem Prinzip der wohlwollenden Interpretation folgt? (3) Welche Konsequenzen haben die verschiedenen Interpretationen für die Thesen und Argumente des Textes? Die Antworten auf diese Fragen können zu einer begründeten Kritik an einer These führen.

Was ist ein guter Kommentar?

Trotz der unterschiedlichen Zwecke, denen ein Kommentar dienen kann, lassen sich gewisse allgemeine Kriterien für einen guten Kommentar aufstellen, die mehr oder weniger explizit bereits genannt wurden.

Kriterien für einen guten Kommentar

1. Der Kommentar enthält nicht nur eine Darstellung einer Position (einer These, eines Arguments), sondern auch eine Beurteilung dieser Position (dieser These, dieses Arguments).
2. Die Darstellung der Position (der These, des Arguments) ist korrekt, genau und nicht wertend.
3. Die Darstellung folgt dem Prinzip der wohlwollenden Interpretation.
4. Die kritische Beurteilung des Dargestellten macht auf Stärken und Schwächen der Position (der These, des Arguments) aufmerksam.
5. Die kritische Beurteilung wird begründet.

8.7. Der Essay

Ein Essay ist die begründete Verteidigung einer These. Im Rahmen der Ausbildung wird die Ausgangsfrage für einen Essay oftmals vorgegeben. Es kann aber auch sein, dass man erst eine eigene Fragestellung entwickeln muss (s. S. 251).

Die Vorbereitung

Bevor man mit dem Schreiben eines Essays beginnt, sollte man sich zunächst klarmachen, welches Ziel man mit dem Essay verfolgen will. Um dies herauszufinden, gibt es mindestens drei Möglichkeiten: nachdenken, diskutieren und lesen. Alle drei Möglichkeiten sind hilfreich, und ohne die erste wird es nicht gehen. Ob man besser mit anderen diskutiert oder einführende und klassische Texte liest, hängt von verschiedenen Faktoren und nicht zuletzt von persönlichen Vorlieben ab.

Der Aufbau
Hat man geklärt, was man erreichen will, sollte man eine erste Gliederung erstellen. Gängig ist die Einteilung in Einleitung, Hauptteil und Schluss. In der Einleitung formuliert man die Frage, die man beantworten will, und stellt gegebenenfalls auch das Vorgehen vor. Es gehört nicht in eine Einleitung (und auch sonst an keine Stelle in einem wissenschaftlichen Text), aus welchen persönlichen Gründen man sich für das Thema interessiert. Ist die Motivation in der Frage selbst nicht ersichtlich, so ist die Frage objektiv zu motivieren. Die einfachste Möglichkeit dafür besteht darin, dass man zwei Thesen formuliert, die im *Widerspruch* zueinander zu stehen scheinen. Auf diese Weise ergibt sich die Frage aus der Sache heraus: Wie, wenn überhaupt, lässt sich dieser Widerspruch auflösen?

Im Hauptteil soll die These mit einem nachvollziehbaren Argument gestützt werden. Der Hauptteil enthält alle Thesen und Argumente. Im Schlussteil wird die Argumentation zusammengefasst. In diesen Teil gehören also keine neuen Thesen und Argumente. Eventuell kann man auf das hinweisen, was noch nicht gezeigt wurde, jedoch nur insofern dies dem Verständnis der Konklusion dient.

Grundaufbau eines Essays

1. Einleitung
   Was ist die Frage, die ich beantworten will?
   Weshalb ist diese Frage wichtig?
   Was will ich zeigen?
   Wie werde ich dabei vorgehen?
2. Hauptteil
   Was ist mein Argument für das, was ich zeigen will?
   Weshalb sind die Prämissen in diesem Argument wahr?
   Was kann man gegen das Argument einwenden?
   Weshalb sind diese Einwände nicht stichhaltig?

3. Schluss
Was habe ich gezeigt?

Der Aufbau des Hauptteils kann verschieden sein. Die drei wichtigsten Grundformen des Essays sind (1) die kritische Prüfung einer Position (einer These, eines Arguments), (2) die Entscheidung eines Streits und (3) die Lösung eines Problems.[117]

Aufbau 1: Kritische Prüfung. Erstens stellt man die Position (die These, das Argument) dar, zweitens formuliert man Kritik daran und drittens weist man die Kritik zurück. Der dritte Schritt ist optional. Ein derartig aufgebauter Essay ist im Grunde ein Kommentar, den man in die Form eines eigenständigen Essays gießt. Dabei sollte man weder die Einleitung vergessen, in der man die Frage und das Vorgehen deutlich macht, noch den Schluss, in dem man die anfangs gestellte Frage beantwortet. Es kann sein, dass man nicht zu einer eindeutigen Antwort auf die ursprüngliche Frage gelangt. Auch diese Antwort muss jedoch begründet werden! Meistens ist es sinnvoll, eine *bedingte* Antwort zu geben, etwa so: »Wenn man die These so versteht und zudem von der Annahme ausgeht, dass so und so, dann ist die These falsch, denn sie hat die Konsequenz, dass dieses und jenes.«

Aufbau 1: Kritische Prüfung
1. Darstellung
2. Kritik
3. Zurückweisung der Kritik

Aufbau 2: Entscheidung eines Streits. Zuerst muss man das Problem formulieren, im Anschluss stellt man eine erste Position dar und beurteilt diese, dann eine dieser entgegengesetzte Position und beurteilt diese und gelangt am Schluss zu einer Entscheidung. Die Schritte können auch in anderer Reihenfolge geschehen. Zum Beispiel kann es zweckdienlicher sein, nach der Darstellung der ersten Position gleich die Darstellung der zweiten Position anzuschließen oder die beiden Positionen abwechselnd Stück für Stück darzustellen. Es ist sinnvoll, das Problem als eine Frage zu formulieren, die von den beiden Positionen unterschiedlich beantwortet wird. So kann man sich immer wieder auf diese Frage beziehen, um den roten Faden nicht zu verlieren. Nur selten wird man zu der Entscheidung gelangen, dass die eine oder andere Position vollständig recht hat. Häufiger ist es der Fall, dass man je nach Interpretation zu unterschiedlichen Resultaten kommt. Genau solche Unterscheidungen sollten in einen Essay einfließen, um zu einer differenzierten Entscheidung zu gelangen.

Aufbau 2: Entscheidung eines Streits

1. Formulierung des Problems
2. Darstellung der ersten Position
3. Bewertung der ersten Position
4. Darstellung der zweiten Position
5. Bewertung der zweiten Position
6. Entscheidung

Aufbau 3: Lösung eines Problems. Zu Beginn formuliert und analysiert man ein bestimmtes Problem. Im Anschluss entwickelt man Kriterien für eine adäquate Lösung. Daraufhin stellt man mögliche Lösungen vor, die inadäquat sind, und erklärt, weshalb diese nicht adäquat sind. In einem vierten Schritt stellt man die eigene Lösung vor. Diese Lösung prüft man dann an den aufgestellten Adäquatheitskriterien. Zum Abschluss kann man naheliegende Kritik zurückweisen. Die Schritte 3 und 6 sind optional. Wie die zweite Grundform ist auch diese problemorientiert. Im Unterschied zu jener verlangt diese Form jedoch mehr eigene Kreativität, da eine eigene Lösung des Problems entwickelt wird.

Aufbau 3: Lösung eines Problems

1. Formulierung und Analyse des Problems
2. Entwicklung von Kriterien für eine adäquate Lösung
3. Untersuchung möglicher, aber inadäquater Lösungen
4. Entfaltung der vorgeschlagenen Lösung
5. Prüfung der Adäquatheit der vorgeschlagenen Lösung
6. Antworten auf erwartbare Kritik

Was ist ein guter Essay?

Es gibt verschiedene Möglichkeiten, Kriterien für einen guten Essay zu formulieren. Jim Pryor nennt die folgenden drei allgemeinen Beurteilungskriterien[118]:

1. Wie gut versteht der Autor die untersuchten Fragen und Probleme?
2. Wie gut sind die Argumente?
3. Ist das Geschriebene klar und wohlstrukturiert?

Diese drei Kriterien könnte man auch in jeweils ein Stichwort fassen und umformulieren:

1. Inhalt: Korrekte und präzise Darstellung von Positionen (Thesen, Argumenten)
2. Argumentation: Eigenständige und gute Begründung einer These
3. Sprache: Klare und wohlstrukturierte Formulierung

Es ist wichtig zu beachten, dass dies nur eine mögliche und keine vollzählige oder erschöpfende Liste von Kriterien ist.

8.8. Die Seminararbeit

Die Seminararbeit ist die Bearbeitung eines eingegrenzten Themas unter Einbezug der relevanten wissenschaftlichen Literatur im Rahmen einer universitären Lehrveranstaltung.

Die Vorbereitung

Bevor man mit dem Schreiben beginnt, sollte man ein genau abgegrenztes *Thema* finden. Zu diesem Zweck sollte man sich an den Themen orientieren, die bereits erforscht wurden und weiterhin erforscht werden. Enzyklopädien bieten einen guten Einstieg: Sie geben einen Überblick über ein bestimmtes Thema und verweisen auf die klassische Literatur.

Hat man ein Thema gewählt, muss man eine eigene *Fragestellung* finden. Dies ist eine nicht zu unterschätzende Arbeit, und man sollte sich dafür Zeit nehmen. Am wichtigsten ist dabei folgendes: Die Frage sollte im Rahmen der Seminararbeit beantwortet werden, das heißt, sie sollte *nicht zu weit und nicht zu eng* angelegt sein. In der Regel ist die Frage, ob der Mensch einen freien Willen habe, für eine Seminararbeit zu weit, und die Frage, ob eine bestimmte Prämisse in einem bestimmten Argument für den freien Willen wahr ist, für eine Seminararbeit zu eng. Dennoch könnte jede der beiden Fragen auch genau passend sein. Denn ob eine Frage zu eng oder zu weit ist, hängt auch davon ab, wie hoch die Anforderungen an die Antwort sind. In der Regel gilt: Je enger die Frage, desto höher die Anforderungen. Es kann für einen Anfänger schwierig sein zu beurteilen, ob eine Frage für eine Seminararbeit geeignet ist, und es ist deshalb ratsam, die Frage mit der Person zu besprechen, die die Arbeit betreut.

Legt man die Seminararbeit als einen umfangreichen Essay an, das heißt als Verteidigung einer eigenen philosophischen These, die im Prinzip zu einem Forschungsartikel weiterverarbeitet werden kann – und als das muss man eine Seminararbeit nicht unbedingt verstehen –, so sind die folgenden zwei Punkte zu beachten:

(1) Die Frage sollte auf die Sache abzielen, das heißt, sie sollte *nicht rein auslegend* bzw. *exegetisch* sein. Die Frage, was Platon an einer bestimmten Stelle in einem seiner Dialoge gemeint hat, oder die Frage, was eigentlich der Inhalt seiner Ideenlehre ist, mag interessant sein. Eine solche exegetische Untersuchung liefert aber an sich keine Antwort auf eine philosophische Frage. Sie kann jedoch eingebettet in den Kontext einer philosophischen Frage beantwortet werden, etwa: »Können wir Erkenntnis von wahrnehmbaren Einzeldingen haben?«

(2) Die Frage sollte nach der Verteidigung einer philosophischen These verlangen, das heißt insbesondere *nicht nach einem Vergleich*. Die Frage »Was unterscheidet die Erkenntnistheorie Platons von der Aristoteles'?« mag für bestimmte Zwecke wichtig sein, verlangt aber nicht nach der Verteidigung einer philosophischen These.

Wie findet man eine Frage für eine Seminararbeit? Als Ausgangspunkt eignen sich wiederum Enzyklopädien. Ausgehend von dem Überblick über ein Thema und der bisherigen Debatte gelangt man auf diese Weise zu Ideen für Fragen. Eine einfache Möglichkeit der Entwicklung einer Frage besteht darin, dass man eine in der Forschung vertretene These einem in der Forschung formulierten Einwand gegenüberstellt. So ergibt sich von selbst die Frage: Trifft der Einwand zu? Mit diesem Vorgehen hat man die Frage auch zugleich objektiv motiviert. Eine andere Möglichkeit besteht darin, einen eigenen Einwand zu einer in der Forschung vertretenen These zu verteidigen. Eine dritte Möglichkeit, die jedoch im Rahmen einer Seminararbeit nur sehr selten erreicht werden kann, besteht darin, eine *neue* These als Antwort auf eine bestehende Frage zu verteidigen.

Die Entwicklung einer Antwort

Hat man eine Fragestellung gefunden, geht es nun darum, eine Antwort auf diese zu finden. Zu diesem Zweck bestehen die drei bereits genannten Möglichkeiten: nachdenken, diskutieren und lesen. In einer Seminararbeit geht es ohne letzteres nicht, weil es Teil der Aufgabe ist, die Antwort vor dem Hintergrund der bereits bestehenden Forschung zu entwickeln. Zu diesem Zweck muss man diese Forschung aufarbeiten, und man orientiert sich am besten zunächst wiederum an Enzyklopädien, meistens auch an Forschungsartikeln. Diese können vom Dozenten bereitgestellt werden. Ist das nicht der Fall, so sucht man am besten in einer Datenbank philosophischer Aufsätze (s. S. 278). In dieser Phase besteht die Arbeit hauptsächlich aus Lesen und Textarbeit.

Dank Lesen, Nachdenken und Diskutieren gelangt man nach und nach zu einer eigenen Antwort auf die gestellte Frage. Diese Antwort muss nun argumentativ gestützt werden. Die Seminararbeit sollte nicht rein reproduktiv sein, das heißt, sie sollte nicht ausschließlich darin bestehen, dass man eine Argumentation von jemandem übernimmt und abschließend feststellt: »Dieser Argumentation stimme ich zu.« Damit liefert man keine eigenständige Verteidigung der These. Genau diese Verteidigung ist es jedoch, was das philosophische Schreiben ausmacht. Die eigene argumentative Stützung muss in einer Seminararbeit weder im Detail ausgearbeitet werden noch jeglicher Kritik standhalten können, aber sie muss vorhanden sein. Die eigene Argumentation entwickelt man meistens erst im Verlauf des Arbeitsprozesses.

Der Aufbau

Weiß man, wie und mit welchem Argument man die Frage beantworten will, kann man sich daranmachen, eine erste Gliederung des Gesamttextes aufzustellen. Die Seminararbeit kann im Grunde wie ein Essay aufgebaut sein. Im Unterschied zum Essay muss die Frage an die bereits bestehende Forschung anknüpfen, das heißt, mindestens einige darstellende Teile enthalten. Da eine gut strukturierte Arbeit das Verständnis wesentlich erleichtert, sollte man sich unbedingt darum bemühen, der Arbeit einen sinnvollen Aufbau zu geben. Die Seminararbeit verlangt im Vergleich zum Essay zusätzlich folgende formale Teile:

- *Titelblatt*: Titel der Arbeit, Verfasser (Name und Adresse), Abgabedatum, Seminar (Titel der Veranstaltung, Semester, Dozent)
- *Inhaltsverzeichnis*: Titel und Zwischentitel der einzelnen Abschnitte des Textes, in der Regel hierarchisch gegliedert (»1.«, »1.1.«, »1.2.« etc.). Oft reichen zwei bis drei Gliederungsebenen. Untergliederungen auf derselben Ebene müssen mindestens deren zwei sein: Findet sich 1.1., dann auch 1.2.!
- *Literaturverzeichnis*: alphabetisch nach Autor und bei mehreren Werken eines Autors chronologisch nach Jahr geordnete Liste aller und nur der zitierten Werke. Zum Beispiel so: Singer, Peter, 2013, *Praktische Ethik. 3., überarb. Auflage*, Stuttgart: Reclam. Natürlich gibt es verschiedene Konventionen. Wichtig ist nur, dass man eine Art der Formatierung konsequent durchzieht. Eine Anleitung bietet unter anderem Jürg Niederhauser.[119] Oftmals gibt es auch Vorgaben von dem Institut bzw. dem Dozenten.

Das Zitieren

In die Seminararbeit muss man die für die gewählte Fragestellung relevante Forschungsliteratur einbauen. Das heißt, man muss wiedergeben, was andere bereits geschrieben haben.

Man kann entweder *wörtlich zitieren* oder *paraphrasieren*, das heißt, den Inhalt in eigenen Worten wiedergeben. Das Paraphrasieren ist fast immer die bessere Option, weil man damit zum Ausdruck bringen kann, wie man den zitierten Text versteht. Das wörtliche Zitat ist nur dann sinnvoll, wenn der Wortlaut wichtig ist und man sich genau auf diesen beziehen will. Wörtlich zitiert man, indem man die genauen Worte in Anführungszeichen wiederholt und Auslassungen und Einfügungen in eckigen Klammern kennzeichnet. Zum Beispiel so: »[Alice] fragte die [...] Raupe«.

Es ist also streng verboten, Zitate unter der Hand zu verändern, etwa missverständliche oder falsche Übersetzungen zu verbessern. Dies darf man nur und ausschließlich, wenn man dies kennzeichnet. Ein längeres Zitat (ab ca. drei Zeilen Länge) wird in der Regel nicht in Anführungszeichen gesetzt, sondern in einen eingerückten und mit einer Leerzeile davor und danach versehenen Absatz eingeführt. Man kann das Zitieren mit dem Paraphrasieren verbinden, indem man in der Paraphrase einen wörtlich zitierten Ausdruck mit Anführungszeichen anzeigt, etwa so: Lewis Carroll schreibt, dass Alice die Raupe nicht gebeten, sondern tatsächlich »gefragt« habe. In der Paraphrase können wir auch präzisieren, was der Autor genau tut, ob er etwas darstellt, begründet, kritisiert, stützt oder zurückweist. Wichtig ist dabei, dass damit keine Wertung ausgedrückt wird. Man sollte also in der Wiedergabe von Inhalten nicht etwa schreiben: »Der Autor vermag die These nicht überzeugend zu begründen.« Dies gehört zur Beurteilung der Begründung, nicht aber zu deren Darstellung.

Alles, was man wörtlich oder durch Paraphrase zitiert, muss mit einer Literaturangabe bzw. einem eindeutigen Nachweis versehen werden. In der Regel geschieht dies am Ende oder zu Beginn des zitierten Satzes oder Abschnittes. Kurze Literaturhinweise gibt man am besten in Klammern im sogenannten

Autor-Jahr-System an, das heißt mit dem Nachnamen des Autor, dem Erscheinungsjahr und gegebenenfalls der Seitenzahl, etwa so: (Singer 2013: 38). Oder so: »Peter Singer argumentiert in seinem Buch *Praktische Ethik* (2013: 22–45) wie folgt für die These ...«[120] Ist ein Literaturhinweis zu umfangreich, weil man eine längere Reihe von Autoren zitiert oder weil man den Hinweis kommentiert, so kann man die Angabe auch in einer Fußnote einfügen. Fußnoten sollten jedoch sparsam eingesetzt werden. Bei jeder Fußnote sollte man sich fragen: Ist der Inhalt wichtig? Sollte dies nicht der Fall sein, könnte es vielleicht sinnvoller sein, die Fußnote zu streichen? Sollte dies der Fall sein, könnte man den Inhalt in den Fließtext einbauen.

Was wird zitiert? Es besteht die Pflicht, in der Regel jeden Gedanken, den man aus einem anderen Text übernimmt, als Zitat kenntlich zu machen. Verletzt man diese Pflicht, so kann man des Plagiats bezichtigt werden, das heißt des Diebstahls geistigen Eigentums. Nicht zitiert werden müssen jedoch Gedanken, die Allgemeingut sind. Aus diesem Grund ist es unüblich, in einem wissenschaftlichen Text aus Konversationslexika zu zitieren. Dasselbe gilt in philosophischen Texten von philosophischen Fachlexika. Davon ausgenommen ist der Fall, dass man in der Arbeit genau über diesen Eintrag etwas aussagen will. Umfangreiche Einträge wie diejenigen in der *Stanford Encyclopedia of Philosophy* und der *Routledge Encyclopedia of Philosophy* können zitiert werden. Für klassische Autoren gibt es oftmals Standardausgaben, die man zitiert (zum Beispiel für Platon, Aristoteles und Kant). Auch Internetquellen müssen zitiert werden, obwohl diese meist unzuverlässig sind. Dies gilt auch für die Online-Enzyklopädie *Wikipedia*. Es ist nicht üblich, diese in wissenschaftlichen Texten zu zitieren, da kein namentlicher Herausgeber für die Qualität bürgt und die Artikel zum Teil von vielen verschiedenen Autoren geschrieben werden, deren Namen nicht bekannt sind.

Was ist eine gute Seminararbeit?
Als Kriterien für eine gute Seminararbeit können die Kriterien für einen guten Essay (Inhalt, Argumentation, Sprache) zusammen mit weiteren Kriterien (klare Fragestellung, Erfüllung formaler Vorgaben und andere) dienen. Eine genauere Ausformulierung der inhaltlichen Kriterien kann wie folgt aussehen[121]:

1. Interpretation und Analyse: Der Text zeigt die Fähigkeit des Autors, philosophische Texte zu analysieren, zu verstehen und zu interpretieren.
2. Argumentation: Der Text zeigt die Fähigkeit des Autors, Argumente zu identifizieren, zu beurteilen und zu formulieren.
3. Philosophisches Wissen und Methodologie: Der Text zeigt die Kenntnis des Autors von wichtigen Traditionen, Personen, Begriffen und Methoden.
4. Kommunikation: Der Text zeigt die Fähigkeit des Autors, Gedanken auf eine präzise, klare, effektive und systematische Art zu entwickeln, zu organisieren und auszudrücken.

Ein meines Erachtens guter Vorschlag für eine Liste von Kriterien stammt von Nikola Kompa. Sie nennt die folgenden sechs Qualitätsmerkmale[122]:

1. Klare Fragestellung und klares (Argumentations-)Ziel
2. Transparente und sinnvolle Gliederung der Arbeit
3. Klare und präzise Formulierungen
4. Verständlichkeit
5. Sorgfältige und übersichtliche Rekonstruktion der Positionen anderer
6. Argumentative Stützung der eigenen Thesen

Dies sind nur einige mögliche Beurteilungskriterien. Wichtig ist, dass Ihnen selbst klar ist, nach welchen Kriterien Ihre Arbeit beurteilt wird. Unabhängig von der Beurteilung durch andere dient das philosophische Schreiben den Zwecken der Philosophie, nämlich grundsätzliche Fragen zu stellen und nach Antworten auf diese Fragen zu suchen, auf begriffliche Probleme hinzuweisen und diese zu lösen oder aufzulösen. Es gibt noch viel zu tun.

Lösungen der Übungsaufgaben

1. Argumentieren

1. a) Aussage. b) Ausruf. c) Aussage. Es wird etwas über die Zukunft ausgesagt. Dennoch ist es entweder wahr, dass das Spiel am Samstag stattfindet, oder falsch. d) Frage. e) Aussage. Es wird etwas über das Bewusstsein eines anderen ausgesagt. Inwiefern man dies wissen kann, ist umstritten. Dennoch ist der Satz entweder wahr oder falsch. f) Bitte. g) Aussage. In der Aussage werden zwei einfache Aussagen miteinander verknüpft. h) Aussage. In der Aussage werden zwei einfache Aussagen verknüpft.
2. Der Satz ist ein Widerspruch, und ein Widerspruch ist immer falsch.
3. a) Eine ungerade natürliche Zahl, zum Beispiel 3. b) Ein Apfel, der nicht zu Boden fällt, zum Beispiel einer, der auf dem Tisch liegt. c) Gutes, von dem man genug bekommt, zum Beispiel gutes Essen. d) Ein Mensch, der mutig ist, zum Beispiel Robin Hood, Jeanne d'Arc oder Wilhelm Tell.
4. a) Es handelt sich um keine Allaussage. b) Es handelt sich um keine Allaussage.
5. a) und d) sind Argumente.
6. a) (1) Alle Schriftsteller sind Philosophen. (3) Alle Philosophen sind Griechen. Daraus folgt: (4) Alle Schriftsteller sind Griechen. b) (3) Alle Philosophen sind Griechen. (5) Alle Griechen sind Schriftsteller. Daraus folgt: (6) Alle Philosophen sind Schriftsteller. c) (6) Alle Philosophen sind Schriftsteller. (4) Alle Schriftsteller sind Griechen. Daraus folgt: (3) Alle Philosophen sind Griechen. d) (2) Alle Philosophen sind Leser. (7) Alle Leser sind Schriftsteller. Daraus folgt: (6) Alle Philosophen sind Schriftsteller.

7. a) Falsch. b) Falsch. c) Wahr. d) Wahr. e) Falsch. f) Wahr. g) Falsch.
8. a) Fehlschluss der Bejahung des Nachsatzes. b) Fehlschluss der Verneinung des Vordersatzes. c) *Modus ponens*. d) *Modus tollens*.
9. Man zeigt die formale Ungültigkeit eines Arguments, indem man ein Argument derselben Form aufstellt, das von wahren Prämissen zu einer falschen Konklusion führt. a) Alle Philosophen sind Menschen. Alle Philosophen sind Leser. Also sind alle Menschen Leser. b) Wenn der Kater Jeff ein Hund ist, dann hat er vier Beine. Kater Jeff hat vier Beine. Also ist Kater Jeff ein Hund.
10. a) *Petitio principii*, b) Autoritätsargument, c) Äquivokation (»Mensch« als Gattung und als Einzelwesen).

2. *Analysieren*

1. a) »Liebe« ist nur ein Wort. b) »Mensch« und »Person« haben nicht dieselbe Bedeutung.
2. a) Festlegend. b) Präzisierend (wenn man von dem Begriff aus der Alltagssprache ausgeht) oder beschreibend (wenn man beschreibt, wie der Begriff in der Mechanik verwendet wird) oder festlegend (wenn damit ein neuer Begriff unabhängig von seiner bestehenden Bedeutung eingeführt wird). c) Beschreibend. d) Präzisierend (wenn man von der bestehenden Bedeutung ausgeht) oder festlegend (wenn damit ein neuer Begriff unabhängig von seiner bestehenden Bedeutung eingeführt wird).
3. a) x ist eine Schwester von y. (Oder: x ist eine Schwester von Ben.) b) x fliegt. c) x liegt zwischen y und z. (Oder u.a.: x liegt zwischen Oslo und Rom.)
4. Extension: die Menge aller Ärzte. Intension: jemand, der nach Medizinstudium und klinischer Ausbildung die

staatliche Zulassung erhalten hat, Kranke zu behandeln (vgl. *Deutsches Universalwörterbuch*).

5. a) Äquivalent. b) Ober- und Unterbegriff. c) Äquivalent. d) Komplementär. e) Zwischen den beiden Begriffen besteht keine klare Grenze, so dass es sein kann, dass man von etwas sagen kann, dass es weder alt noch jung ist; somit sind die Begriffe disjunkt und nicht komplementär, es sei denn, man würde die beiden Begriffe entsprechend präzisieren.
6. a) Notwendig und nicht hinreichend. b) Hinreichend und nicht notwendig. c) Notwendig und hinreichend. d) Hinreichend und nicht notwendig. e) Notwendig und hinreichend.
7. a) x ist eine Mutter genau dann, wenn x eine Frau ist und x mindestens ein Kind hat. b) x ist ein baltischer Staat genau dann, wenn x Litauen oder x Lettland oder x Estland ist. c) x ist eine Speisegabel genau dann, wenn x ein Teil des Essbestecks ist und x mindestens zwei Zinken hat. d) x und y sind Brüder genau dann, wenn x und y Geschwister sind und x und y männlich sind.
8. a) Die Begriffsanalyse ist zu weit, denn eine unverheiratete Frau ist kein Junggeselle. b) Sie ist zu eng, denn ein Junggeselle muss nicht jung sein. c) Sie ist zu weit, denn ein verheirateter junger Mann ist kein Junggeselle, und sie ist zugleich zu eng, denn ein Junggeselle muss nicht jung sein.
9. a) Kürze: Die Definition enthält überflüssige Teile. b) Zirkelfreiheit: Die Definition ist zirkulär. c) Klarheit: Das Definiens enthält Begriffe, die weniger klar sind als das Definiendum.
10. a) Komparativ. b) Quantitativ. c) Klassifikatorisch. d) Klassifikatorisch. e) Quantitativ. f) Klassifikatorisch. g) Komparativ.

3. *Argumentationsmuster*

1. a) Man kann auch indifferent sein. b) Es besteht auch die Möglichkeit, andere Ausgaben zu kürzen oder die Steuern zu erhöhen.
2. *Reductio ad absurdum.*
3. Die Aussage drückt einen infiniten Regress aus.
4. x wird verursacht durch x_1; x_1 wird verursacht durch x_2; x_2 wird verursacht durch x_3 usw.
5. Analogieschluss.
6. Transzendentales Argument.
7. a) Die Hypothese macht viele Annahmen und ist nicht einfach. b) Die Hypothese macht eine wenig wahrscheinliche Annahme; deshalb ist sie schlechter als c) und d). Welche der Hypothesen c) und d) besser ist, kann aufgrund der Informationen nicht gesagt werden.
8. Er begeht einen kausalen Fehlschluss.
9. Nein, die Faktoren x und y können auch nur zufälligerweise korrelieren oder auch eine gemeinsame Ursache z haben.
10. Äquivokation: In der ersten Prämisse bedeutet »kennen« nicht, dass man den Vater in jeder Situation erkennt; genau dies wird jedoch in der zweiten Prämisse angenommen.

4. *Argumentieren in der Ethik*

1. b), c), d) und f) sind normative Aussagen.
2. a) Wahr. b) Falsch, denn es kann auch verboten sein. c) Wahr.
3. a) Nein, denn es kann zum Beispiel der Fall sein, dass es moralisch gut ist, zu helfen, aber nicht moralisch geboten, zu helfen, etwa deshalb, weil man sich damit selbst in Gefahr bringen würde. b) Nein, denn es kann zum Bei-

spiel der Fall sein, dass es moralisch schlecht ist, zu lügen, aber es in der Situation dennoch geboten ist, zu lügen, etwa um ein Leben zu retten.

4. a) Nein, Sein-Sollens-Fehlschluss. b) Nein, Sein-Sollens-Fehlschluss.
5. a) Argument der schiefen Ebene. b) Sein-Sollens-Fehlschluss. c) Argument der goldenen Mitte. d) Tu-quoque-Argument. e) Sein-Sollens-Fehlschluss.
6. a) Nein, denn damit würde man gegen das Prinzip der Verallgemeinerbarkeit verstoßen und eine inkonsistente Position vertreten. b) Wenn zwischen Anne und Ben kein moralisch relevanter Unterschied besteht, dann verstößt man damit gegen das Prinzip der Verallgemeinerbarkeit. c) Ein Egoist könnte behaupten, dass seine Interessen wichtiger seien als die Interessen der anderen. Die Position ist somit nicht inkonsistent, verstößt aber gegen das Abwägungsgesetz.
7. Unter der Voraussetzung, dass ich rational bin, ja.
8. a) Freiheitsrecht. b) Anspruch. c) Freiheitsrecht. d) Anspruch.
9. Ben hat gegenüber Anne den Anspruch, dass sie pünktlich ist.
10. Nein, aus einem Freiheitsrecht folgt kein Anspruch.

5. *Logik*

1. a) $p \leftrightarrow q$. b) $p \wedge q$. c) $p \rightarrow q$. d) $p \rightarrow \neg q$. e) $p \vee q$.
2. a) *Modus tollens.* b) *Modus ponens.* c) Disjunktionseinführung. d) Hypothetischer Syllogismus. e) Dilemma.
3. Tautologie. (Der Hintersatz des Konditionalsatzes ist auch eine Tautologie, also immer wahr. Auch wenn der Vordersatz falsch ist, ist der Konditionalsatz wahr. Also ist auch der Konditionalsatz eine Tautologie.)

4.

p	q	p→q	¬q	¬p
w	w	w	f	f
w	f	f	w	f
f	w	w	f	w
f	f	**w**	**w**	**w**

5. a) E. b) A. c) O. d) I.
6. a) Es gibt ein x, und x ist Polizist. (∃x) (Fx). b) Es gibt kein x, und x ist Bildhauer. ¬(∃x) (Fx); oder: Für alle x gilt, x ist kein Bildhauer. (∀x) (¬Fx). c) Für alle x gilt: Wenn x ein Mensch ist, dann ist x ein Musiker. (∀x) (Fx→Gx). d) Es gibt ein x, so dass x ein Mensch und x ein Tänzer ist. (∃x) (Fx ∧ Gx).
7. Dass ein bestimmtes Ding die Eigenschaft hat.
8. Dass es etwas gibt, was die Eigenschaft hat.
9. Der Mann betrachtet ein Porträt seines Sohnes. Denn der Sohn meines Vaters bin ich selbst, und ich bin also der Vater des Mannes auf dem Bild.
10. Weder ein Ritter noch ein Schurke kann behaupten, dass er ein Schurke sei, denn der Ritter würde die falsche Aussage machen, dass er ein Schurke sei, und der Schurke die wahre Aussage, dass er ein Schurke ist. Also hat A nicht gesagt, dass er ein Schurke ist. Also hat B gelogen. Also ist B ein Schurke. Also hat C die Wahrheit gesagt. Also ist C ein Ritter.

6. Logische Analyse eines Satzes

1. Kategorienfehler.
2. Interpretation a) Von jedem Ding gilt: Es hat keinen Sinn. Interpretation b) Es gibt nicht einen Sinn für alle Dinge.
3. Scheinsatz (»nichts« im wörtlichen Sinne ist als Negationszeichen zu analysieren).
4. a) Fa. F: x fliegt, a: Theaitetos. b) a=b. a: Abendstern, b: Morgenstern. c) (∃x) (Fx). F: x ist ein Weg.
5. a) Synthetisch. b) Analytisch. c) Analytisch. d) Synthetisch. e) Analytisch (denn der Begriff »Wirkung« bedeutet, dass etwas verursacht wird). e) Analytisch und falsch.
6. a) Falsch, es kann auch notwendig sein. b) Wahr. c) Wahr. d) Wahr. e) Falsch, denn es kann auch kontingent sein.
7. a) *De dicto*: Es ist notwendigerweise so: Wenn x Sokrates ist, dann ist x ein Mensch. *De re*: Wenn x Sokrates ist, dann ist x notwendigerweise ein Mensch. b) *De dicto*: Ben glaubt, dass der Freund von Anne (wer immer er auch sei), in Wien lebt. *De re*: Ben glaubt von diesem Mann (welcher der Freund von Anne ist), dass er in Wien lebt.
8. a) Es gibt einen gegenwärtigen König von Frankreich. b) Er hat seine Frau zuvor nicht geschlagen. c) Sie hat ihn verlassen.
9. a) In der Garage kann man tanken. b) Ich weiß nicht, wo C genau ist.
10. Äquivokation. Dass man nicht aufhört, etwas zu tun, kann entweder bedeuten, dass man es gar nicht tut, oder dass man es weiterhin tut.

7. Lesen

1. Vorschlag einer Gliederung: (1) Einführung: Verschiedene Zwecke des Lesens und des philosophischen Lesens.

(2) Sechs Stufen des Lesens nach Rosenberg. (3) Vorgehen beim Lesen in drei Phasen. (4) Der hermeneutische Zirkel.

2. Vorschlag eines Abstracts: Argumentieren ist eines der wichtigsten Werkzeuge des Philosophierens. Ein Argument besteht aus Aussagen, von denen ausgehend argumentiert wird (Prämissen), und einer Aussage, für die argumentiert wird (Konklusion). Ein Argument kann deduktiv, das heißt mit dem Anspruch verbunden sein, dass es gültig sei, das heißt, dass die Konklusion logisch aus den Prämissen folgt: Wenn die Prämissen wahr sind, dann ist auch die Konklusion wahr. Stichhaltig ist ein Argument dann, wenn es gültig ist und nur aus wahren Prämissen besteht. Ein nicht-deduktives Argument kann dennoch gute Gründe für die Konklusion liefern. Es gibt vier Möglichkeiten, ein Argument zu kritisieren, nämlich (1) mit einem Gegenargument, das heißt einem Argument für die Negation der Konklusion, (2) durch Widerlegen einer der Prämissen, (3) mit dem Zurückweisen des Übergangs von Prämissen zu Konklusion und (4) mit dem Zurückweisen des Diskussionsbeitrags. Man kann die Ungültigkeit eines Arguments mit der Anführung eines Gegenbeispiels nachweisen: Wenn es ein Argument derselben Form gibt, das von wahren Prämissen zu einer falschen Konklusion führt, dann ist das Argument ungültig. Es gibt verschiedene Fehlschlüsse, unter anderem die Äquivokation (die Verwendung eines gleichlautenden Ausdrucks in verschiedenen Bedeutungen), das Autoritätsargument (die Begründung mit Verweis auf eine Autorität), das Verschieben der Beweislast und die *Petitio principii* (die Begründung der Konklusion mit der Konklusion selbst).

3. Vorschlag: (1) Es ist wichtig, sich einen Überblick über den wesentlichen Inhalt zu verschaffen, indem man nach den

Thesen und Argumenten des Textes fragt. (2) Es ist wichtig, die Thesen und Argumente genau herauszuarbeiten. (3) Es ist wichtig, in der Interpretation von Thesen und Argumenten dem Prinzip der wohlwollenden Interpretation zu folgen.

4.

(1) Die menschliche Vernunft wird durch Fragen herausgefordert
(2) Diese Fragen sind ihr durch die Natur der Vernunft selbst aufgegeben.
Daraus folgt:
(3) Die menschliche Vernunft kann diese Fragen nicht abweisen.
(4) Diese Fragen übersteigen alles Vermögen der menschlichen Vernunft.
Daraus folgt:
(5) Die menschliche Vernunft kann diese Fragen nicht beantworten.

5. a) Mehrdeutig (zum Beispiel Denken als Tätigkeit, Fähigkeit, Resultat) und vage (was gilt bereits als Denken?). b) Metaphorisch (was heißt es, eine Seele zu »haben«?) und vage (was ist eine Seele?).

6. a) Syntaktisch (gehen sie alleine oder zusammen?). b) Lexikalisch (Sitzbank oder Geldinstitut?). c) Kontextuell (wer ist der Sprecher?).

7. a) Bekanntlich. b) Glücklicherweise. c) Dennoch.

8. a) Das Argument kann nicht stichhaltig (oder nicht gültig) sein. b) Wer diese These vertritt, der wird Mühe haben, die These mit einem guten Argument zu begründen. c) Wer dies behauptet, muss auch die logischen Konsequenzen der These akzeptieren (oder: die kausalen Konsequenzen des Behauptens dieser These erleiden).

9. Vorschlag. (1) Was ich klar und deutlich einsehe, kann von

Gott so geschaffen sein, ist also möglich. (2) Ich sehe klar und deutlich ein, dass ich als denkendes, nicht ausgedehntes Ding allein existieren kann. (3) Ich sehe klar und deutlich ein, dass ein Körper als ausgedehntes, nicht denkendes Ding allein existieren kann. Daraus folgt: (4) Ich kann als denkendes, nicht ausgedehntes Wesen allein existieren, und ein Körper kann als ausgedehntes, nicht denkendes Wesen allein existieren. Daraus folgt: Ich bin von meinem Körper real verschieden und kann ohne ihn existieren.[127]

10. Vorschlag. (1) Der Erkenntniswert von »a=a« und »a=b« kann verschieden sein: »a=a« ist analytisch und a priori, »a=b« kann a posteriori sein. (2). Wenn die Gleichheit zwischen den Gegenständen bestünde, die »a« und »b« bezeichnen, dann wäre eine Beziehung von einem Gegenstand zu sich selbst ausgedrückt und der Erkenntniswert der Sätze »a=a« und »a=b« wäre nicht verschieden. (3) Wenn die Gleichheit zwischen den Zeichen »a« und »b« bestünde, dann wäre die Beziehung willkürlich und der Erkenntniswert der Sätze »a=a« und »a=b« wäre nicht verschieden. Daraus folgt: (4) Die Gleichheit kann weder eine Beziehung zwischen Gegenständen noch zwischen Zeichen sein. Deshalb: (5) Der Unterschied im Erkenntniswert zwischen den Aussagen »a=a« und »a=b« muss in der Art des Gegebenseins des Bezeichneten liegen.

8. Schreiben

a) Persönliche Einschätzung. Als Verbesserung den Satz streichen oder als These formulieren, etwa: »Ich behaupte, dass der Mensch eine Seele hat. Denn …«
b) Persönliche Einschätzung. Als Verbesserung den Satz streichen oder als These formulieren, etwa: »Ich halte aus den

Gründen, die ich jetzt darlegen werde, das Argument von Descartes für stichhaltig.«

c) Glaubwürdigkeitsappell. Als Verbesserung den Satz streichen, begründen oder als Annahme formulieren, etwa: »Ich gehe davon aus, dass der Mensch einen Körper hat. Ich werde diese Annahme an dieser Stelle nicht weiter begründen.«
d) Persönliche Einschätzung. Die Formulierung enthält viele verstärkende Wörter, die nicht nötig scheinen. Als Verbesserung Einschätzung und verstärkende Wörter streichen und den Satz als These formulieren, etwa: »Diesen Punkt gilt es aus dem Grund … im folgenden zu berücksichtigen.«
e) Persönliche Einschätzung. Als Verbesserung streichen oder als These formulieren, etwa: »Descartes verteidigt seine Position mit folgendem Argument: …«
f) Mehrdeutiger und allgemeiner Satz. Als Verbesserung Mehrdeutigkeit auflösen und These mit Beispielen veranschaulichen, etwa: »Der Mensch ist insofern frei, als … Zum Beispiel ist derjenige frei, der …«
g) Umständliche, passive Formulierung mit vielen Nebensätzen. Als Verbesserung vereinfachen, etwa: »Ich werde hier eine These untersuchen, die bereits zuvor mit anderen Argumenten vertreten wurde. Auf diese anderen Argumente werde ich nicht eingehen, sondern …«
h) Autoritätsargument. Als Verbesserung streichen.
i) Metaphorische Ausdrucksweise. Als Verbesserung streichen oder wörtlich sagen, was gemeint ist.
j) Fragen gehören nicht an den Schluss eines Essays. Als Verbesserung die Frage weglassen oder in der Einleitung stellen und im Essay beantworten.

Anmerkungen

1 Einige Paradoxien werden als Diskussionsfragen vorgestellt (siehe am Ende der Kap. 2., 5. und 6.). Eine sehr gute Einführung in verschiedene Arten von Paradoxien bietet Sainsbury (2010), eine sehr gute Zusammenstellung verschiedener Paradoxien bieten Clark/Ellerbeck (2012).

2 Euler 1768: Briefe 102–108.

3 Vgl. Salmon 1983, Kap. 3; Fogelin/Sinnott-Armstrong 2009: 259. Induktive Argumente können auch nur als eine Art nicht-deduktiver Argumente angesehen werden; vgl. Brun/Hirsch Hadorn 2009: 275.

4 Putnam 1993: 180.

5 Vgl. Kunstgriff 6 in Arthur Schopenhauers *Eristischer Dialektik.*

6 Rosenberg 1986: 95–96.

7 Vgl. Platon, *Phaidon* 78b–80c.

8 Aristoteles, *Topik* VI, 1.

9 Aristoteles, *Topik* I, 5.

10 Brun / Hirsch Hadorn 2009: 167–169.

11 Platon, *Laches*, 190e–191c.

12 Vgl. Beaney 2009.

13 Vgl. Aristoteles, *Topik* VI, 1–4, die *Logik von Port Royal* von Arnaud/Nicole 1662, Brun/Hirsch Hadorn 2009: 172.

14 Vgl. Suppes 1957: 151–152.

15 Vgl. Suppes 1957: 153–154; Belnap 1993: 119–125; Gupta 2008.

16 Vgl. Carnap 1959: 12–15; Carnap 1963: 933–940.

17 Vgl. Brun/Hirsch Hadorn 2009: 181–182.

18 Vgl. Carnap 1959: 14–15.

19 Vgl. Carnap 1963: 935.

20 Vgl. Carnap 1959: 15–16.

21 Vgl. Platon, *Menon*, 71–75.

22 Vgl. Aristoteles, *Topik* VI.

23 Wittgenstein 1919, § 4.112. Siehe zu Wittgenstein auch Tetens 2009: 136–138.

24 Waismann 1976: 114.

25 Vgl. Beaney 2009.

26 Wittgenstein 1953, § 66.
27 Wittgenstein 1953, § 67.
28 Vgl. Waismann 1945.
29 Wittgenstein 1953, § 109.
30 Waismann 1976: 44.
31 Ryle 1949: 7.
32 Vgl. Strawson 1994: 33–34.
33 Austin 1977: 20.
34 Vgl. Platon, *Theätet*, 201 c.
35 Vgl. Gettier 1963.
36 Vgl. Platon, *Menon*, 97a–b.
37 Vgl. Grice 1957.
38 Vgl. Platon, *Menon*, 80 e.
39 Siehe dazu Perry 1999.
40 Vgl. Smullyan 1981: 17.
41 Vgl. Kant 1781, B275
42 Vgl. Betz 2011, S. 68 ff.
43 Dennett 1986: 32.
44 Eine gute Sammlung von Gedankenexperimenten in der Philosophie bietet Bertram 2012.
45 Vgl. Platon, *Politeia*, 359b–360d.
46 Peirce 1931 ff.: 2.623.
47 Vgl. Quine/Ullian 1978, Kap. VI, Fogelin/Sinnott-Armstrong 2009, Kap. 9.
48 Für eine berühmte Formulierung siehe Leibniz, *Monadologie*, § 32.
49 Vgl. dazu Baumgartner/Graßhoff 2004.
50 Vgl. Epikur, *Brief an Menoikeus*.
51 Vgl. Anselm von Canterbury, *Proslogion*.
52 Siehe dazu Rosenberg 1986 und zur personalen Identität Perry 1978.
53 Vgl. McNamara 2010.
54 Vgl. Hume 1739–40, Buch III,I,1.
55 Vgl. Singer 2013: 180.
56 Vgl. Hare 1952; 1981: 108.
57 Rawls 1975: 37–38.
58 Kant 1785, IV 417.

59 Vgl. Williams 1982.
60 Vgl. Hohfeld 1917.
61 Diese Variante des Trolley-Problems stammt von Judith Jarvis Thomson.
62 Vgl. Kant 1781, A70/B95.
63 Smullyan 1981: 7.
64 Smullyan 1981: 17.
65 Vgl. Carroll 1895.
66 Vgl. Hempel 1945.
67 Wittgenstein 1919, § 5.5563.
68 Wittgenstein 1953, § 38.
69 Wittgenstein 1953, § 109.
70 Vgl. Savigny 1974.
71 Carnap 1999: 137–138.
72 Vgl. Carnap 1932: 235.
73 Vgl. Ryle 1949: 17.
74 Kant 1781, A 6–7.
75 Leibniz 1714, § 33 und § 35.
76 Kant 1781, A 151; vgl. Kant 1783, § 2.
77 Kant 1781, A 1–2.
78 Kant 1781, A 9.
79 Vgl. McNamara 2010.
80 Thomas von Aquin, *Summa Theologiae*, I, q. 14, art. 13.
81 Frege 1892: 54–55.
82 Grice 1975. Die von Grice ins Englische eingeführten Begriffe sind »implicature« und »to implicate«. Im Deutschen übersetzt man dies mit »Implikatur« und »implikieren« (oder »implikatieren«).
83 Vgl. Descartes 1641. Für eine Diskussion über skeptische Argumente siehe Rosenberg 2000.
84 Vgl. Descartes 1641.
85 Vgl. Hume 1748.
86 Ayer 1970: 141.
87 Rosenberg 1986: 154–159.
88 Vgl. Brun / Hirsch Hadorn 2009: 24.
89 Vgl. Concepción 2004; Brun / Hirsch Hadorn 2009: 33.
90 Vgl. Brun / Hirsch Hadorn 2009: 53–72.

91 Vgl. Brun / Hirsch Hadorn 2009: 82–83.
92 Vgl. Petrus 1997.
93 Vgl. Brun / Hirsch Hadorn 2009: 150–151.
94 Aristoteles, *Poetik*, 1457b.
95 Aristoteles, *Rhetorik*, 1406b.
96 Vgl. Di Franco 2009.
97 Platon, *Phaidon*, 65a–b.
98 Vgl. Walther 1990: 67–69.
99 Thomas von Aquin, *Summa Theologiae I*, q. 2, art. 3.
100 Kant 1781, A VII.
101 Descartes 1641: 189.
102 Frege 1892: 40–41.
103 Vgl. Platon, *Politeia*, 473 c–d.
104 Vgl. Sen 2009.
105 Nagel 1974.
106 Vgl. Nozick 1974.
107 Vgl. zum Beispiel Pryor 2003; Martinich 2005, Kap. 4; Pfister 2010: 72–73; Kruse 2007: Kap. 5; Kruse 2010: 61–63; Niederhauser 2011: 11–12.
108 Martinich 2005: 74–75: »In short: don't delay; write first; footnote later.«
109 Kruse 2007: 156: »Es ist wichtig, diesen Rohtext möglichst zügig zu schreiben und dabei in Kauf zu nehmen, dass der Text noch nicht perfekt ist.«
110 Rosenberg 1986: 81.
111 Vgl. Pryor 2003.
112 Vgl. Kruse 2007.
113 Vgl. Martinich 2005: 69–71.
114 Vgl. zum Beispiel Pryor 2003; Martinich 2005.
115 Vgl. Pfister 2010: 59–63.
116 Steinhoff 2007.
117 Vgl. Rosenberg 1986.
118 Pryor 2003.
119 Niederhauser 2011.
120 Auch hier gibt es verschiedene Konventionen, siehe Niederhauser 2011.

121 Vgl. Rudisill 2011.
122 Kompa 2009.
123 Platon, *Protagoras*, 345d9–e4.
124 Hobbes 1651, Teil I, Kap. 13.
125 Nietzsche 1882, Zweites Buch, Aphorismus 125.
126 Arendt 1993: 23.
127 Vgl. Beckermann 2008: 29–32.

Literatur

Nachschlagewerke

The Oxford Dictionary of Philosophy, 2nd edition revised, hg. v. S. Blackburn, Oxford: Oxford University Press, 2008.

The Cambridge Dictionary of Philosophy, 2nd edition, hg. v. R. Audi, Cambridge: Cambridge University Press, 1999.

The Oxford Companion to Philosophy, New edition, hg. v. T. Honderich, Oxford: Oxford University Press, 2005.

Diese drei zählen zu den besten philosophischen Wörterbüchern überhaupt. Das *Oxford Dictionary* ist kürzer als die beiden anderen; für die knappen, präzisen und verständlichen Einträge zeichnet Simon Blackburn verantwortlich. Das *Cambridge Dictionary* und der *Oxford Companion* sind umfangreicher; die präzisen und informativen Einträge wurden von den besten Experten in dem jeweiligen Gebiet geschrieben. Jeder Philosophiestudent sollte eines der drei in Griffnähe haben!

Philosophielexikon. Personen und Begriffe der abendländischen Philosophie von der Antike bis zur Gegenwart, erweiterte und vollständig revidierte Ausgabe, hg. v. A. Hügli u. P. Lübcke, Reinbek bei Hamburg: Rowohlt, 2013.

Metzler Lexikon Philosophie. Begriffe und Definitionen, 3. Auflage, hg. v. P. Prechtl u. F.-P. Burkard, Stuttgart: Metzler, 2008.

Philosophisches Wörterbuch, 23., vollst. neu bearb. Auflage, neu hg. v. Martin Gessmann, Stuttgart: Kröner, 2009.

Philosophenlexikon, hg. v. St. Jordan und B. Mojsisch, Stuttgart: Reclam, 2013.

Lexikon Philosophie: Hundert Begriffe, hg. v. St. Jordan u. C. Nimtz, Stuttgart: Reclam, 2009.

Metzler Philosophen Lexikon. Von den Vorsokratikern bis zu den Neuen Philosophen, hg. v. B. Lutz, Stuttgart: Metzler, 2003.

Das *Philosophielexikon* richtet sich an einen breiteren Kreis von philosophisch Interessierten; das *Metzler Lexikon* und das *Philosophische Wörterbuch* richten sich an Philosophiestudierende.

Die Literaturangaben zu den Einträgen im *Metzler Lexikon* sind zum Teil veraltet. Das *Lexikon Philosophie* ist auf hundert Begriffe konzentriert und bietet einen sehr guten Einstieg inkl. aktueller Literaturangaben.

Historisches Wörterbuch der Philosophie, 13 Bde., hg. v. J. Ritter u. a., Basel: Schwabe, 1971–2007.
Dieses einzigartige Wörterbuch gibt zum Teil sehr detaillierte Angaben zur Bedeutung von philosophischen Begriffen zu bestimmten Zeiten.

Enzyklopädien

Stanford Encyclopedia of Philosophy, hg. v. E. N. Zalta, Stanford: CSLI. http://plato.stanford.edu.
Online gratis zugänglich und mit langen Einträgen von zumeist exzellenter Qualität.

Routledge Encyclopedia of Philosophy, 1998, hg. v. E. Craig, London: Routledge.
Routledge Encyclopedia of Philosophy Online, hg. v. T. Crane. http://www.rep.routledge.com/.
Die Printausgabe gilt als eine der besten philosophischen Enzyklopädien. Die kostenpflichtige Onlineversion wird laufend erweitert.

Enzyklopädie Philosophie und Wissenschaftstheorie, 2004, hg. v. J. Mittelstraß, Stuttgart: Metzler.
Dies ist eine gute deutschsprachige Enzyklopädie, doch weniger umfangreich und aktuell als die genannten englischsprachigen.

Datenbanken und Zeitschriften

The Philosopher's Index. http://philindex.org.
Elektronische Zeitschriftenbibliothek. http://rzblx1.uni-regensburg.de/ezeit/.
Fortgeschrittene, die Fachartikel zu zeitgenössischen philoso-

phischen Debatten suchen, werden in Datenbanken fündig, die üblicherweise von Universitätsbibliotheken aus im Internet zugänglich sind.

Einführungen

Rosenberg, Jay F., 1986, *Philosophieren. Ein Handbuch für Anfänger*, Frankfurt am Main: Vittorio Klostermann (6. Auflage 2006, engl. 1984 und 3., erweiterte Auflage 1996).
Dieses Buch ist eine der besten Einführungen in das Philosophieren. Es ist nicht nur eine Anleitung zum selbständigen Argumentieren und Schreiben, sondern zugleich eine Reflexion darüber, was Philosophie ist.

Brun, Georg / Hirsch Hadorn, Gertrude, 2009, *Textanalyse in den Wissenschaften. Inhalte und Argumente analysieren und verstehen*, Zürich: vdf/UTB.
Dieses Buch ist eine einzigartige Anleitung zum wissenschaftlichen Umgang mit Texten. Anhand zahlreicher Beispiele aus der Praxis verschiedener Wissenschaften wird erläutert, wie man am vorgegebenen Text arbeiten kann, wie man ihn strukturiert und zusammenfasst und wie man ihn vertieft analysiert, indem man die Begriffe und Argumente untersucht. Es steckt somit mehr Philosophie darin, als es der Titel vielleicht vermuten lässt. Hervorragend ist die Verbindung von theoretischer Einführung (etwa in die Explikation) und Anleitung zur praktischen Anwendung mit Hilfe von Checklisten (etwa zum Schreiben von Abstracts oder zur Beurteilung von Definitionen). Es ist Studierenden aller Fachrichtungen zu empfehlen.

Hoyningen-Huene, Paul, 1998, *Formale Logik. Eine philosophische Einführung*, Stuttgart: Reclam.
Dies ist eine sehr gute Einführung in die Aussagen- und Prädikatenlogik, in der die grundlegenden Begriffe diskutiert werden.

Salmon, Wesley C., 1983, *Logik*, Stuttgart: Reclam (engl. 1973).
Dies ist eine Einführung in die Logik, die sowohl deduktive Schlüsse

als auch nicht-deduktive Schlüsse erläutert. Damit ist sie eine gute Ergänzung zu Hoyningen-Huene (1998).

Tugendhat, Ernst / Wolf, Ursula, 1982, *Logisch-semantische Propädeutik*, Stuttgart: Reclam.
Dies ist eine hervorragende Einführung, welche die Logik mit der Sprachanalyse verbindet sowie philosophische Probleme diskutiert, die sich mit Begriffen wie »Existenz«, »Identität«, »Notwendigkeit« und dergleichen ergeben. Es ist beeindruckend, wie viel in diesem kurzen Buch auf so verständliche Weise dargestellt wird. Auch dreißig Jahre nach dessen Veröffentlichung ist es Studierenden der Philosophie zu empfehlen.

Tetens, Holm, 2004, *Philosophisches Argumentieren*, München: C. H. Beck (2. Auflage 2006).
Dies ist eine zum Teil anspruchsvolle Einführung in verschiedene Argumentationsmuster der Philosophie.

Walther, Jürgen, 1990, *Philosophisches Argumentieren. Lehr- und Übungsbuch*, Freiburg: Alber.
In dieser Einführung wird die Anwendung der Logik auf philosophische Argumente erläutert.

Fogelin, Robert J. / Sinnott-Armstrong, Walter, 2009, *Understanding Arguments. An Introduction to Informal Logic*, Eighth Edition, Belmont CA: Wadsworth.
Dieses Buch führt in die sogenannte nicht formale Logik, also in die Argumentationslehre, ein. Es ist ein gutes Lehrbuch im amerikanischen Stil, es ist umfangreich, mit ausführlichen theoretischen Einführungen und zahlreichen Aufgaben, Fallbeispielen und Diskussionsfragen.

Pfister, Jonas, 2006, *Philosophie. Ein Lehrbuch*, Stuttgart: Reclam (2., erweiterte Auflage 2011).
Diese Einführung in die Philosophie ist dialektisch aufgebaut: Nach der Darstellung einer Position werden Einwände dazu vorgestellt.

Dies führt dazu, dass der Leser herausgefordert wird, Position zu beziehen und eigene Überlegungen zu entwickeln. Im ersten Kapitel wird, im Anschluss an Rosenberg (1986), Philosophie über ihre Fragen (Bedeutungs- und Begründungsfragen) und ihre Methoden (Begriffsanalyse und Logik) bestimmt.

Strawson, Peter F., 1992, *Analysis and Metaphysics. An Introduction to Philosophy*. Dt. *Analyse und Metaphysik. Eine Einführung in die Philosophie*, München: dtv, 1994.
In dieser Einführung in die Philosophie erläutert Strawson sein Verständnis der Begriffsanalyse.

Baggini, Julian / Fosl, Peter S., 2003, *The Philosopher's Toolkit. A Compendium of Philosophical Concepts and Methods*, London: Blackwell (2. Auflage 2010).
Dies ist eine Zusammenstellung wichtiger philosophischer Fachbegriffe, zum Teil alphabetisch geordnet. Der Zusammenhang zwischen diesen wird durch die Querverweise leider nicht befriedigend hergestellt.

Martinich, Aloysius, 1989, *Philosophical Writing. An Introduction*, London: Blackwell (3. Auflage 2005).
Dies ist eine Anleitung zum philosophischen Schreiben, die auf die konkrete praktische Umsetzung ausgerichtet ist und im Unterschied zu Rosenberg (1986) nicht zugleich in die Philosophie einführt.

Pryor, James, 2003, »Guidelines on Writing a Philosophy Paper«, http://www.princeton.edu/~jimpryor/general/writing.html.
Dies ist eine online zugängliche Anleitung zum philosophischen Schreiben, meines Erachtens die beste ihrer Art.

Weitere zitierte Literatur

Arendt, Hannah, 1993, *Was ist Politik? Fragmente aus dem Nachlass*, hg. von Ursula Ludz, München: Piper.

Aristoteles, *Poetik*, übers. v. Manfred Fuhrmann, Stuttgart: Reclam, 1982.

Aristoteles, *Rhetorik*, übers. v. Gernot Krapinger, Stuttgart: Reclam, 2007.

Aristoteles, *Topik*, übers. v. Tim Wagner und Christof Rapp, Stuttgart: Reclam, 2004. (Auf dieses Buch geht wohl die Metapher zurück, dass Logik und Sprachanalyse Werkzeuge (105a22) seien und dass die in der Anwendung der Logik gewonnenen Fertigkeiten Werkzeuge »für die Erkenntnis und philosophische Klugheit« (163b9) seien.)

Arnaud, Antoine / Nicole, Pierre, 1662, *La logique ou l'art de penser*. Dt. *Die Logik oder die Kunst des Denkens*, Darmstadt: WBG, 1972. (Bekannt als *Logik von Port Royal*.)

Austin, John L., 1956–57, »A Plea for Excuses«. Dt. »Ein Plädoyer für Entschuldigungen«, in: Georg Meggle (Hg.), *Analytische Handlungstheorie*, Bd. 1, Frankfurt am Main: Suhrkamp, 1977, 8–42.

Ayer, Alfred Jules, 1936, *Language, Truth and Logic*. Dt. *Sprache, Wahrheit und Logik*, übers. v. H. Herring, Stuttgart: Reclam, 1970.

Baumgartner, Michael / Graßhoff, Gerd, 2004, *Kausalität und Kausales Schliessen. Eine Einführung mit interaktiven Übungen*, Bern: Bern Studies in the History and Philosophy of Science.

Beaney, Michael, 2009, »Analysis«, *Stanford Encyclopedia of Philosophy*, hg. v. E. N. Zalta, Stanford: CSLI. http://plato.stanford.edu/entries/analysis/.

Beckermann, Ansgar, 2008, *Analytische Einführung in die Philosophie des Geistes*, Berlin: de Gruyter. (3. Auflage)

Belnap, Nuel, 1993, »On Rigorous Definitions«, *Philosophical Studies* 72, 115–146.

Bertram, Georg W., 2012, *Philosophische Gedankenexperimente*, Stuttgart: Reclam.

Betz, Gregor, 2011, *Descartes' »Meditationen«*, Stuttgart: Reclam.

Carnap, Rudolf, 1932, »Überwindung der Metaphysik durch logische Analyse der Sprache«, *Erkenntnis* 2, 219–241.

Carnap, Rudolf / Stegmüller, Wolfgang, 1959, *Induktive Logik und Wahrscheinlichkeit*, Wien: Springer (= gekürzte und bearbeitete dt. Version von Rudolf Carnap, *Logical foundations of probability*, 1950).

Carnap, Rudolf, 1963, »Strawson on Linguistic Naturalism«, in: P. A.

Schilpp (Hg.), *The Philosophy of Rudolf Carnap*, London: Cambridge University Press.

Carnap, Rudolf, 1999, *Mein Weg in die Philosophie*, übers. und mit einem Interview hg. v. Willy Hochkeppel, 2. Auflage, Stuttgart: Reclam.

Carroll, Lewis, 1895, »What the Tortoise Said to Achilles«, *Mind* 4, 278–280.

Clark, Michael / Ellerbeck, Volker, 2012, *Paradoxien von A bis Z*, Stuttgart: Reclam.

Concepción, David W., 2004, »Reading Philosophy with Background Knowledge and Metacognition«, *Teaching Philosophy* 27:4, 351–368.

Dennett, Daniel, 1986, *Ellenbogenfreiheit. Die wünschenswerten Formen von freiem Willen*, übers. v. Uta Müller-Koch, Frankfurt am Main: Hain bei Athenäum.

Descartes, René, 1641, *Meditationen über die erste Philosophie*, übers. v. Gerhard Schmidt, Stuttgart: Reclam, 1986.

Di Franco, Manuela, 2009, *Die Seele. Begriffe, Bilder und Mythen*, Stuttgart: Reclam.

Euler, Leonhard, 1768, *Briefe an eine Deutsche Prinzessin über verschiedene Gegenstände der Physik und der Philosophie* (gekürzte Fassung: Reclam, 1968).

Frege, Gottlob, 1879, *Begriffsschrift, eine der arithmetischen nachgebildete Formelsprache des reinen Denkens*, Halle: Nebert.

Frege, Gottlob, 1892, »Über Sinn und Bedeutung«, in: *Funktion, Begriff, Bedeutung*, hg. v. Günther Patzig, Göttingen: Vandenhoeck & Ruprecht, 1962/94, S. 40–80.

Grice, Paul, 1957, »Meaning«, *The Philosophical Review* 64, 377–388. Dt. »Intendieren, Meinen, Bedeuten«, in: Georg Meggle (Hg.), *Handlung, Kommunikation, Bedeutung*, Frankfurt am Main: Suhrkamp, 1993.

Grice, Paul, 1975, »Logic and Conversation«, in P. Cole and J. Morgan (Hg.), *Syntax and Semantics*, Vol. 3, Academic Press, 41–58. Dt. »Logik und Konversation«, in G. Meggle (Hg.), *Handlung, Kommunikation, Bedeutung*, Frankfurt am Main: Suhrkamp, 1993, 243–265.

Gupta, Anil, 2008, »Definitions«, *Stanford Encyclopedia of Philosophy*, hg. v. E. N. Zalta, Stanford: CSLI. http://plato.stanford.edu/entries/definitions.

Hare, R. M., 1952, *The Language of Morals*. Dt. *Die Sprache der Moral*, übers. v. Petra von Morstein, Frankfurt am Main: Suhrkamp, 1972.

Hare, R. M., 1981, *Moral Thinking. Its Levels, Method and Point*, Oxford: Clarendon.

Hempel, Carl, 1945, »Studies in the Logic of Confirmation (I.)«, *Mind* 54, 1–26.

Hobbes, Thomas, 1651, *Leviathan*. Dt. übers. von Jacob Peter Mayer, Stuttgart: Reclam, 2012.

Hohfeld, Wesley Newcomb, 1917, »Fundamental Legal Conceptions as Applied in Judicial Reasoning«, *Yale Law Journal* 26: 710–770.

Homer, *Odyssee*, übers. v. Roland Hampe, Stuttgart: Reclam, 1986.

Hume, David, 1739–40, *A Treatise of Human Nature*. Dt. *Ein Traktat über die menschliche Natur*, übers. v. Theodor Lipps, Hamburg: Meiner, 1989.

Hume, David, 1748, *Eine Untersuchung über den menschlichen Verstand*, Stuttgart: Reclam 1967.

Kant, Immanuel, 1785, *Grundlegung zur Metaphysik der Sitten*, Stuttgart: Reclam, 1961.

Kant, Immanuel, 1781/87, *Kritik der reinen Vernunft*, Stuttgart: Reclam, 1986.

Kant, Immanuel, 1783, *Prolegomena zu einer jeden künftigen Metaphysik, die als Wissenschaft wird auftreten können*, Stuttgart: Reclam, 1989.

Kompa, Nikola, 2009, »Kurzer Leitfaden für das Erstellen einer Hausarbeit«. http://www.philosophie.uni-osnabrueck.de/uploads/Main/Kurzer%20Leitfaden%20f%FCr%20das%20Erstellen%20einer%20Hausarbeit.pdf.

Kruse, Otto, 2007, *Keine Angst vor dem leeren Blatt: Ohne Schreibblockaden durchs Studium*, 12., völlig neu bearbeitete Auflage, Frankfurt am Main: Campus.

Kruse, Otto, 2010, *Lesen und Schreiben*, Konstanz: UVK/UTB.

Leibniz, Gottfried Wilhelm, 1714, *Monadologie*, übers. u. hg. v. Hartmut Hecht, Stuttgart: Reclam, 2008.

McNamara, Paul, 2010, »Deontic Logic«, *Stanford Encyclopedia of*

Philosophy, hg. v. E. N. Zalta, Stanford: CSLI. http://plato.stanford.edu/entries/logic-deontic.
Mill, John Stuart, 1843/79, *A System of Logic*, London: Longmans. Dt. *System der deduktiven und induktiven Logik*, Leipzig 1884–1886.
Nagel, Thomas, 1974, »What is it like to be a bat?«, *The Philosophical Review* 83, 435–50. Dt. »Wie ist es, eine Fledermaus zu sein?«, in: Peter Bieri (Hg.), *Analytische Philosophie des Geistes*, Königstein: Hain, 1981.
Nelson, Leonard, 1917, *Kritik der praktischen Vernunft*. In: *Gesammelte Schriften in neun Bänden*, Band IV, Hamburg: Meiner, 1972, 133.
Niederhauser, Jürg, 2011, *Die schriftliche Arbeit*, Mannheim: Duden.
Nietzsche, Friedrich, 1882, *Die fröhliche Wissenschaft*. Stuttgart: Reclam, 2012.
Nozick, Robert, 1974, *Anarchy, State, and Utopia*, New York, Dt. *Anarchie Staat Utopia*, übers. v. Hermann Vetter, München: Moderne Verlagsgesellschaft, 1976.
Peirce, Charles Sanders, 1931 ff., *Collected Papers*, Vol. I–VI, hg. v. C. Hartshorne / P. Weiß, Cambridge Mass.
Perry, John, 1999, *Dialogue on Good, Evil, and the existence of God*. Dt. *Dialog über das Gute, das Böse und die Existenz Gottes*, übers. v. Holger Hanowell, Stuttgart: Reclam, 2012.
Perry, John, 1978, *A Dialogue on Personal Identity and Immortality*. Dt. *Dialog über personale Identität und Unsterblichkeit*, übers. v. Holger Hanowell, Stuttgart: Reclam, 2013.
Petrus, Klaus, 1997, *Genese und Analyse. Logik, Rhetorik und Hermeneutik im 17. und 18. Jahrhundert*, Berlin / New York: de Gruyter.
Pfister, Jonas, 2010, *Fachdidaktik Philosophie*, Bern: Haupt/UTB.
Platon, *Laches. Griechisch/Deutsch*, übers. v. Jula Kerschensteiner, Stuttgart: Reclam, 1982.
Platon, *Menon. Griechisch/Deutsch*, übers. v. Margarita Kranz, Stuttgart: Reclam, 1994.
Platon, *Der Staat* (= *Politeia*), übers. v. Karl Vretska, Stuttgart: Reclam, 1982.
Platon, *Phaidon*, übers. v. Friedrich Schleiermacher, Stuttgart: Reclam, 1994.
Platon, *Theätet*, übers. v. Ekkehard Martens, Stuttgart: Reclam, 2003.

Putnam, Hilary, 1993, »Realism Without Absolutes«, *International Journal for Philosophical Studies*, Vol. 1(2), 179–192.

Quine, W. V. O., 1951, »Two Dogmas of Empiricism«. Dt. »Zwei Dogmen des Empirismus«, in: *From A Logical Point of View / Von einem logischen Standpunkt. Drei ausgewählte Aufsätze.* Englisch/Deutsch, hg. v. Roland Bluhm und Christian Nimtz, Stuttgart: Reclam, 2011.

Quine, W. V. O. / Ullian, Joseph Silbert, 1978, *The Web of Belief*, 2nd ed., New York: Random House.

Rawls, John, 1971, *A Theory of Justice.* Dt. *Eine Theorie der Gerechtigkeit*, Frankfurt a. M.: Suhrkamp, 1975.

Rosenberg, Jay F., 2000, *Three Conversations about Knowing.* Dt. *Drei Gespräche über Wissen*, Stuttgart: Reclam, 2013.

Rudisill, John, 2011, »The Transition from Studying Philosophy to Doing Philosophy«, *Teaching Philosophy* 34(3): 242–271.

Ryle, Gilbert, 1949, *The Concept of Mind.* Dt. *Der Begriff des Geistes*, Stuttgart: Reclam, 1969.

Sainsbury, Richard Mark, *Paradoxien*, übers. von Vincent C. Müller, Stuttgart: Reclam, 2010.

von Savigny, Eike, 1974, *Die Philosophie der normalen Sprache*, völlig neu bearbeitete Ausgabe, Frankfurt am Main: Suhrkamp.

Schopenhauer, Arthur, *Eristische Dialektik, oder Die Kunst, Recht zu behalten in 38 Kunstgriffen dargestellt*, hg. v. Gerd Haffmanns, Zürich: Haffmanns Verlag, 2009.

Sen, Amartya, 2009, *The Idea of Justice*, London. Dt. *Die Idee der Gerechtigkeit*, München: C. H. Beck, 2010.

Singer, Peter, 2013, *Praktische Ethik*, Stuttgart: Reclam.

Smullyan, Raymond M., 1981, *Wie heißt dieses Buch?*, Braunschweig: Vieweg.

Steinhoff, Torsten, 2007, »Zum ›ich‹-Gebrauch in Wissenschaftstexten«, *Zeitschrift für germanistische Linguistik* 35/1–2, 1–26.

Suppes, Patrick, 1957, *Introduction to Logic*, New York: Van Nostrand Reinhold (Repr. 1999, Mineola: Dover).

Tetens, Holm, 2009, *Wittgensteins »Tractatus«. Ein Kommentar*, Stuttgart: Reclam.

Thomas von Aquin, *Summe der Theologie*, übers. von Joseph Bernhart, Leipzig: Kröner, 1933–38.

Waismann, Friedrich, 1945, »Verifiability«, *Proceedings of the Aristotelian Society, Sup. Vol. XIX*, 101–164.
Waismann, Friedrich, 1976, *Logik, Sprache, Philosophie*, Stuttgart: Reclam.
Williams, Bernard, 1982, *Moral Luck*. Dt. *Moralischer Zufall. Philosophische Aufsätze 1973–1980*, Frankfurt am Main: Suhrkamp, 1984.
Wittgenstein, Ludwig, 1919, *Tractatus logico-philosophicus*, in: *Werkausgabe, Band 1*, Frankfurt am Main: Suhrkamp, 1984.
Wittgenstein, Ludwig, 1953, *Philosophische Untersuchungen*, in: *Werkausgabe, Band 1*, Frankfurt am Main: Suhrkamp, 1984.

Register